»Neuroplastizität? Genforschung? Elektromagnetischer Fluss? Niemals in einer Million Jahren hätte ich gedacht, dass ich derartige Themen nachvollziehen, geschweige denn verstehen könnte. Meinem üblichen Hang zur rechten Gehirnhälfte überlassen, hätte ich bei der ersten Erwähnung solcher Themen die Beine in die Hand genommen. Aber das war, bevor ich Dr. Caroline Leaf persönlich traf. Einige der Lektionen, die mein Leben am meisten verändert haben, stammen von dieser unglaublichen Frau, deren Brillanz nur durch ihre Integrität und Güte übertroffen wird. Ob in einem Publikum zusammen mit zwanzigtausend anderen Menschen sitzend, die jedes ihrer Worte verfolgen, oder im persönlichen Gespräch bei einer Tasse heißen Tees, habe ich erlebt, wie sie komplexe wissenschaftliche Daten auf eine zutiefst praktische und simple Weise wiedergeben kann, die für jeden verständlich ist. Sogar für mich. *Schalte dein Gehirn an* wird Ihnen zeigen, wie Sie die Teile Ihres Gehirns und Ihres Lebens anschalten können, die viel zu lange abgeschaltet waren. Es wird sie zu einem glücklicheren, gesünderen und ausgeglichenen Menschen machen.«

— Priscilla Shirer, Autorin von *The Resolution for Women*

»Dr. Caroline Leaf verwebt meisterhaft die Erkenntnisse der Hirnforschung mit dem Wort Gottes. *Schalte dein Gehirn an* entgiftet nicht nur Ihr Gehirn, sondern weckt auch Ihre Genialität – damit Sie all das sein können, wozu Gott Sie geschaffen hat, und all das tun können, was er für sie vorgesehen hat. Lesen Sie und erneuern Sie Ihr Denken.«

— John und Lisa Bevere, Autoren und Mitbegründer von *Messenger International*

»Ich bin weder Wissenschaftlerin noch Spezialistin auf diesem Gebiet, aber ich weiß, dass die Frucht und der Einfluss von Dr. Caroline Leafs Dienst die Menschen dazu inspiriert, die Genialität von Gottes zeitlosem Wort und seiner Weisheit aus einer wissenschaftlichen Perspektive zu sehen. Jeder von uns steckt voller ungenutzter Möglichkeiten, wenn es um unsere Fähigkeit geht, uns unseren Weg durchs Leben zu erdenken und das Erdachte umzusetzen. Ich bete, dass Carolines jahrelange Forschung und ihre Leidenschaft in diesem sich noch entfaltenden Wissenschaftszweig ein Segen für Sie sein wird, wenn Sie entdecken, was es heißt, ›Ihr Gehirn anzuschalten‹.«

— Bobbie Houston, Senior-Pastorin, Hillsong Church

»Unser Gedankenleben spielt eine entscheidende Rolle beim äußeren Ausdruck unseres Wesens. In *Schalte dein Gehirn an* beschreibt Caroline Leaf, wie durch Fortschritte in den kognitiven Neurowissenschaften biblische Prinzipien für ein gesundes Gedankenleben bestätigt werden. Sie erläutert, wie ein gesundes Gedankenleben positive Auswirkungen auf unsere allgemeine Gesundheit und Physiologie haben kann. Und sie bietet eine konkrete Strategie, wie wir unser Gedankenleben mit biblischer Wahrheit in Einklang bringen, damit wir uns durch die Erneuerung unseres Denkens kontinuierlich verändern können (Röm 12,2). Dr. Leaf ruft uns dazu auf, uns so zu sehen, wie Gott uns sieht, durch das vollkommene und vollendete Werk Jesu Christi.«

— Brian E. Snell, MD, Neurochirurg

»Können Sie sich vorstellen, was dabei herauskommt, wenn ein Hirnforscher und ein überzeugter Gläubiger mit einer soliden biblischen Grundlage in ihrer Arbeit zusammentreffen? Glücklicherweise haben wir die Möglichkeit, Zugang zu solchen Ressourcen von jemandem zu erhalten, der eine Eignung in beiden Bereichen besitzt. Dr. Carolines Arbeiten gewähren seltene Einblicke in die faszinierenden inneren Abläufe sowohl des Natürlichen als auch des Geistlichen. *Schalte dein Gehirn an* unterstreicht, dass die Fähigkeit zu einem Leben in der Fülle, die wir durch Christus haben, direkt mit unserer Willensentscheidung verbunden ist. Ihre Lehre gibt dem Leser nicht nur Gelegenheit zur Erkundung, sondern bietet ihm auch Übungen, durch die er das »Licht anschaltet«, um so eine neue Ebene der Freiheit zu erfahren. Ihre offene und authentische Art, mit der sie Wissen vermittelt, ist erfrischend und erbaulich. Ich bin dankbar für dieses Geschenk der Hoffnung, das sowohl durch biblische als auch wissenschaftliche Beweise gestützt wird!«

— Colleen Rouse, Pastorin der Victory Church, Atlanta

»Als Dr. Caroline Leaf 2007 zum ersten Mal als Gast bei *LIFE Today* auftrat, waren unsere Zuschauer von ihrer Forschung über das menschliche Denken fasziniert. Dr. Leaf stellt den Zusammenhang zwischen Wissenschaft und Bibel her – sie erklärt, wie wir tatsächlich ›durch die Erneuerung unseres Denkens verwandelt werden‹ können. Wenn Sie eine Veränderung in Ihrem Gedankenleben oder generell in Ihrer Einstellung benötigen, wird *Schalte dein Gehirn an* Sie davon überzeugen, dass Ihr Gehirn durch die Kraft von Gottes Geist und durch biblische Wahrheit erneuert werden kann.«

— James Robison, Präsident von LIFE Outreach International;
Co-Moderator von *LIFE Today*

»Dieses Buch ist eine Bedienungsanleitung, die uns die Funktionsweise unseres Gehirns erläutert. Caroline Leafs erster Auftritt in der TBN-Sendung *Praise The Lord* mit Laurie und mir ist eine dieser ›festhaftenden‹ Erinnerungen in meinem Gehirn. Im Jahr 2013 hat die Wissenschaft tatsächlich zur Bibel aufgeschlossen! Caroline hat uns im Laufe der Jahre noch viele weitere Wahrheiten vermittelt und befindet sich jetzt in der Produktion einer ganzen Fernsehserie, die für die nächsten Jahre auf TBN ausgestrahlt wird!«

— Matt Crouch, TV-Moderator, Filmemacher

»Caroline Leaf hat uns ein wahres Juwel geschenkt, indem sie die moderne Hirnforschung in eine für alle zugängliche Sprache übertragen hat. Sie motiviert, schult und ermutigt uns, Wissenschaft und biblische Wahrheiten zu nutzen, um unsere Gedanken, Beziehungen und Gesundheit zu verbessern. Dieses Buch ist ein echter Genuss, und ich empfehle es allen, die daran interessiert sind, ihre Lebensfreude und geistige Gesundheit zu erhöhen.«

— David I. Levy, MD, Neurochirurg und Autor von *Gray Matter*

»Ich beschloss, meinen Geist und mein Leben nicht von zwölf Jahren des Missbrauchs zerstören zu lassen; ich beschloss, die Ungerechtigkeit auf dieser Erde nicht einfach gedeihen zu lassen, sondern aufzustehen und etwas gegen sie zu tun; ich beschloss, aus meiner Gebrochenheit etwas Gutes zu machen; ich beschloss, mich *dafür zu entscheiden, mein Denken zu verändern.* Caroline half mir, die Wissenschaft hinter dem zu verstehen, was in meinem Gehirn geschehen war, als ich diese Entschlüsse in meinem Leben traf. Sie erklärt, wie unsere Entscheidungen wissenschaftlich funktionieren, aber auf eine praktische Art und Weise, die etwas, das wirklich schwer zu tun ist, viel einfacher und greifbarer macht. Dieses Buch ist so hilfreich, dass alle Mädchen, die unser A21-Programm durchlaufen, lernen werden, wie sie diese Prinzipien nutzen können, um ihren Verstand zu erneuern. Es wird ihnen die nötige Hoffnung geben, damit sie wieder ins Leben zurückkehren können ... und sie werden nicht nur ihr Leben verändern, sondern auch die Welt um sie herum.«

— Christine Caine, Gründerin der A21-Kampagne; Direktorin von *Equip and Empower Ministries*; Autorin von *Der Angst keine Chance*

»Dr. Leaf hat bei vielen Gelegenheiten in unserer Gemeinde gesprochen und wir sind enorm dankbar für den Einfluss, den sie auf ›Gateway‹ hatte. Wir haben hautnah erlebt, wie ihre einzigartige und bahnbrechende Botschaft Leben verändert. Sie versteht, dass das Gehirn auf erstaunliche und wunderbare Weise von Gott geschaffen wurde. Wir ermutigen jeden, nach der Weisheit zu handeln, die in *Schalte dein Gehirn an* zu finden ist, und sich auf die unglaubliche Reise hin zu einem Denken nach Gottes Art zu machen.«

— Robert und Debbie Morris, Pastoren der Gateway Church; Autoren von *Ein Leben voller Segen, The Blessed Marriage* und *The Blessed Woman*

»Mit ihrer Forschungsarbeit ermöglicht Dr. Caroline Leaf uns ein konkretes Verständnis der Zusammenhänge von Bibel und Gehirn. Sie zeigt uns, wie wir uns durch dieses Verständnis sowohl in emotionaler als auch geistlicher Hinsicht weiterentwickeln können. Ihre Lehre ist nicht nur lebensverändernd, sondern auch lebens*rettend*, da sie die Erneuerung des Denkens so real macht. Ich bin sehr dankbar für die auf diesen Seiten enthaltene Weisheit. Lesen Sie und wachsen Sie dabei.

— Darlene Zschech, Liedermacherin; Autorin von *The Art of Mentoring*

»*Schalte dein Gehirn an* offenbart auf so wunderbare Weise, wie mächtig das Gehirn ist. Ich finde das einfach toll! So oft denken wir: ›So war ich schon immer und daran kann ich auch nichts ändern.‹ Das stimmt nicht. Egal, wie wir in der Vergangenheit gedacht haben, wir können mit unserem Denken unsere Gegenwart und Zukunft verändern. Gott hat uns diese Dinge gesagt, aber Caroline hat sie erforscht und wissenschaftlich belegt. Ich glaube von ganzem Herzen, dass Gott Sie mit seiner Liebe durchtränken und Ihnen offenlegen will, wie Sie Ihr Gehirn von den Lügen des Feindes entgiften und es für die Liebe und Wahrheit von Gottes Wort anschalten können. Danke, Caroline, für die Jahre, die du mit deinen Studien verbracht hast, für dein Engagement für Jesus, für deine Demut und Weisheit und dafür, dass du eine wunderbare Freundin bist.«

— Marilyn Hickey, Präsidentin und Gründerin von Marilyn Hickey Ministries

»Wenn unsere Lehrkräfte und unsere Schüler und Studenten wirklich begreifen könnten, wie viel Kraft, anders zu denken, jeder von uns hat, so wie Dr. Caroline Leaf es beschreibt, könnten wir eine echte Veränderung im Bildungswesen erleben. Wenn jeder Einzelne, ob jung oder alt, persönliche Verantwortung für die eigene geistige, körperliche und seelische Gesundheit zu übernehmen beginnt, wird dies Leben verändern!

— Angie McDonald, Leiterin der Advantage Academy Charter Schools

»Als ich Caroline Leaf vor Jahren in Ruanda zum ersten Mal traf, wusste ich, dass ich jemanden mit einer Botschaft getroffen hatte, die der ganzen Welt mitgeteilt werden muss. Als ich ihr genau zuhörte und Einblick in ihr Herz, ihre Geschichte, ihre Weisheit und ihre Forschung erhielt, spürte ich, wie die Hoffnung in mir aufstieg. Dies ist ein Buch voller Weisheit, Wissen und Wahrheit für jeden. Dr. Leafs Forschungen und Erkenntnisse, die auf biblischer Wahrheit basieren, geben jedem Leser praktische Schlüssel zu einem glücklichen, gesunden und erfüllten Leben an die Hand, das heute beginnen kann.«

— Helen Burns, Pastorin der Relate Church; Autorin; internationale Sprecherin; Co-Moderatorin der TV-Sendung *Relate with John & Helen Burns*

»In diesem Buch liefert Ihnen Dr. Leaf den Schlüssel zur Entgiftung Ihres Gehirns. Sie kombiniert ihre jahrelange Erfahrung in der Gehirnforschung mit dem Wort und der Weisheit Gottes, um Ihnen zu zeigen, dass Sie die Fähigkeit haben, negative Gedanken und Gewohnheiten, die Sie zu einem Leben in Krankheit, Depression und Niederlage geführt haben, loszuwerden und Ihr Gehirn neu zu vernetzen. Dr. Leaf hat ihre Ausführungen um einen 21-tägigen Gehirn-Entgiftungsplan ergänzt, der Sie lehren wird, wie Sie Ihr Denken von Negativität befreien und eine neue Route hin zu einem glücklicheren, gesünderen und produktiveren Selbst einschlagen können. Wir leben oder sterben durch die Entscheidungen, die wir treffen; aber wenn unser Gehirn aufgrund von toxischen Umständen, Ereignissen und Entscheidungen in unserer Vergangenheit vergiftet ist, können wir keine guten Entscheidungen treffen, die eine positive Veränderung bewirken, solange wir unser Denken nicht korrigieren. Ich möchte Sie ermutigen, Dr. Leafs Kombination aus biblischer Weisheit, Erkenntnis und Wissenschaft zu nutzen, um zu lernen, wie man ›den Schalter umlegt‹, damit Sie all das tun, sein und haben können, was Gott für Ihr Leben vorgesehen hat.«

— DeeDee Freeman, Co-Pastorin des Spirit of Faith Christian Center

»Dr. Leaf zeigt uns, dass diese Durchbrüche in der Neurowissenschaft eigentlich uraltes Wissen sind, auf das bereits in der Bibel Bezug genommen wird. Die Neurowissenschaft bestätigt in Wirklichkeit das Wort Gottes. Carolines Gabe ist ihre Fähigkeit, unser kindliches Staunen über Gottes Weisheit und seine Schöpfung aufleben zu lassen; wir sind wirklich herrlich und wunderbar geschaffen (Ps 139,14). Im zweiten Teil des Buches erklärt Dr. Leaf, wie wir dieses Wissen auf unser Leben in einer Weise anwenden können, die sogar für ein Kind verständlich ist. Ausgehend von ihren Jahren in der klinischen Praxis ist sie in der Lage, uns praktische Schritte zu geben, die unser Leben wirklich verändern können: Geist, Seele und Körper. Ich habe selbst miterlebt, wie diese Schritte das Leben von Menschen in ihrem familiären, kirchlichen und schulischen Umfeld revolutioniert haben. Tatsächlich haben sie auch mein eigenes Leben völlig verwandelt.«

— Dr. Peter Amua-Quarshie, MD, MPH, MS, Neurowissenschaftler

»Ich hatte das Privileg, mit Dr. Leaf zu arbeiten, als sie an der King's University in Los Angeles lehrte. Während der Kurse, die sie unterrichtete, wurden ihre Bücher rezensiert, kritisch geprüft und die Inhalte danach einheitlich übernommen, sowohl von den Kursteilnehmern, den College- und Seminarstudenten als auch von mir. Wie Sie erfahren werden, sind ihre Lehren auf dem neuesten Stand der neurowissenschaftlichen Forschung. Ich bin begeistert von dem Material in ihrem neuesten Buch, denn es kann, richtig umgesetzt, das Leben radikal verändern und unseren Weg mit Jesus bereichern. Ich empfehle Ihnen, dieses Buch zu lesen, das Material zu studieren und die Lehren anzuwenden. Es wird der Beginn einer großartigen Reise sein.«

— C. Fred Cassity, BSE, JD, Professor für angewandte Theologie,
The King's University

»Caroline Leaf ist eine solch erstaunliche Person, und ihr Buch *Schalte dein Gehirn an* ist für jeden superhilfreich, weil wir alle in unserem Denken Hilfe brauchen! Dr. Leaf lehrt uns in diesem Buch einige sehr wichtige Techniken und Erkenntnisse, die uns helfen, ein Leben in Frieden, Gesundheit und Glück zu führen. Dieses Buch wird Ihnen ungeheuer hilfreich sein, unabhängig von Ihrem Alter oder Bildungshintergrund!«

— Sarah Bowling, Pastorin; Co-Moderatorin von Marilyn Hickey

»In *Schalte dein Gehirn an* zeigt meine gute Freundin Dr. Caroline Leaf uns allen, wie die Wissenschaft des Denkens den Anschluss an das Wort Gottes findet. Mit dem 21-tägigen Gehirn-Detox-Plan macht uns Dr. Leaf mit den Geheimnissen der Gehirnleistungsverbesserung vertraut. Sie hat diese Technik bei Tausenden ihrer Patienten erfolgreich angewandt und lehrt uns nun, wie wir unser Gehirn buchstäblich neu verdrahten können. Wenn Ihnen die Verbesserung von Gedächtnis, innerer Haltung, Konzentration oder gar Ihres gesamten Lebens wichtig ist, dann ist es an der Zeit, jetzt Ihr Gehirn anzuschalten!«

— Jordan Rubin, NMD, PhD, Autor von *The Maker's Diet;*
Gründer von Garden of Life und Beyond Organic

»Dr. Leaf hat ein Buch geschrieben, das potenziell das Leben eines jeden von uns verändern kann! Ihre Forschungen und Studien über das Gehirn haben gezeigt, dass wir die Fähigkeit besitzen, unsere Zukunft zu verändern, indem wir unsere Denkweise ändern. Auf ganz praktische Weise zeigt sie uns, wie wir dies tun können. Dies ist ein total spannendes Buch und ich weiß, dass es für jeden, der es liest, ein großer Segen sein wird!«

— Holly Wagner, Pastorin der Oasis Church; Autorin von *GodChicks*

»Dieses neue Buch von Caroline Leaf ist ein praxistauglicher Plan, der Ihnen hilft, eine Technik umzusetzen, bei der Sie nur sieben Minuten täglich benötigen, um Ihr Gehirn neu zu verdrahten und Ihr Leben zu verändern. Ich kann die Wirksamkeit dieser Methoden persönlich bezeugen, da ich von mehreren unheilbaren Krankheiten geheilt und seit über acht Jahren beschwerdefrei bin, darunter eine Autoimmunerkrankung der Schilddrüse, Magensäure-Reflux, Uterusmyome, Panikattacken, Depressionen und das chronische Erschöpfungssyndrom. Ich wurde geheilt durch bewusstes Denken – ich sann intensiv über die Wahrheit nach, um die Lügen über mich und mein Leben zu bekämpfen, die in meine Psyche einprogrammiert worden waren. Ich bin nicht mehr derselbe Mensch, da ich begonnen habe, anders zu denken. Die simplen und leicht umsetzbaren Konzepte in diesem Buch können Ihr Leben wirklich verändern. Ich ermutige Sie, heute damit zu beginnen!«

— Jennifer Crow, Gründerin der Beautiful Dream Society; Autorin von *Perfect Lies*

MIT DETOX-PLAN IM PRAXISTEIL:
ENTGIFTE DEIN GEHIRN IN 21 TAGEN

SCHALTE DEIN GEHIRN AN

Der Schlüssel zu maximaler ZUFRIEDENHEIT, DENKFÄHIGKEIT und GESUNDHEIT

DR. CAROLINE LEAF

Aus dem Amerikanischen von
Gabriele Kohlmann

Grace today VERLAG

Die Deutsche Nationalbibliothek verzeichnet diese Publikation in der Deutschen Nationalbibliografie; detaillierte bibliografische Daten sind im Internet über https://dnb.de abrufbar.

Umschlaggestaltung: Heather Brewer WLPY Health and Wellness
Umschlagbild: SUPERSTOCK
Corporate Design: spoon design, Olaf Johannson
Korrektorat: Thilo Niepel
Satz: Grace today Verlag
Druck: CPI Clausen & Bosse GmbH, Birkstr. 10, 25917 Leck
Printed in Germany

6. Auflage 2026

Paperback: ISBN 978-3-95933-152-4, Bestellnummer 372152
E-Book: ISBN 978-3-95933-153-1, Bestellnummer 372153
Hörbuch MP3-CD: ISBN 978-3-95933-165-4, Bestellnummer 372165

www.gracetoday.de/leaf

Ich selbst sehe mich als jemanden, der stets auf der Suche nach den richtigen Puzzleteilen ist. Und wenn ich meine Bücher schreibe, füge ich diese Puzzleteile zusammen. Das Bild, das dabei entsteht, erzählt immer eine besondere Geschichte der Hoffnung.

Dieses Buch widme ich:

Dem ultimativen Schöpfer aller Puzzles – danke, dass du mich mit der Aufgabe betraut hast, einige Teile in das Puzzle der »Wissenschaft des Denkens« einzufügen. Ich nehme diese Aufgabe mit Demut an und werde stets bestrebt sein, allein dich damit zu verherrlichen.

Der wunderbarsten, großartigsten Liebe meines Lebens – meinem Ehemann Mac. Du scheinst nie müde zu werden, mir mit Begeisterung zuzuhören, wenn ich über Gott und das Gehirn lehre. Meine Schwester sagte mal zu mir, dass ich ohne dich nicht in der Lage wäre, das zu tun, was ich tue, und damit hat sie absolut recht. Du bist der Inbegriff eines fürsorglichen Ehemanns.

Meinen vier bemerkenswerten, phänomenalen Kindern Jessica, Dominique, Jeffrey und Alexandria. Wenn ich euch anschaue und euch zuhöre, weiß ich, dass ich Gottes Liebe, Hoffnung und Freude erlebe. Gott hat mich mit den liebevollsten Kindern gesegnet, die man sich nur vorstellen kann.

Unsere Gedanken formen unser Leben.
— Marcus Aurelius

Inhalt

Vorwort

Was würdest du tun, wenn du einen Schalter fändest, der dein Gehirn anschaltet und es dir ermöglicht, zufriedener, geistig und körperlich gesünder, produktiver und intelligenter zu sein?

In diesem Buch erfährst du, wie du diesen Schalter finden und aktivieren kannst. Was du mit deinem Verstand denkst, verändert dein Gehirn und deinen Körper. Du bist mit der Fähigkeit ausgestattet, dein Gehirn anzuschalten, und dein Verstand ist dieser Schalter.

Du verfügst über die einzigartige Fähigkeit, das optimale Niveau an Intelligenz, geistiger Gesundheit, Frieden und Wohlbefinden zu ermitteln, es zu erreichen und aufrechtzuerhalten sowie Krankheiten in Körper und Geist vorzubeugen. Du kannst durch bewusste Anstrengung die Kontrolle über deine Gedanken und Gefühle erlangen und dabei die Programmierung und die Chemie deines Gehirns verändern.

Die Wissenschaft findet endlich den Anschluss an die Bibel und liefert uns den Beweis für diese Aussage in 2. Timotheus 1,7: »Gott hat uns nicht einen Geist der Furcht gegeben, sondern einen Geist der Kraft, der Liebe und der Besonnenheit.« Die neurowissenschaftliche Forschung bestätigt täglich durch neue bahnbrechende Details, was wir instinktiv die ganze Zeit schon wussten: Was du jeden Augenblick des Tages denkst, wird in deinem Gehirn und deinem Körper zu einer physischen Realität, die deine optimale geistige und körperliche Gesundheit beeinflusst. Diese Gedanken bilden zusammen deine innere Einstellung, die deinen Geisteszustand darstellt. Und es ist *deine Einstellung und nicht deine DNA*, die einen Großteil deiner Lebensqualität bestimmt.

Dieser Geisteszustand ist ein realer, physikalischer, elektromagnetischer, quantenphysikalischer und chemischer Fluss im Gehirn, der Gruppen von Genen in Abhängigkeit von den eigenen Entscheidungen und den nachfolgenden Reaktionen in positiver oder negativer Richtung an- oder ausschaltet. Wissenschaftlich wird dies *Epigenetik* genannt; geistlich gesehen ist es die Umsetzung von 5. Mose 30,19 (GNB): »Ich habe euch heute Segen und Fluch, Leben und Tod vor Augen gestellt. Wählt das Leben, damit ihr am Leben bleibt, ihr und eure Nachkommen!« Das Gehirn reagiert auf deinen Verstand, indem es diese neurologischen Signale durch den ganzen Körper leitet, was bedeutet, dass deine Gedanken und Emotionen in physiologisch und geistig wirkende Effekte umgewandelt werden und diese physiologischen Empfindungen dann in dauerhafte mentale und emotionale Zustände übergehen. Es ist ein tiefgreifender und erhellender Gedanke, wenn man begreift, dass etwas scheinbar Immaterielles wie eine Überzeugung eine physische Existenz in Form einer positiven oder negativen Veränderung in unseren Zellen annehmen kann.

Und über all das hast du die Kontrolle. Die Entscheidungen, die du heute triffst, wirken sich nicht nur auf deinen Geist, deine Seele und deinen Körper aus, sondern können auch Auswirkungen auf die nächsten vier dir nachfolgenden Generationen haben.

Die gute Nachricht ist, dass *Liebe genetisch in uns verankert ist*, was bedeutet, dass unsere sämtlichen mentalen Schaltkreise nur für das Positive vernetzt sind und wir eine *natürliche Veranlagung* zum Optimismus in uns tragen. Im Standardmodus sind wir darauf gepolt, gute Entscheidungen zu treffen. Die Muster für unser schlechtes Entscheidungs- und Reaktionsverhalten haben wir selbst entwickelt, weshalb wir sie durch Neuvernetzung auch wieder eliminieren können. Unser Gehirn ist neuroplastisch – es kann sich verändern und neu wachsen. Darüber hinaus hat Gott das Funktionsprinzip der Neurogenese eingebaut – täglich werden neue Nervenzellen zu unserem geistigen Nutzen geboren. Das erinnert an die Worte in Klagelieder 3,22–23: »Die Gnade des Herrn ..., sie ist jeden Morgen neu.« Dieses Buch zeigt dir, wie du die *Kontrolle* über deine Gedanken *zurückgewinnst*, dein Denken (wie in Röm 12,2) erneuerst und dein Gehirn mit Blick auf die Richtung neu vernetzt, die ursprünglich für dich vorgesehen war.

Basierend auf den neuesten neurowissenschaftlichen Forschungsergebnissen über das Gehirn sowie meiner klinischen Praxis und Forschung wirst du erfahren, wie sich Gedanken auf deinen Geist, deine Seele und deinen Körper auswirken. Außerdem werde ich dir zeigen, wie du deine Gedanken mithilfe meines praxistauglichen, ausführlichen und einfach zu handhabenden 21-tägigen Gehirn-Detox-Plans entgiften kannst.

Der Nutzen erstreckt sich auf alle Lebensbereiche. Jemandem vergeben, Angst oder Depressionen loswerden, gesundheitlichen Problemen aktiv vorbeugen, dich gesünder und bewusster ernähren, deinen Intellekt schärfen, deinen Träumen folgen, ein großartiger Elternteil, Ehepartner oder Freund sein, die gewünschte Beförderung erreichen oder andere Veränderungen vornehmen, um einen vollwertigen, positiven Lebensstil zu schaffen – *all das ist nur möglich, wenn du dich zuerst dafür entscheidest, deinen Verstand in Ordnung zu bringen und dein Gehirn anzuschalten.* Denn schließlich ist denken, wählen und den Verstand richtig einsetzen zu können der erste und wichtigste Schritt, wenngleich oft der schwierigste.

Wäre dir klar, wie mächtig deine Gedanken sind,
würdest du nie etwas Negatives denken.
— Peace Pilgrim

Danksagungen

Meine Inspiration für den Aufbau dieser Puzzles und die Teile des Puzzles selbst stammen aus verschiedenen Quellen.

Sie beginnt und endet immer mit Gott.

Inspiriert haben mich außerdem:

Die Tausende von Wissenschaftlern, deren brillante Arbeit ich verschlungen habe. Viele tausend Stunden habe ich damit verbracht, über die Wahrheiten, die Gott durch sie offenbart, zu staunen – viele von ihnen habe ich in diesem Buch und in meinen Literaturangaben erwähnt.

Die engagierten, motivierten und manchmal stark beeinträchtigten Patienten und Klienten, mit denen ich im Laufe der Jahre schon zusammenarbeiten durfte. Ich sehe, wie ihre bewusste Entschlossenheit zum Erfolg sie auf die Beine stellt und sie oft sogar über sich hinauswachsen lässt.

Die weisen Lehrer der Bibel und der Wissenschaft, denen ich zuhören durfte (und denen ich auch heute noch zuhöre).

Das wunderbare Baker-Books-Verlagsteam – Effizienz, hervorragende Qualität und Schnelligkeit beschreiben ihren hohen Standard bei der Durchführung eines Projekts.

Meine ganz außergewöhnliche Familie, deren Liebe und Unterstützung mir immer ein Stützpfeiler ist.

Meine Freunde: Es gibt so viele, die mich ermutigt und Worte der Weisheit und Prophetie in mein Leben gesprochen haben.

Manche von ihnen haben auf eine Art und Weise zu diesem Buch beigetragen, die ihnen vielleicht nicht einmal bewusst ist. Sie alle zu erwähnen, würde Seiten füllen, aber sie wissen, wer sie sind, und ich schätze und liebe sie alle. Tatsächlich war es schwer zu entscheiden, wen ich *nicht* um eine Empfehlung bitten würde, weil ich sie alle in meinem Buch haben wollte.

Einleitung

Schalte dein Gehirn durch Hoffnung an

Leitvers: *Es ist aber der Glaube eine feste Zuversicht auf das, was man hofft, eine Überzeugung von Tatsachen, die man nicht sieht. — Hebräer 11,1 SLT*

Damit verknüpftes Wissenschaftskonzept: Gedanken sind reale, physische Objekte, die Raum in geistigen Gebäuden einnehmen. In jedem Augenblick, an jedem einzelnen Tag, veränderst du durch dein Denken die Struktur deines Gehirns. Wenn wir hoffen, ist das eine Aktivität des Verstandes, die die Struktur unseres Gehirns in eine positive und normale Richtung verändert.

Noch vor wenigen Jahrzehnten hielten Wissenschaftler – auch diejenigen, die mich ausgebildet haben – das Gehirn für eine starre und fest verdrahtete Maschine. Nach dieser Auffassung war das geschädigte Gehirn unheilbar. Man glaubte, dass Hirnschäden hoffnungslos und nicht behandelbar seien, unabhängig davon, ob sie Folge eines Schlaganfalls, kardiovaskulärer Schäden oder schwerer Hirnverletzungen waren oder sich in Form von Lernbehinderungen, Traumata, PTSD, Zwangsstörungen, Depressionen oder Angstzuständen zeigten – nicht einmal dem Alterungsprozess wusste man etwas entgegenzusetzen. All diese Ursachen und Zustände wurden als weitgehend irreversibel angesehen.

Da dies die vorherrschende Sichtweise in Bezug auf das Gehirn war, wurde ich in den 1980er Jahren nicht auf die *Wiederherstellung von Funktionen* geschult, sondern darauf, meinen Patienten zu zeigen, wie sie ihre *Beeinträchtigungen kompensieren* könnten. Ich wurde damals nach der gängigen Lehrmeinung ausgebildet, die besagte, dass für Menschen mit geistigen Einschränkungen oder Hirnschäden so etwas wie Hirnnormalität unmöglich sei. Als Bibelschülerin war ich jedoch mit Römer 12,2 (EÜ) bestens vertraut und wurde durch diesen Vers immer wieder ermutigt: »Und gleicht euch nicht dieser Welt an, sondern lasst euch verwandeln durch die Erneuerung des Denkens.« Ich wusste, dass dieser berühmte und fabelhafte Abschnitt über die »Erneuerung des Denkens« eine Wahrheit enthielt, die ich bei der Behandlung meiner Patienten anwenden musste, um sie bei der Überwindung ihrer Defizite zu unterstützen. So begann meine unablässige Suche nach dieser Wahrheit als Wissenschaftlerin.

Ich war beeindruckt davon, wie meine Patienten mit den therapeutischen Techniken, die ich aus meiner Forschung entwickelte, das negative Bild widerlegten, das die konventionelle Wissenschaft damals vom menschlichen Gehirn bot. Diese Ergebnisse bestätigten, dass das Gehirn keineswegs in toxischen Strukturen erstarrt ist, sondern sich sogar dann verändern kann, wenn die neurologischen Gegebenheiten extrem schwierig sind.

Die Patienten zeigten auf eindrucksvolle Weise, *was möglich ist, wenn man sich etwas in den Kopf gesetzt hat*, und ihre Fortschritte ließen mich staunen. Jede neue wissenschaftliche Studie in dieser Richtung bestätigte, was ich intuitiv als Wahrheit erfasst hatte: Wir sind keine Opfer unserer Biologie oder unserer Umstände. Wie wir auf die Ereignisse und Umstände des Lebens reagieren, kann einen enormen Einfluss auf unsere geistige und sogar körperliche Gesundheit haben.

Während wir denken, verändern wir die physische Struktur unseres Gehirns. Wenn wir unser Denken bewusst lenken, können wir toxische Denkmuster ausschalten und sie durch gesunde Gedanken ersetzen. Neue Gedankennetzwerke wachsen. Wir erhöhen unsere Intelligenz und bringen Heilung in unser Gehirn, unseren Verstand und unseren physischen Körper.

Alles beginnt im mentalen Bereich, mit unserer Fähigkeit, zu denken und zu wählen – die mächtigste Sache im Universum, gleich nach Gott. Und tatsächlich sind wir damit nach dem Vorbild Gottes gestaltet.

Bildliche Darstellung eines gesunden Gedächtnisses

Bildliche Darstellung eines toxischen Gedächtnisses

Mit unserem phänomenalen Verstand verstehen wir die Wahrheiten, die in unserem Geist verankert sind. Mit unserem Verstand binden wir diese Wahrheiten fest in unser Gehirn ein, das Teil des Körpers ist. Mit unserem Verstand entscheiden wir uns dafür, den geistlichen Teil unserer Person zu entwickeln und die Worte aus Jakobus 1,21 (SLT) zu verinnerlichen: »Darum legt ab allen Schmutz und allen Rest von Bosheit und nehmt mit Sanftmut das [euch] eingepflanzte Wort auf, das die Kraft hat, eure Seelen zu erretten!« Mit unserem Verstand lehnen wir die Lügen des Feindes, des Vaters der Lüge, ab oder glauben sie. Mit unserem Verstand verändern wir die physische Realität des Gehirns, sodass es unsere Entscheidungen widerspiegelt. Mit unserem Verstand entscheiden wir uns, Gottes Regeln zu befolgen und in Frieden zu leben, ungeachtet dessen, was um uns herum geschieht. Mit unserem Verstand entscheiden wir uns, den Lügen Satans zu folgen, und geraten so in eine seelische, körperliche und geistige Abwärtsspirale

Das Denken verändert die Struktur der Materie. Gott sagte: »Es werde Licht« (1Mo 1,3), und seine Worte ließen die physische Erde entstehen. Und die Wissenschaft, die, wie gesagt, gerade erst den Anschluss an das Wort Gottes findet, bestätigt diese Realität auf greifbare und zum Nachdenken anregende Weise mit überaus klaren Aussagen, die sich aus dem aufstrebenden Forschungsfeld der Neuroplastizität ergeben.

Neuroplastizität bedeutet erklärtermaßen, dass das Gehirn formbar und anpassungsfähig ist und sich rund um die Uhr sekündlich verändert. Wissenschaftler beginnen endlich, die zur Erneuerung fähigen Eigenschaften des Gehirns zu erkennen, wie wir sie schon in Römer 12,2 bestätigt finden. Sie betrachten das Gehirn nicht länger als eine Maschine, die schon früh im Leben fest verdrahtet ist, sich nicht mehr anpassen kann und mit fortschreitendem Alter Abnutzung erfährt. Anhand einer Vielzahl faszinierender Beispiele demonstrieren Ausnahmewissenschaftler – unter Nutzung von Neuroimaging-Methoden und durch Nachweis von bestimmten Verhaltensänderungen –, wie Menschen ihr Gehirn mithilfe ihres Verstandes verändern können. Wir können die Gehirnaktivitäten anhand der von Neuronen abgefeuerten Impulse erkennen und messen. Wir können sogar die vermeintliche Unbestimmbarkeit des Denkens und des Entscheidens – beides sind die Hauptfunktionen des Verstandes – durch die Quantenmechanik vorhersagen.

Ich bewege mich ständig weiter durch eine Welt voller faszinierender Wahrheiten und mein Geist hüpft vor Begeisterung in mir. Die Tatsache, dass das Gehirn plastisch ist und tatsächlich durch Denken verändert werden kann, gibt jedem, egal, unter welchen Umständen, greifbare Hoffnung. Ich hatte das Privileg, mit vielen verschiedenen Menschen zu arbeiten und zu erleben, wie

- autistische Kinder lernen, in schulischen und sozialen Umfeldern gut zurechtzukommen;
- Senioren ihr Gedächtnis so weit schärfen, dass sie in ihren Achtzigern den Beruf wechseln und neue Abschlüsse erwerben;
- junge Männer und Frauen, die in bitterer Armut aufgewachsen sind und deren Alltag von Drogenverkauf und -konsum bestimmt war, eine komplette Kehrtwende in ihrem Leben vollziehen, wieder zur Schule gehen und zu Führungspersönlichkeiten in der Gesellschaft werden;
- Unfallopfer, von Neurologen als »Dahinvegentierende« abgeschrieben, ihre Gehirne so weit trainieren, dass sie ihre Schulbildung auf Hochschulniveau abschließen und zu erfolgreichen, zur Gesellschaft beitragenden Bürgern werden können;
- Schüler, die jahrelange Therapien hinter sich haben und als hoffnungslos lernbehindert gebrandmarkt wurden, ihr Lernpensum meistern und Noten erreichen, von denen sie und ihre Eltern bis dahin nur träumen konnten;
- Schulen in einigen der schlimmsten Dritte-Welt-Regionen Afrikas, in denen die Schüler nicht einmal die nächste Stufe erreichen konnten, zu Schulen werden, die auf der Liste des Bildungsministeriums von Ausbildungsstätten stehen, die sich am »stärksten verbessern konnten«;
- Kinder mit Legasthenie lesen und schreiben lernen und sogar ihren Eltern helfen, sich erfolgreich auf Prüfungen vorzubereiten;
- selbstmordgefährdete und emotional traumatisierte Seelen freigesetzt werden;
- ganze Schulen den Notendurchschnitt quer durch alle Kernfächer verbessern können.

Und diese Liste ließe sich beliebig fortsetzen.

Die Wissenschaft steht am Rande eines Abgrunds, jetzt, da wir die Bedeutung und die Tragweite unseres Denkens und der daraus resultierenden Entscheidungen erkennen, die sogar Auswirkungen auf unsere Gene und deren Verhalten in unserem Körper haben. Die Aussage von 5. Mose 30,19 (GNB) wird in der Welt, in der wir heute leben, zu einer Realität, da wir beginnen, die Auswirkungen von Entscheidungen auf Gehirn und Körper zu begreifen: »Ich habe euch heute Segen und Fluch, Leben und Tod vor Augen gestellt. Wählt das Leben, damit ihr am Leben bleibt, ihr und eure Nachkommen!«

Wie wir denken, wirkt sich nicht nur auf unseren eigenen Geist, unsere Seele und unseren Körper aus, sondern auch auf die Menschen um uns herum. Sowohl die Wissenschaft als auch die Bibel zeigen, wie die Konsequenzen unserer Entscheidungen über Sperma und Eizelle an die nächsten vier Generationen weitergereicht werden und deren Entscheidungen und ihren Lebensstil zutiefst beeinflussen. Das Fachgebiet der Epigenetik (die sich mit den Signalen, einschließlich unserer Gedanken befasst, die die Aktivität unserer Gene beeinflussen) erklärt, wie sich dies auswirkt. Das erinnert mich an 2. Mose 34,7 (HFA), denn dort heißt es: »Wenn jemand an seiner Schuld festhält, dann muss er die Folgen tragen, und nicht nur er, sondern auch seine Kinder, Enkel und Urenkel!«

Dass das Gehirn plastisch ist und von einem Moment zum anderen verändert werden kann, indem wir unser Denken – also die Entscheidungen, die wir treffen – steuern, ist ein Konzept, das die Sachbuch-Bestsellerlisten beherrscht, und tatsächlich ist es der entscheidende Schlüssel, mit dem wir unser Gehirn anschalten. Hinzu kommt, dass dir jeden Morgen, wenn du aufwachst, neue Baby-Nervenzellen zur Verfügung stehen, die während des Nachtschlafs geboren wurden. Sie sind dazu da, toxische Gedanken abzubauen und gesunde Gedanken entstehen zu lassen. Die Geburt dieser neuen Baby-Nervenzellen wird Neurogenese genannt, was uns daran erinnert, dass »die Gnade des Herrn … jeden Morgen neu ist« (siehe Klgl 3,22–23).

Welch eine bemerkenswerte und hoffnungsfreudige bildliche Darstellung der unbegrenzten Anpassungsfähigkeit des menschlichen Gehirns, wie Gott sie uns gegeben hat.

Dieses Buch ist in zwei Teile gegliedert, mit dem übergeordneten Ziel, dir zu zeigen, wie du dein Gehirn anschalten kannst. Teil 1 zeigt die dazu benötigten Schlüssel auf. In Teil 2, dem Praxisteil, erfährst du, wie all diese Schlüssel in meinem 5-Schritte-Lernprogramm »Der Schalter an deinem Gehirn« als Bestandteil meines 21-tägigen Gehirn-Detox-Plans zusammenwirken. Hier werde ich dich durch einen Prozess führen, bei dem dein Gehirn angeschaltet wird, damit du zu maximaler Zufriedenheit, Denkfähigkeit und Gesundheit gelangen kannst.

Hier sind einige der wichtigsten Punkte dieses Buches:

- Dein Verstand ist – nach Gott – die mächtigste Sache im Universum.
- Der freie Wille und die freie Wahl sind reale, geistliche und wissenschaftliche Tatsachen (5Mo 30,19).
- Dein Verstand (deine Seele) hat einen Fuß in der Tür des Geistes und den zweiten in der Tür des Körpers; du kannst dein Gehirn mithilfe deines Verstandes verändern und deinen Verstand grundlegend erneuern (Röm 12,2).
- Du kannst deinen Geist fördern und stärken, indem du mit deinem Verstand stetig die Entscheidung triffst, dich vom Heiligen Geist leiten zu lassen (Gal 2,20).
- Dein Körper hat nicht die Kontrolle über deinen Geist – dein Geist hat deinen Körper unter Kontrolle, und dein Geist ist stärker als dein Körper. Der Geist steht eindeutig über der Materie.

- Du bist kein Opfer deiner Biologie.
- Du kannst die Ereignisse und Umstände des Lebens nicht kontrollieren, aber du kannst deine Reaktion auf diese Ereignisse und Umstände kontrollieren (Mt 7,13–14; Gal 6,7–8).
- Wenn du denkst, bildest du Gedanken, und diese werden zu physischen Substanzen in deinem Gehirn. »Wie jemand in seinem Herzen denkt, so ist er« (siehe Spr 23,7 KJV).
- Gutes Denken → gute Entscheidungen → gesunde Gedanken; toxisches Denken → schlechte Entscheidungen → schädliche Gedanken (5Mo 30,19).
- Du bist dafür ausgelegt, außerhalb deiner selbst zu stehen und dein eigenes Denken zu beobachten *und es zu verändern* (Röm 12,2; 2Kor 10,5; Phil 3,13–14).
- Du bist so geschaffen, dass du erkennen kannst, worüber du richtigerweise nachdenken solltest (Jos 24,15; Pred 7,29; Jes 30,2).
- Jeden Morgen, wenn du aufwachst, werden in deinem Gehirn neue Baby-Nervenzellen geboren, die du weise nutzen kannst, indem du schlechte Gedanken entfernst und neue einfügst (Klgl 3,23). Dies wird Neurogenese genannt.
- Du bist für achtsames, kluges Denken geschaffen worden (Ps 139,14).
- Liebe ist genetisch in dir verankert, und Furcht ist keine natürliche, sondern eine erworbene Reaktion (2Tim 1,7).
- Du hast den Sinn Christi (1Kor 2,16).
- Du bist nach dem Bild Gottes geschaffen (1Mo 1,27).

All dieses Wissen wird dir helfen, diese Wahrheiten zu erkennen:

- Zufriedenheit kommt von innen und der Erfolg schließt sich an – nicht umgekehrt.
- Du kannst lernen, wie man lernt und den eigenen Intellekt vertieft.
- Du kannst Lernschwächen überwinden.
- Du kannst das Chaos in deinem Denken unter Kontrolle bringen.
- Du musst nicht mit Schuld- und Verdammnisgefühlen beladen herumlaufen.
- Toxische Gedanken, die du in dein Denken eingebaut hast, kannst du auch wieder herauslösen.
- Du musst nicht an schlechte Gewohnheiten gebunden bleiben, sondern kannst deine Gewohnheiten ändern.
- Du kannst Gefühle der Ablehnung und Verletzung überwinden.
- Jemandem zu vergeben ist nicht so schwer, wie du es dir vorstellst.
- Du brauchst dich nicht um Dinge zu sorgen, die sich deiner Kontrolle entziehen.
- Du bist kein Opfer der Dinge, die du nicht tun solltest.
- Du brauchst nicht zu befürchten, dass du eine in deiner Familie schon häufiger aufgetretene Krankheit ebenfalls bekommen könntest (z. B. Alzheimer, Parkinson oder Depressionen).
- Du kannst deinen übermäßig nachdenkenden und analysierenden Verstand wieder ins Gleichgewicht bringen.
- Du kannst Depressionen und Ängste überwinden und kontrollieren – einige Wissenschaftler konnten nachweisen, dass man sogar Schizophrenie und Zwangsstörungen kontrollieren und überwinden kann.

- Man muss nicht ständig in der Vergangenheit graben, um sich von ihr zu befreien.
- Du kannst unabhängig von deinen Umständen glücklich und von Frieden erfüllt sein.

Falls du eben auch nur einmal mit dem Kopf genickt hast, ist es an der Zeit, dass du in deinem Verstand frei wirst, um alles in Angriff nehmen zu können, was Gott für dich vorbereitet hat. Lies weiter. Es ist Zeit für dich, dein Gehirn anzuschalten und die Schlüssel zu maximaler Zufriedenheit, Denkfähigkeit und Gesundheit zu finden.

In Teil 1 erkläre ich anhand wissenschaftlicher Erkenntnisse und der Bibel, wie sich die zuvor beschriebenen Konzepte zusammenfügen.

In Teil 2, dem Praxisteil, findest du meinen 21-tägigen Gehirn-Detox-Plan, der mein wissenschaftlich erprobtes 5-Schritte-Lernprogramm »Der Schalter an deinem Gehirn« enthält. Die darin angewendeten Techniken basieren auf meiner Forschung, meinen Jahren in der klinischen Praxis und meinen Erfahrungen bei der Durchführung von Seminaren und Konferenzen rund um den Globus. Dieser Abschnitt ist praxisorientiert und vollgepackt mit wichtigen, bewährten Strategien, die dir helfen werden, zu einem Lebensstil zu finden, der deinen Verstand erneuert und ihn mit Gottes Willen in Einklang bringt, damit dein Bewusstsein für deine göttliche Bestimmung freigesetzt werden kann (Pred 3,11).

Du bist wirklich für maximale Zufriedenheit, klares Denken und beste Gesundheit geschaffen.

Zusammenfassung der Einleitung

1. Noch vor wenigen Jahrzehnten hielten Wissenschaftler das Gehirn für eine starre und fest verdrahtete Maschine. Nach dieser Auffassung war das geschädigte Gehirn unheilbar und der Schwerpunkt lag auf der *Kompensation* fehlender Funktionen, nicht auf deren Wiederherstellung.
2. Wir können die physische Beschaffenheit unseres Gehirns durch unser Denken und unsere Entscheidungen verändern.
3. Wenn wir unser Denken bewusst lenken, können wir schädliche Gedankenmuster entfernen und durch gesunde Gedanken ersetzen. Neue Gedankennetzwerke wachsen. Wir erhöhen unsere Intelligenz und bringen Heilung in unseren Verstand und unseren physischen Körper.
4. *Alles* beginnt im mentalen Bereich mit unserer Fähigkeit, zu denken und zu wählen – gleich nach Gott die mächtigste Sache im Universum.
5. Neuroplastizität bedeutet erklärtermaßen, dass das Gehirn formbar und anpassungsfähig ist und sich rund um die Uhr sekündlich verändert.
6. Wissenschaftler beginnen endlich, die zur Erneuerung fähigen Eigenschaften des Gehirns zu erkennen (entsprechend Röm 12,2)
7. Die Wissenschaft steht am Rande eines Abgrunds, jetzt, da wir die Bedeutung und die Tragweite unseres Denkens und der daraus resultierenden Entscheidungen erkennen, die sogar Auswirkungen auf unsere Gene und deren Verhalten in unserem Körper haben.
8. Die Neurogenese ist die Geburt neuer Baby-Nervenzellen.

TEIL 1

WIE DU DEIN GEHIRN ANSCHALTEST

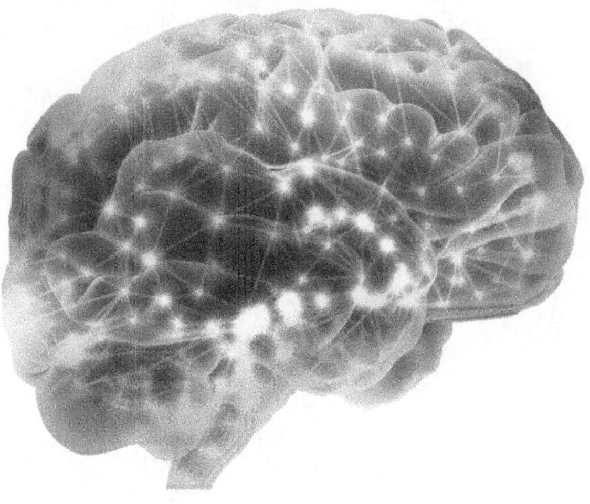

Kapitel 1

Der Geist kontrolliert die Materie

Leitvers: *Gott hat uns nicht einen Geist der Furcht gegeben, sondern einen Geist der Kraft, der Liebe und der Besonnenheit. — 2. Timotheus 1,7*

Damit verknüpftes Wissenschaftskonzept: Die Wissenschaft hat Belege dafür, dass Liebe genetisch in uns verankert ist und wir eine natürliche Veranlagung zum Optimismus in uns tragen. Genau das bringt der obige Vers zum Ausdruck.

Die Wissenschaft debattiert darüber, ob der Geist das ist, was das Gehirn tut, oder ob das Gehirn die Befehle des denkenden Geistes ausführt. Welchen Standpunkt du in dieser Frage übernimmst, wird deine Ansicht über den freien Willen und die Entscheidungsfreiheit des Menschen beeinflussen.

Der Geist ist, was das Gehirn tut

Das erste Argument geht davon aus, dass die Gedanken aus dem Gehirn kommen und somit das Gehirn alle Aspekte des mentalen Erlebens erzeugt. Menschen, die diese Ansicht vertreten, werden *Materialisten* genannt. Sie glauben, dass es die chemischen Stoffe und Neuronen sind, die den Geist erzeugen, und dass die Beziehungen zwischen den Gedanken und dem, was man tut, einfach ignoriert werden können.

Ihre Auffassung ist also im Wesentlichen, dass das Gehirn Schöpfer dessen ist, was du tust und was du denkst. Der Geist ist, was das Gehirn tut, denken sie, und diese Annahme hat beträchtliche Auswirkungen. Nehmen wir als Beispiel die Behandlung von Depressionen. Gemäß dieser reduktionistischen Sichtweise ist die Depression ein chemisches Ungleichgewichtsproblem eines maschinenähnlichen Gehirns; daher besteht die Behandlung darin, die fehlenden Botenstoffe hinzuzufügen.

Diese Sicht ist sowohl biblisch als auch wissenschaftlich inkorrekt.

Das Gehirn führt die Befehle des Geistes aus

Betrachten wir dieses Argument einmal aus der anderen Richtung: Das Gehirn ist, was der denkende Geist tut.

Du bist ein denkendes Wesen. Du denkst den ganzen Tag über, und nachts, wenn du schläfst, sortierst du deine Gedanken. Während du denkst, triffst du Entscheidungen, und mit diesen Entscheidungen setzt du die Genexpression in deinem Gehirn in Gang. Das bedeutet, dass du durch Biosynthese Proteine herstellst, und diese Proteine bilden deine Gedanken. Gedanken sind reale, physische Dinge, die geistige Gebäude füllen.

Eric R. Kandel, Neuropsychiater und Nobelpreisträger für seine Arbeit auf dem Gebiet der Gedächtnisforschung, zeigt, wie unsere Gedanken und sogar die Ergebnisse unserer Vorstellungskraft »unter die Haut« unserer DNA gelangen und bestimmte Gene an- und abschalten können, wodurch die Struktur der Neuronen im

Gehirn verändert wird.[1] Während wir also denken und uns Dinge vorstellen, verändern wir die Struktur und die Funktionsweise unseres Gehirns. Sogar Freud spekulierte bereits im 18. Jahrhundert, dass das Denken zu Veränderungen im Gehirn führt.[2] In den letzten Jahren haben führende Neurowissenschaftler wie Marion Diamond, Norman Doidge, Joe Dispenza, Jeffrey Schwartz, Henry Markram, Bruce Lipton und Allan Jones, um nur einige zu nennen, bewiesen, dass unsere Gedanken eine bemerkenswerte Macht haben, das Gehirn zu verändern.[3] Unser Gehirn verändert sich von Augenblick zu Augenblick, während wir denken. Indem wir denken und Entscheidungen treffen, gestalten wir die Landschaft unseres Gehirns immer wieder neu.

Unser Geist ist so konzipiert, dass er den Körper, zu dem das Gehirn gehört, kontrolliert, nicht umgekehrt. Die Materie kontrolliert uns nicht; wir kontrollieren die Materie durch unser Denken und unsere Entscheidungen. Wir können die Ereignisse und Umstände des Lebens nicht kontrollieren, aber wir können unsere Reaktionen kontrollieren. Tatsächlich können wir unsere Reaktionen auf alles kontrollieren, und dadurch verändern wir unser Gehirn. Das ist nicht leicht; es ist harte Arbeit, aber sie kann durch unsere Gedanken und Entscheidungen geleistet werden. Darauf konzentriere ich mich in der zweiten Hälfte des Buches mit meinem 21-tägigen Gehirn-Detox-Plan.

Für den Moment ruhe dich einfach in der Gewissheit aus, dass das, wozu Gott dich in deinem Geist ermächtigt hat, kraftvoller und wirksamer ist als jedes Medikament, jede Bedrohung, jede Krankheit und jede neurologische Herausforderung. Die Bibel ist diesbezüglich klar: Du hast keinen Geist der Furcht, sondern einen Geist der Kraft, der Liebe und der Besonnenheit (siehe 2Tim 1,7). Wir sind nicht an das Physische gebunden; wir kontrollieren das Physische. Man muss sich nur die vielen inspirierenden Lebensgeschichten von Menschen aus der Vergangenheit und auch aus der Gegenwart anschauen, die unmögliche Widrigkeiten überwunden und überlebt haben, um sicher zu wissen, dass dies die Wahrheit ist.

Entscheidungen sind etwas Reales

Du kannst frei entscheiden, worauf du deine Aufmerksamkeit richtest, und das beeinflusst, wie sich die chemischen Stoffe und Proteine und die Verbindungen in deinem Gehirn verändern und wie sie funktionieren. Wissenschaftler haben nachgewiesen, dass die Beziehung zwischen dem, was du denkst, und der Art und Weise, wie du dich selbst wahrnimmst und verstehst – deine Überzeugungen, Träume, Hoffnungen und Gedanken –, einen großen Einfluss darauf hat, wie dein Gehirn funktioniert.

Die Forschung zeigt, dass 75 bis 98 Prozent der psychischen, physischen und Verhaltenskrankheiten durch das eigene Gedankenleben verursacht werden.[4] Diese erschütternde und aufschlussreiche Statistik bedeutet im Umkehrschluss, dass nur 2 bis 25 Prozent der psychischen und physischen Krankheiten durch Umwelt und Gene verursacht werden.

Denken aktiviert die Gene

Jeden Tag entdecken Wissenschaftler mehr über die genauen Wege, wie Veränderungen im menschlichen Bewusstsein Veränderungen in unserem Gehirn und in unserem Körper hervorrufen. Unser Bewusstsein – diese phänomenale Gabe Gottes, denken zu können – aktiviert unsere Gene und verändert unser Gehirn. Die Wissenschaft zeigt, dass unsere Gedanken mit ihren eingebetteten Gefühlen ganze Gengruppen in komplexen Beziehungen an- und abschalten. Wir nehmen Fakten, Erfahrungen und Ereignisse des Lebens und weisen ihnen mit unserem Denken einen Sinn zu.

Wir mögen einen festen Satz von Genen in unseren Chromosomen haben, aber welches dieser Gene aktiv ist und *in welcher Weise* sie aktiv sind, hat sehr viel damit zu tun, wie wir denken und unsere Erfahrungen verarbeiten. Unsere Gedanken erzeugen Worte und Verhaltensweisen, die ihrerseits weitere Gedanken und Entscheidungen anregen, die in einem endlosen Kreislauf noch mehr Gedanken aufbauen.

Unser Gehirn wird durch unsere Reaktionen gestaltet

Wir reagieren ständig auf Umstände und Ereignisse, und im weiteren Verlauf dieses Zyklus wird unser Gehirn durch den Prozess entweder in eine positive, die Lebensqualität fördernde Richtung oder in eine negative, schädliche, die Lebensqualität beeinträchtigende Richtung gestaltet. Es ist also die Qualität unseres Denkens und unserer Entscheidungen (Bewusstsein) und unserer Reaktionen, die unsere »Gehirnarchitektur« bestimmt – die Form oder Gestalt des Gehirns und die *daraus resultierende* Qualität der Gesundheit unseres Geistes und unseres Körpers.

Sowohl die Wissenschaft als auch die Bibel zeigen, dass wir genetisch zu Liebe und Optimismus[5] veranlagt sind. Wenn wir also mit negativem Denken und negativen Entscheidungen reagieren, leidet die Qualität unseres Denkens und somit auch die Qualität unserer Gehirnarchitektur. Es ist tröstlich – und herausfordernd – zu wissen, dass negatives Denken nicht die Norm ist.

Denken verändert unsere DNA

Betrachtet man dies auf einer tieferen Ebene, so zeigt die Forschung, dass *die DNA tatsächlich in Abhängigkeit von unseren Gedanken ihre Form verändert.* Während du negative Gedanken über irgendwelche in der Zukunft liegenden Dinge denkst – die neue Woche, was eine bestimmte Person sagen oder tun könnte –, wird dieses toxische Denken, selbst wenn der konkrete Stimulus fehlt, deine Gehirnstruktur in eine negative Richtung verändern und deinen Geist und deinen Körper in Stress versetzen.[6]

Laut dem Mediziner Dr. Herbert Benson, emeritierter Direktor des Benson-Henry-Instituts für Mind-Body-Medizin mit Professur an der Medizinischen Fakultät in Harvard, führt negatives Denken zu Stress, der die natürlichen Heilungskräfte unseres Körpers beeinträchtigt.[7]

Toxisches Denken zermürbt das Gehirn.

Das Institute of HeartMath, eine international anerkannte, gemeinnützige Forschungsorganisation, die Menschen beim Abbau von Stress unterstützt, hat unter dem Titel »Lokale und nicht-lokale Auswirkungen kohärenter Herzfrequenzen auf Konformationsänderungen der DNA« ihre Erkenntnisse zu einem durchgeführten Experiment veröffentlicht. Die Studie zeigte, dass Gedanken oder Gefühle der Wut, Angst und Frustration dazu führten, dass die DNA in Entsprechung zu diesen Gedanken und Gefühlen ihre Form veränderte. Die DNA reagierte darauf mit einer Straffung und Verkürzung, wobei sie viele Codeabschnitte abschaltete, was die Qualität der Expression verminderte. Wir fühlen uns also durch negative Emotionen regelrecht abgeschaltet, und unser Körper spürt dies auch. Aber hier kommt die gute Nachricht: Dieser negative Shutdown und die qualitative Verschlechterung der DNA-Struktur konnten durch Gefühle der Liebe, Freude, Wertschätzung und Dankbarkeit *rückgängig* gemacht werden! Die Forscher fanden auch heraus, dass HIV-positive Patienten, die aufbauende Gedanken und Gefühle hatten, 300.000 Mal mehr Abwehrkraft gegen die Krankheit hatten als diejenigen ohne solche Gefühle.[8] Das Entscheidende ist also, dass wir, wenn wir in Übereinstimmung mit unserer wahren Natur der Liebe funktionieren – als Wesen, die nach dem Bild Gottes geschaffen sind (1Mo 1,26) – die Möglichkeit haben, die Form unserer DNA zum Besseren zu verändern.

Wenn wir also eine Entscheidung von schlechter Qualität treffen – wenn wir uns entscheiden, toxischen Gedanken wie Unversöhnlichkeit, Bitterkeit, Verärgerung oder Gefühlen der Überforderung Raum zu geben –, verändern wir die DNA und die anschließende Genexpression, was den Zustand unserer Gehirnvernetzung in eine negative Richtung verändert. Das Gehirn wird dadurch sofort in einen Schutzmodus versetzt und wandelt diese minderwertigen, toxischen Gedanken in negativen Stress um. Dieser Stress manifestiert sich dann in unserem Körper. Aber das Spannendste an dieser Studie war die Hoffnung, die sich darin zeigte, denn die positive Einstellung, die gute Entscheidung, versetzte alles wieder in den ursprünglichen gesunden, positiven Zustand zurück. Die beteiligten Wissenschaftler haben im Grunde bewiesen, dass wir unseren Sinn erneuern können.

Stress

Stress der Phase 1 ist normal. In diesem Zustand der Wachsamkeit sammelt unser Körper Energie, die uns konzentriert und aufmerksam sein lässt. Es ist der Zustand, in dem wir uns befinden, wenn wir im Einklang mit Gottes Gedanken denken. Die Stressphasen 2 und 3 hingegen sind Reaktionen unseres Geistes und Körpers auf toxisches Denken – normaler Stress, der außer Kontrolle geraten ist. Selbst kurze Phasen des negativen Denkens auf diesem schädlichen Level haben weitreichende Folgen für die geistige und körperliche Gesundheit.

Definiert wird *Stress* als »ein Zustand, der typischerweise durch Symptome geistiger und körperlicher Anspannung oder Belastung, wie Depression oder Bluthochdruck, gekennzeichnet ist, die aus einer *Reaktion* auf eine Situation resultieren können, in der sich eine Person bedroht, unter Druck gesetzt fühlt etc.«[9] Synonyme für Stress sind unter anderem Angst, Nervosität, Beklemmung, Besorgnis, Ungeduld, Furcht, Anspannung und Unruhe.

Reaktion ist hier das Schlüsselwort. *Du kannst die Ereignisse oder Umstände deines Lebens nicht kontrollieren, aber du kannst deine Reaktionen kontrollieren.* Und die Kontrolle dieser Reaktionen macht den Unterschied zwischen gesundem oder krankem Gemüt und Körper aus.

Hier sind nur einige wenige Statistiken, die bestätigen, dass 75 bis 98 Prozent der psychischen und physischen Krankheiten ihren Ursprung im Gedankenleben haben:

- Eine Studie der American Medical Association (AMA) ergab, dass bei 75 Prozent aller Krankheiten und Leiden, an denen Menschen heute erkranken, Stress ein Faktor ist.[10]
- Experten schätzen, dass bis zu 85 Prozent aller gesundheitsbezogenen Probleme entweder durch Stress ausgelöst oder verschlimmert werden.[11]
- Die International Agency for Research on Cancer und die Weltgesundheitsorganisation[12] sind zu dem Schluss gekommen, dass 80 Prozent der Krebserkrankungen auf den Lebensstil und nicht auf die Genetik zurückzuführen sind, und dies ist eine mit Vorsicht angesetzte Zahl.

- Nach Aussage von Dr. Bruce Lipton, einem Wissenschaftler, der große Fortschritte beim Verständnis der Auswirkungen unseres Denkens auf unser Gehirn gemacht hat,[13] betreffen Genstörungen wie Chorea Huntington, Beta-Thalassämie und Mukoviszidose, um nur einige zu nennen, weniger als 2 Prozent der Bevölkerung. Das bedeutet, dass die große Mehrheit der Weltbevölkerung mit Genen auf die Welt kommt, die ihr ein glückliches und gesundes Leben ermöglichen sollten. Lipton sagt, dass erstaunliche 98 Prozent der Krankheiten mit der Wahl des Lebensstils zusammenhängen – oder anders gesagt, mit unserem Denken.
- Laut Dr. H. F. Nijhout[14] kontrollieren die Gene die Biologie des menschlichen Körpers und nicht umgekehrt.
- Nach Einschätzung von W. C. Willett[15] können nur 5 Prozent der Krebs- und Herz-Kreislauf-Patienten ihre Krankheit auf erbliche Faktoren zurückführen.
- Das American Institute of Health schätzt, dass 75–90 Prozent aller Besuche bei Hausärzten auf stressbedingte Probleme zurückzuführen sind.[16] Einige der jüngsten Statistiken über Negativstress, der aufgrund von schädlichem Denken Krankheiten verursacht, liefern hierzu aufschlussreiche Zahlen.

Kernpunkt dieses Kapitels ist die Aussage, dass der Geist die Materie kontrolliert. Wenn wir das richtig verstehen, steht uns ein enormes Potenzial zur Verfügung, mit dem wir maximale Gesundheit erreichen können. Begreifen wir das nicht, werden wir selbst unser ärgster Feind sein.

Kapitel 1: Zusammenfassung

1. Die Wissenschaft debattiert darüber, ob der Geist das ist, was das Gehirn tut, oder ob das Gehirn die Befehle des denkenden Geistes ausführt.
2. Die korrekte Sichtweise ist diese: Unser Geist ist so konzipiert, dass er den Körper, zu dem das Gehirn gehört, kontrolliert, nicht umgekehrt.
3. Unser Gehirn kontrolliert uns nicht; wir kontrollieren unser Gehirn durch unser Denken und unsere Entscheidungen.
4. Wir können unsere Reaktionen auf alles kontrollieren.
5. Entscheidungen sind etwas Reales. Du kannst frei entscheiden, worauf du deine Aufmerksamkeit richtest, und das beeinflusst, wie sich die chemischen Stoffe und Proteine und die Verbindungen in deinem Gehirn verändern und wie sie funktionieren.
6. Die Forschung zeigt, dass *die DNA tatsächlich in Abhängigkeit von unseren Gedanken ihre Form verändert.*
7. Stress der Phase 1 ist normal. Die Stressphasen 2 und 3 hingegen sind Reaktionen unseres Geistes und Körpers auf toxisches Denken – sozusagen normaler Stress, der außer Kontrolle geraten ist.
8. *Reaktion* ist hier das Schlüsselwort. Du kannst die Ereignisse oder Umstände deines Lebens nicht kontrollieren, aber du kannst deine Reaktionen kontrollieren.

Kapitel 2

Willensfreiheit und dein multiperspektivischer Vorteil

Leitvers: *Lasst den Frieden Christi (die Seelenharmonie, die aus Christus kommt), in dem zu leben ihr als ein Leib [Glieder des Leibes Christi] auch berufen seid, in euren Herzen regieren (als ständigen Schiedsrichter fungieren) [und alle Fragen entscheiden und endgültig klären, die euch in jenem Zustand des Friedens in den Sinn kommen]. Und seid dankbar (wertschätzend), [indem ihr Gott immer preist]. — Kolosser 3,15* AMP

Damit verknüpftes Wissenschaftskonzept: Entscheidungsfreiheit ist eine Realität, und der freie Wille existiert. Du bist in der Lage, außerhalb deiner selbst zu stehen, dein eigenes Denken zu beobachten, dich mit Gott zu beraten und den negativen, toxischen Gedanken zu ändern bzw. einen gesunden, positiven Gedanken in dir entstehen zu lassen. Wenn du dies tust, reagiert dein Gehirn mit einem positiven neurochemischen Ausstoß und strukturellen Veränderungen, die deinen Intellekt und deine Gesundheit verbessern und dir mehr Frieden geben. Du wirst Seelenharmonie erfahren.

Dies sind einleuchtende Aussagen; dennoch gehen viele von uns durchs Leben, als wären wir Opfer der Ereignisse und Umstände des Lebens und der Biologie und von allem, was wir sonst noch verantwortlich machen. Als Therapeutin mit fast zweiundzwanzig Jahren Berufspraxis und nach Millionen von Menschen, die ich durch meine Seminare, Bücher und Medienauftritte erreicht habe, sind diese Aussagen meine wichtigsten: »Du bist kein Opfer. Du kannst deine Reaktionen kontrollieren. Du hast eine Wahl.«

Der freie Wille ist keine Illusion

Wir alle, einschließlich gottgläubiger Christen, fallen den Aussagen von Neurowissenschaftlern und Forschern zum Opfer, wenn sie medienwirksam gestellte Leitfragen wie »Ist der freie Wille eine Illusion?« beantworten. Das Problem ist jedoch, dass der Standpunkt, den sie dabei vertreten, nicht mit dem in Einklang zu bringen ist, was wir über das menschliche Gehirn wissen und was die Bibel über uns als Menschen sagt. In einem Artikel der New York Times fragte ein Rechtsanalytiker sogar: »Da unser Gehirn alles Verhalten verursacht, könnte doch alles Verhalten potenziell entschuldigt werden?«[17]

Das ist gefährliches Denken. Im Grunde wird damit gesagt, dass wir für unsere Handlungen nicht verantwortlich sind, was wiederum als Rechtfertigung dafür dient, frei von Konsequenzen nach Belieben zu handeln.

Wir müssen stets daran denken, dass Wissenschaftler nicht Gott sind – auch wenn sie sich manchmal so verhalten, als wären sie es. Ich bin selber Wissenschaftlerin, und wenn ich eine wissenschaftliche »Tatsache« nicht mit Aussagen der Bibel untermauern kann, stelle ich ihre Gültigkeit in Frage.

Philosophen und Wissenschaftler haben sich lange damit auseinandergesetzt, ob wir einen freien Willen haben. Einige behaupten, der freie Wille sei eine altmodische und rückständige Vorstellung. Freilich bedeutet allein die Tatsache, dass Menschen über dieses Thema debattieren, dass sie ihren freien Willen nutzen, um ihre Ansichten zu formulieren und ihre Antworten zu wählen. Sie zerstören also buchstäblich ihr eigenes Argument.

Ein typischer Neurowissenschaftler wird vielleicht dagegenhalten, dass freie Entscheidungen im Voraus durch die Hirnaktivität bestimmt werden. Bei diesem Argument wird davon ausgegangen, dass das Gehirn einer Maschine gleicht, in der alle möglichen Programme laufen, über die wir keine Kontrolle haben. Diese Maschine erzeugt den Verstand und wir gehen hilflos und in völliger Abhängigkeit von den erwähnten Programmen durchs Leben. Neurowissenschaftler werden entsprechende Gehirnabbildungen und hochgestochene Fachbegriffe verwenden, um zu begründen, dass der freie Wille nur eine Illusion sei.

Wir können uns entscheiden, so zu denken, wie Gott es von uns will

Als Kommunikationspathologin, die sich auf das Gebiet der kognitiven Neurowissenschaften spezialisiert hat, befasst sich meine Forschung hauptsächlich damit, wie Menschen denken und wie sich dieses Denken auf das, was sie sagen und tun, auswirkt. Und ich bin zu einem ganz anderen Schluss gekommen als diejenigen, die glauben, dass der freie Wille nur eine Illusion sei. Ohne jeden Zweifel bin ich davon überzeugt, dass unsere gottgegebene Fähigkeit zu denken und zu wählen bedeutet, dass unser freier Wille unser Denken beeinflusst, welches für unseren Geisteszustand verantwortlich ist. Dies ist für das menschliche Verhalten und Potenzial so wichtig, dass ich mein Leben dem Verständnis des Denkprozesses und der Frage gewidmet habe, wie wir die Wahl treffen können, so zu denken, wie Gott es von uns will. Anstatt den freien Willen zu widerlegen, verdeutlichen die Erkenntnisse der Neurowissenschaft in Wirklichkeit, wie der freie Wille funktioniert.

Der Molekularbiologe Francis Crick, der 1962 gemeinsam mit James Watson den Nobelpreis erhielt für die Entdeckung der DNA im Jahr 1953, sagte, der freie Wille sei »ein einfältiges Ammenmärchen« und tat ihn als »eine Übung in Selbsttäuschung«[18] ab. Bei dieser Aussage übersah Crick etwas Wichtiges: *Er entschied sich mit seinem freien Willen*, diesen Gedanken zu formulieren und auszudrücken.

Der Beweis des freien Willens

Sieben bis zehn Sekunden vor der tatsächlichen Verbalisierung oder Umsetzung einer Entscheidung kann im präfrontalen Cortex (direkt über den Augenbrauen) und im parietalen Cortex (Oberseite des Kopfes) Gehirnaktivität festgestellt werden. Viele Wissenschaftler nutzen diese Tatsache, um zu argumentieren, dass die Entscheidung bereits codiert war.[19] Ich sehe das anders und befinde mich damit in guter Gesellschaft von Wissenschaftlern wie Jeffrey Schwartz, Norman Doidge und anderen.

Ich vertrete das Argument, dass diese Gehirnaktivität den Verarbeitungsprozess zeigt, den wir auf der sehr realen und äußerst aktiven nichtbewussten Ebene (siehe Kap. 8) unbewusst durchführen. Beeinflusst wird dieser Prozess durch die Gedanken – Erinnerungen –, die wir im Laufe der Zeit in den nichtbewussten Teil unseres Gedächtnisses implantiert haben. In dieser Phase, auf unserem Weg zur Verbalisierung oder Umsetzung unserer Handlung, entscheiden wir uns dafür, unsere eigene, individuelle Wahrnehmung auf der Grundlage dieser implantierten Gedanken, die unseren Standpunkt bilden, hinzuzufügen. Einfach ausgedrückt basiert das, was wir sagen und tun, auf dem, was wir bereits in unser Gedächtnis eingebaut haben. Wir werten diese Informationen aus und treffen anhand dieser Auswertung unsere Entscheidung, anschließend entscheiden wir uns für den Aufbau eines neuen Gedankens, und dieser Prozess steuert, was wir sagen oder tun.

Diese Gehirnaktivität, die durch Bildgebungsverfahren sichtbar gemacht werden kann, ist nicht das Ergebnis maschinenähnlicher Vorgänge; sie ist einfach nur der Aufbau eines Gedankens bis zu dem Moment des Bewusstwerdens. Diese Aktivität wird durch ein Netzwerk neuronaler Schaltkreise verursacht, die sich auf eine bevorstehende Entscheidung vorzubereiten beginnen, lange bevor diese unser bewusstes Denken erreicht. Es ist das Intellektualisieren, das im nichtbewussten Teil unseres Denkens geschieht. Mit anderen Worten: »Wie jemand in seinem Herzen denkt, so ist er« (siehe Spr 23,7 KJV). Wir werden nicht von Kräften gesteuert, die sich unserer bewussten Kontrolle entziehen. Wir tragen die Verantwortung für jeden Gedanken, den wir haben, und für jede Entscheidung, die wir treffen.[20] Wir sind hochintelligente Wesen mit einem freien Willen und wir sind für unsere Entscheidungen verantwortlich.

Einige fortschrittlich denkende Forscher haben herausgefunden, dass Menschen, die ihren freien Willen bezweifeln, unehrlicher werden. Es scheint so, als wäre die Leugnung des freien Willens die ultimative Entschuldigung dafür, sich so zu verhalten, wie Menschen es wollen, ohne für ihre Handlungen Rechenschaft ablegen zu müssen.[21]

Andere Forscher fanden heraus, dass der Glaube an den freien Willen Menschen in ihren Entscheidungen zu mehr Moral und besseren Leistungen lenkt. Sie gehen sogar so weit zu sagen, dass bei der Erforschung des freien Willens immer mehr Gründe dafür gefunden werden, ihn als feste Tatsache zu betrachten, und zwar mit solcher Gewissheit, dass jeder, der etwas anderes glaubt, sich selbst etwas vormacht.

Prediger 7,29 (NLT) sagt es so: »Gott hat die Menschen aufrichtig und gerecht geschaffen. Doch sie haben sich ihren eigenen Weg gesucht, und der führt sie nach unten.« Eine gängige Definition des freien Willens ist diese: »eine Reihe von Fähigkeiten, die es ermöglichen, sich künftige Handlungsweisen vorzustellen, über die Gründe für die Wahl der Handlungsweise nachzudenken, die eigenen Handlungen im Licht dieser Überlegung zu planen und die Handlungen angesichts konkurrierender Wünsche zu kontrollieren.«[22] Ich glaube, dass wir uns auf diese Weise entweder für Gottes oder für Satans Weg entscheiden.

Die Wissenschaft weist den freien Willen bis hinunter auf die genetische Ebene nach. Werfen wir einen Blick auf einige dieser Befunde.

Die Willensfreiheit bewohnt ein mentales »Gebäude«

Die Willensfreiheit bewohnt ein mentales »Gebäude« im vorderen Bereich des Gehirns. Es beherbergt zahlreiche Schaltkreise, die am basalen Vorderhirn (zwischen den Augenbrauen) beginnen und sich nach hinten über den Frontallappen erstrecken, der eine beeindruckende Reihe von Funktionen erfüllen kann und mit allen anderen Teilen des Gehirns verbunden ist. Hier laufen auch die Verbindungen von allen anderen Teilen des Gehirns zusammen.

Einzelne Schaltkreise verlaufen zu Strukturen wie der Insula, dem Corpus callosum, dem vorderen und hinteren Zentralgyrus, den Basalganglien, dem Präkuneus und der subgenualen Region des Gehirns.[23] Diese Anordnung ermöglicht es dem Frontallappen, Aktivitäten in den anderen Teilen des Gehirns zu integrieren und zu steuern.

Im Inneren des Gehirns

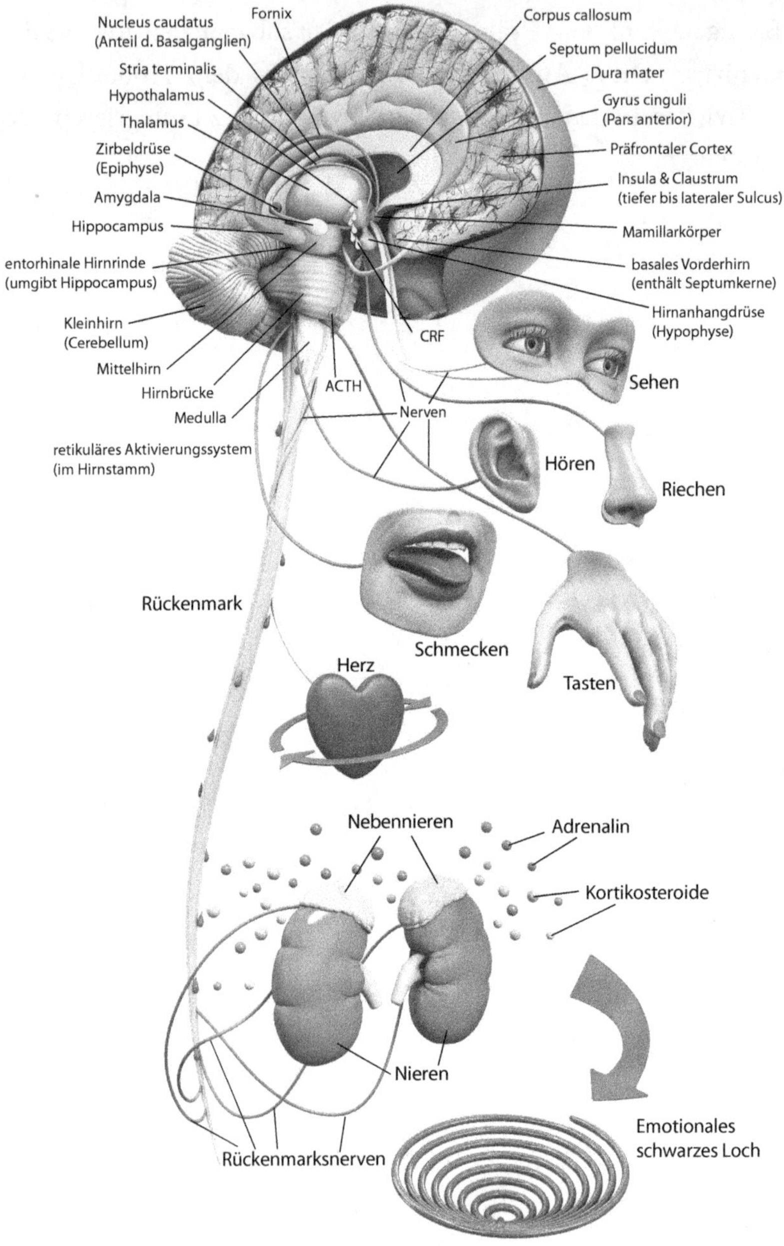

Wir können unsere eigenen Gedanken beobachten

Eines der aufregendsten Merkmale von Frontallappen ist, dass sie uns in gewisser Weise befähigen, außerhalb unserer selbst zu stehen und unser eigenes Denken zu beobachten. Wir können unser Denken und Handeln beobachten und Entscheidungen darüber treffen. Plötzlich werden biblische Prinzipien wie »alle Gedanken gefangen nehmen«, »den Sinn erneuern«, »alle Sorgen übergeben« und »um nichts besorgt sein« weniger schwierig, wenn wir erkennen, dass Gott uns die Ausrüstung gegeben hat, um diese Dinge zu tun.

Wenn wir uns für das Leben entscheiden (5Mo 30,19), verstärkt sich die Brillanz des Diamanten; wenn wir etwas anderes als das Leben wählen, verliert der Diamant seinen brillanten Glanz. Dies ist eine einfache Analogie zu dem, was im Gehirn geschieht. Falsche Entscheidungen führen zu Hirnschäden. Die richtige Wahl verbessert die Gehirnfunktion.

Unser MPV

Wir haben einen, wie ich es gern nenne, »multiperspektivischen Vorteil« – kurz MPV. Unser einzigartiges, facettenreiches Wesen, das nach dem Bild Gottes geschaffen ist, ermöglicht es uns, die Dinge aus vielen verschiedenen Blickwinkeln zu sehen – als würden wir es aus verschiedenen Perspektiven betrachten. Wir sind in der einzigartigen Lage, unsere Gedanken und deren Auswirkungen bewerten zu können und uns mit dem Weinstock, der Christus ist, zu verbinden (Joh 15,1–5) – damit setzen wir das Wachstum wieder in Gang und schneiden die wilden Triebe des schädlichen Denkens weg.

Wir sind direkt verantwortlich für das, worüber wir nachdenken und womit wir uns aufhalten, und wir treffen diese Entscheidungen in der Abgeschiedenheit unseres eigenen Denkens. Beim Denken ist es wichtig, dass du zwischen der Person, die du wirklich bist – dein wahres, vielfältiges, einzigartiges Ich –, und der Person, die du durch schädliche Entscheidungen geworden bist, genau unterscheidest. Glücklicherweise kannst du beides sehen und dich dafür entscheiden, dich wieder mit dem Weinstock zu verbinden (Joh 15) und dein Denken zu erneuern (Röm 12,2). Dein Gehirn wird den Anweisungen und Entscheidungen deines Geistes folgen und seine Landschaft entsprechend verändern. Teil 2 dieses Buches wird dir genau dabei helfen.

Die sieben verschiedenen Arten des Denkens

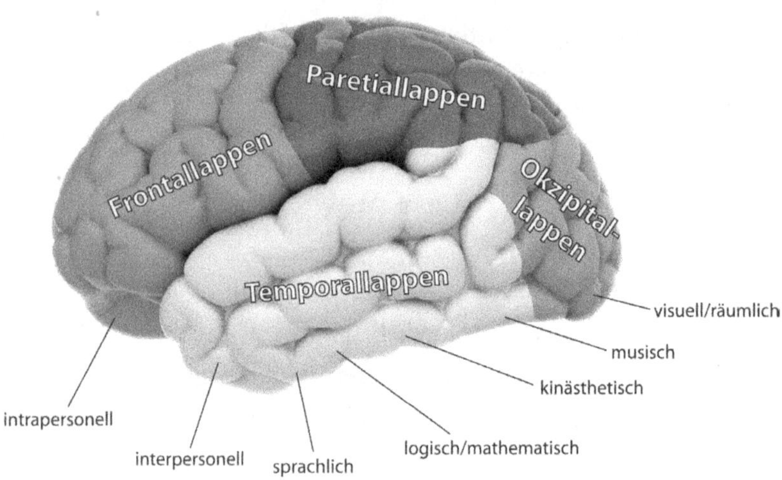

Du bist ein denkendes Wesen

Gehen wir tiefer in das Gehirn, um zu sehen, wie einflussreich und real dein freier Wille und deine Entscheidungen sind. Du bist ein denkendes Wesen; du denkst den ganzen Tag lang, und du denkst sogar im Schlaf. Das Denken am Tag ist ein Aufbauprozess, während das Denken in der Nacht ein Sortierprozess ist. Während du denkst, arbeitest du dich zu einer Entscheidung vor, sei es eine so einfache wie die, was du essen sollst, oder eine so komplexe wie die Wahl der richtigen Vorgehensweise, wenn du mit mehreren Handlungsoptionen konfrontiert bist.

Jegliche Denkaktivität ist real

All diese Denkaktivitäten sind real und man kann sie mithilfe verschiedener Gehirnbildgebungsverfahren sichtbar machen. Wenn wir denken, finden erstaunliche, außerordentlich komplexe und kreative Dinge statt. Auch wenn du nicht ganz verstehst, was ich in den nächsten Absätzen sage, staune darüber, wie hochkomplex Gott uns geschaffen hat.

Allein die Gedankenaktivität beim Lesen der nächsten Zeilen erzeugt elektromagnetische, elektrochemische und quantenphysikalische Vorgänge in deinen Neuronen. Sie erzeugt:

- Magnetfelder, die messbar sind;
- elektrische Impulse, die sich verfolgen lassen;
- chemische Reaktionen, die sicht- und messbar sind;
- Photonen, deren Aktivierung sich auf dem Bildschirm darstellen lässt;
- Energieaktivität, die mit Hilfe der Quantenphysik erklärbar ist, sowie
- Vibrationen in den Membranen der Neuronen, die mithilfe von Instrumenten zu erfassen sind.

Diese kombinierte Aktivität ruft eine komplizierte und organisierte Abfolge von Aktionen von Neurotransmittern, Proteinen und Energie hervor, die ein Signal bilden. Dein Denken hat gerade ein starkes Signal erzeugt, das die Landschaft deines Gehirns verändern wird.

Du erzeugst Signale

Dieses von dir soeben erzeugte Signal durchdringt die Zellmembran, wandert zum Zellkern und dringt in das Chromosom ein, wodurch ein DNA-Strang aktiviert wird. Die DNA ist fast wie in einem Kokon fest eingepackt, bis sie durch das Signal aktiviert oder entpackt wird. Während die DNA verpackt ist, befindet sie sich in einem ruhenden oder inerten Zustand. Der Kokon schützt die DNA in diesem inaktiven Zustand auch vor dem Rest der intrazellulären Umgebung.

Die verpackte DNA muss nun geöffnet werden, damit der entsprechende genetische Code, der für den Aufbau des Proteins benötigt wird, ausgelesen werden kann. Wenn sie entpackt ist und der Code gelesen wird, macht die RNA (eine Art von Protein, das fast wie ein Fotokopierer funktioniert) eine *Fotokopie* des Codes, der als Anleitung oder architektonischer Plan zum Aufbau der Proteine innerhalb der *Maschinerie* im Inneren der Zelle dient. Dies wird als »Genexpression« bezeichnet. Und diese Proteine, deren Aufbau du ausgelöst hast, enthalten die Informationen, die du soeben in Form eines Gedankens oder einer Erinnerung ausgelesen hast. Du hast Substanz erzeugt.

Die Moleküle werden durch die genetischen Anweisungen in unserer DNA zu Proteinen zusammengesetzt. Diese Anweisungen diktieren die Anatomie und Physiologie unseres Körpers, und wir kontrollieren bis zu 90 Prozent dieses Prozesses durch unser Denken.

Während die Wissenschaftler die gesamte Sequenz der Genexpression und des Proteinaufbaus auf brillante Weise kartiert haben, schenkten sie den Signalen, die das Ganze überhaupt erst in Gang bringen, nur sehr wenig Aufmerksamkeit.[24]

Das Signal, das die DNA entpackt

Sehen wir uns diese Signale einmal näher an.

1. Die auslösenden Signale, die den Stein ins Rollen bringen, kommen von außerhalb der DNA und werden daher als *epigenetische Phänomene* bezeichnet. Diese Signale, die die Gene kontrollieren, sind also *epi* oder über die Gene hinausgehend.[25]
2. Wenn dieses Signal gestört wird (z. B. wenn man einen toxischen Gedanken hat oder ungesunde Nahrungsmittel isst), erfolgt die Genexpression nicht korrekt und die Proteine bilden sich dann nicht so, wie sie es sollten. Auf einer sehr vereinfachten Ebene sehen die aus einem toxischen Gedanken resultierenden Proteine also anders aus als die aus einem gesunden Gedanken und sie verhalten sich auch anders.
3. Diese Signale werden elektromagnetisch und chemisch erzeugt, denn jeder biologische Prozess hat eine elektromagnetische und eine chemische Komponente.
4. Diese Signale können aus dem körpereigenen Milieu kommen – aus dem emotionalen, biochemischen, mentalen, energetischen und geistlichen Bereich, einschließlich deiner Denknetzwerke in deinem Gehirn. Genauso können auch äußere Einflüsse auslösend sein – Ernährung, Giftstoffe, Sozialkontakte und geistige Nahrung.[26]

Forscher schätzen, dass etwa 90 Prozent der Gene in der DNA mit Signalen aus diesen äußeren und inneren Umgebungen arbeiten.[27]

Das Schalter-Gen

Eines der vielen erstaunlichen Dinge, die der Neurowissenschaftler Eric Kandel entdeckte, ist, dass wir ein *Schalter-Gen* haben, das sogenannte »CREB-Gen«, das wir *willentlich* durch unsere Gedanken anschalten. Unsere Gedanken sind also das Signal, über das ich soeben gesprochen habe. Ich wünschte, ich könnte dieses faszinierende Thema weiter vertiefen, aber es ist ein hochkomplexer Prozess und geht über den Zweck dieses Buches hinaus, das kein wissenschaftlicher Wälzer sein soll. Dennoch ist es eine kurze und einfache Erwähnung wert, denn es zeigt, wie Gott die Willensfreiheit in jedes ausgeklügelte Detail unseres Seins eingebaut hat, was uns wieder einmal die Gelegenheit gibt, ihn zu bewundern.

Hier ist eine einfache Erläuterung dieses Schalter-Gens: Wenn sich Information in Form von elektromagnetischen und chemischen Signalen zum vorderen Teil des Gehirns bewegt, wird dieser dadurch amplifiziert (= verstärkt) und hoch aktiv. Dies stimuliert die Freisetzung von spezialisierten Proteinen im Inneren der Zelle und aktiviert so das CREB-Gen, das sich wie ein Lichtschalter verhält, den wir durch unsere Gedanken an- oder ausschalten können. Dieses Schalter/CREB-Gen setzt dann die Genexpression (die Herstellung von Proteinen) in Gang. Dies lässt Proteinzweige in uns *wachsen*, in denen unsere Erinnerungen gespeichert werden, die man auch als unsere Gedanken bezeichnen kann.[28] Wenn wir uns also dafür entscheiden, das CREB-Gen – durch die Gedanken, die wir in unser Gehirn eindringen lassen – einzuschalten, setzt die Proteinsynthese ein und lässt einen neuen Ast wachsen, der an einer Synapse die Verbindung zu anderen Ästen herstellt.

Was bedeutet diese ganze Wissenschaft für dich?

All diese wissenschaftlichen und biologischen Informationen sollen zwei Dinge ausdrücken:

1. Wissenschaftliches Forschen ist eine Art der Gottesverehrung. Wir bewundern Gottes Gnade und Größe, wenn wir einen Blick darauf werfen, wie er uns geschaffen und die Welt, in der wir leben, konstruiert hat. Das kann uns ein Gefühl des Friedens geben, dass er die Dinge unter Kontrolle hat.
2. Wissenschaftler entdecken die genauen Wege, auf denen Veränderungen im menschlichen Denken als Signale wirken, die die Genexpression aktivieren, die wiederum Veränderungen in unserem Gehirn und unserem Körper bewirkt. Unsere genetische Beschaffenheit fluktuiert von Minute zu Minute; sie verändert sich, je nachdem, was wir denken und entscheiden. Es liegt auf der Hand, dass es eine tiefgreifend heilende und regenerative Wirkung auf unseren Körper und Geist haben wird, wenn wir die Ratschläge von Philipper 4,8 befolgen, weil es unsere Genexpression beeinflusst: »Und nun, liebe Freunde, lasst mich zum Schluss noch etwas sagen: Konzentriert euch auf das, was wahr und anständig und gerecht ist. Denkt über das nach, was rein und liebenswert und bewunderungswürdig ist, über Dinge, die Auszeichnung und Lob verdienen.« Mach diese Wahrheit zu deiner Lebensentscheidung.

Wie könnte die Medizin der Zukunft aussehen?

Eric Kandel, Nobelpreisträger für seine Forschungen über das Gedächtnis, sagt Folgendes über die zukünftige Behandlung von Patienten: »Soziale Einflüsse werden biologisch in die veränderte Expression bestimmter Gene in bestimmten Nervenzellen bestimmter Hirnareale einbezogen.«[29] Es kommt also eine Zeit, in der praktische Ärzte Ermahnungen wie die von Philipper 4,8 und Römer 12,2 auf ihre Rezeptblöcke schreiben werden. Teil 2 dieses Buches soll dir dabei helfen, Gottes Verordnung anzuwenden.

Vom Gen-Mythos zur Wahrheit

Wir haben lange Zeit mit einem Mythos gelebt, der sich Gen-Mythos nennt. Er verortet die letztendliche Macht über Gesundheit und geistiges Wohlbefinden im unantastbaren Bereich der Gene und verleiht ihnen einen gottgleichen Status. Dieser Mythos hat die geistige und körperliche Gesundheit sowie den Frieden und das Wohlbefinden zu vieler Menschen zu lange blockiert. Fast täglich taucht eine neue Schlagzeile mit dem topangesagten Konzept eines Gens für dieses oder eines Gens für jenes auf. Man ist Alkoholiker oder depressiv oder kämpft mit Lernbehinderungen, weil man das Gen für Alkoholismus oder Depression oder Lernbehinderungen oder was auch immer hat. Gene können ein Milieu in uns schaffen, in dem ein Problem, eine Veranlagung, wachsen kann, aber sie erzeugen das Problem nicht; wir erzeugen es durch unsere Entscheidungen. Unsere Entscheidungen wirken als Signale, die die DNA, über die ich vorhin gesprochen habe, entpacken.

Den Genen wurde zugeschrieben, für Gefühle, Spiritualität, Überzeugungen – sogar für Dinge wie den Musikgeschmack –

verantwortlich zu sein. Sie werden als bestimmender Faktor für alles Menschliche gesehen, für persönliches Verhalten, Beziehungen und soziale Probleme.[30] Tatsächlich hat sich die Vorstellung von der genetischen Veranlagung in der Gesellschaft so weit verfestigt, dass Aussprüche wie »Sie hat gute Gene« und »Er wurde so geboren« weitverbreitet sind.

Dieses Denken nimmt Willensfreiheit und Verantwortlichkeit aus der Gleichung heraus und ist sowohl wissenschaftlich als auch geistlich ungenau. Du kontrollierst deine Gene; deine Gene kontrollieren nicht dich. Die Gene bestimmen vielleicht die physischen Eigenschaften, aber nicht die psychischen Phänomene. Ganz im Gegenteil, unsere Gene werden als Reaktion auf die Erfahrungen, die wir im Leben machen, ständig umgestaltet.[31]

Erst kürzlich veröffentlichte Dr. Gail Ironson, eine führende Forscherin auf dem Gebiet der Geist-Körper-Medizin und Professorin für Psychologie und Psychiatrie an der Universität von Miami, das Ergebnis einer herausragenden Forschungsarbeit.[32] Sie fand heraus, dass der bedeutendste Faktor bei Heilungsverläufen von HIV-Infizierten ihre Entscheidung war, an einen gütigen und liebenden Gott zu glauben. Besonders groß zeigte sich der Unterschied zu anderen Patienten, wenn sie sich auch noch für eine persönliche Beziehung zu diesem gütigen und liebenden Gott entschieden. Die Studie lief über vier Jahre, und bestimmt wurde der Heilungsverlauf basierend auf der Abnahme ihrer Viruslast, also die Menge der Viruszellen in einer Blutprobe, und dem Anstieg von Helfer-T-Zellen – je höher deren Konzentration ist, desto besser kann der Körper die Krankheit bekämpfen. Sie stellte fest, dass diejenigen, die nicht glaubten, dass Gott sie liebt, dreimal schneller Helfer-T-Zellen verloren. Ihre Viruslast stieg ebenfalls dreimal schneller an, und ihr Stressniveau war höher, wobei schädliche Mengen an Cortisol flossen. Dr. Ironson fasst ihre

Forschung so zusammen: »Wenn Sie glauben, dass Gott Sie liebt, ist das ein enormer Schutzfaktor, der noch besser schützt als eine niedrige Punktezahl auf der Beurteilungsskala für Depressionen oder eine hohe für Optimismus. Gott als wohlwollend zu betrachten, schützt. Doch noch stärker ist der Schutz, wenn man mit *persönlicher* Überzeugung ›Gott liebt *mich*‹ sagen kann.«[33]

Wie du dir vorstellen kannst, sind die Auswirkungen dieser Forschung enorm, von der Art und Weise, wie wir uns anderen präsentieren, bis hin zur Art und Weise, wie wir anderen und uns selbst beim Umgang mit Krankheiten helfen. Unsere Entscheidungen haben Auswirkungen. Unsere Entscheidungen werden zu *Physiologie*, und was wir glauben und was wir über uns selbst denken, verändert die Tatsachen.

Wir sind keine Opfer unserer Biologie. Wir sind Mitgestalter unseres Geschicks an der Seite Gottes. Gott führt, aber wir müssen uns dafür entscheiden, Gott führen zu lassen. Wir sind dazu bestimmt, Gedanken zu bilden, und aus diesen Gedanken leben wir unser Leben (siehe Spr 23,7 KJV).

In Hebräer 11,1 (KJV) heißt es: »Der Glaube ist die Substanz dessen, was man erhofft, ein Beleg für die Dinge, die man nicht sieht.« Was immer du glaubst und erhoffst, wird auf der physischen Ebene zur Substanz, und danach handelst du. Dieser Prozess kann sich entweder in eine negative oder in eine positive Richtung bewegen.

Im nächsten Kapitel befassen wir uns eingehender mit den Auswirkungen unserer Entscheidungen und mit der Frage, wie wir schädliche Entscheidungen eliminieren können.

Kapitel 2: Zusammenfassung

1. Du bist kein Opfer. Du kannst deine Reaktionen kontrollieren. Du hast eine Wahl.
2. Der freie Wille ist keine Illusion. Ihn für eine Illusion zu halten, ist gefährlich. Im Grunde sagt man damit, dass wir für unsere Handlungen nicht verantwortlich sind, was wiederum als Rechtfertigung dafür dient, frei von Konsequenzen nach Belieben zu handeln.
3. Unser freier Wille beeinflusst unser Denken, welches für unseren Geisteszustand verantwortlich ist. Dies ist für das menschliche Verhalten und Potenzial so wichtig, dass ich mein Leben dem Verständnis des Denkprozesses und der Frage gewidmet habe, wie wir die Wahl treffen können, so zu denken, wie Gott es von uns will. Anstatt den freien Willen zu widerlegen, verdeutlichen die Erkenntnisse der Neurowissenschaft in Wirklichkeit, wie der freie Wille funktioniert.
4. Das, was wir sagen und tun, basiert auf dem, was wir bereits in unser Denken eingebaut haben. Wir werten diese Informationen aus und treffen anhand dieser Auswertung unsere Entscheidung, anschließend entscheiden wir uns für den Aufbau eines neuen Gedankens, und dieser Prozess steuert, was wir sagen oder tun.
5. Die Willensfreiheit bewohnt ein mentales »Gebäude« im vorderen Bereich des Gehirns. Bei Bildgebungsverfahren leuchten bestimmte Bereiche auf, wenn wir denken und entscheiden.
6. Eines der aufregendsten Merkmale von Frontallappen ist, dass sie uns in gewisser Weise befähigen, außerhalb unserer selbst zu stehen und unser eigenes Denken zu beobachten.

7. Wir haben einen, wie ich es gern nenne, »multiperspektivischen Vorteil« – kurz MPV. Unser einzigartiges, facettenreiches Wesen, das nach dem Bild Gottes geschaffen ist, ermöglicht es uns, die Dinge aus vielen verschiedenen Blickwinkeln und Perspektiven zu sehen.
8. All diese Denkaktivitäten sind real und man kann sie mithilfe verschiedener Gehirnbildgebungsverfahren sichtbar machen.
9. Dieses *Denken* erzeugt Signale, die die DNA entpacken, die dann Gene exprimiert, die Proteine bilden.
10. Wir haben ein Schalter-Gen, das sogenannte »CREB-Gen«, das wir durch unsere willentlichen Gedanken einschalten.
11. Unsere genetische Beschaffenheit fluktuiert von Minute zu Minute, je nachdem, was wir denken und entscheiden.
12. Es wird eine Zeit kommen, in der praktische Ärzte Ermahnungen wie die von Philipper 4,8 und Römer 12,2 auf ihre Rezeptblöcke schreiben werden. Teil 2 dieses Buches soll dir dabei helfen, Gottes Verordnung anzuwenden.
13. Vom Gen-Mythos zur Wahrheit: Wir sind nicht Opfer unserer Biologie; wir kontrollieren unsere Biologie.

Kapitel 3

Deine Entscheidungen verändern dein Gehirn

Leitvers: *Und gleicht euch nicht dieser Welt an, sondern lasst euch verwandeln durch die Erneuerung des Denkens, damit ihr prüfen und erkennen könnt, was der Wille Gottes ist: das Gute, Wohlgefällige und Vollkommene! — Römer 12,2 EÜ*

Damit verknüpftes Wissenschaftskonzept: Durch unsere Gedanken können wir unsere eigenen Mikrochirurgen sein, wenn wir Entscheidungen treffen, die die Schaltkreise in unserem Gehirn verändern. Wir sind dazu geschaffen, an unserem eigenen Gehirn zu operieren und unsere Gehirne neu zu vernetzen, indem wir denken und uns dafür entscheiden, unseren denkenden Geist zu erneuern.

Unsere Entscheidungen – die natürlichen Folgen unserer Gedanken und unserer Vorstellungskraft – gehen unserer DNA »unter die Haut« und können bestimmte Gene an- und abschalten und so die Struktur der Neuronen in unserem Gehirn verändern. Unsere Gedanken, unsere Vorstellungskraft und unsere Entscheidungen können also die Struktur und Funktion unseres Gehirns auf jeder Ebene verändern: auf molekularer, genetischer, epigenetischer, zellulärer, struktureller, neurochemischer, elektromagnetischer und sogar subatomarer Ebene. Durch unsere Gedanken können wir unsere eigenen Gehirnchirurgen sein, wenn wir Entscheidungen treffen, die die Schaltkreise in unserem Gehirn verändern. Wir sind dazu geschaffen, an unserem eigenen Gehirn zu operieren.

Diese wissenschaftliche Kraft unseres denkenden Geistes, das Gehirn zu verändern, wird *Epigenetik* genannt, was geistlich ausgedrückt bedeutet, wie ein Mensch denkt, so ist er auch (siehe Spr 23,7 KJV). Die Art und Weise, wie sich das Gehirn als Folge der geistigen Aktivität verändert, wird wissenschaftlich *Neuroplastizität* genannt. Auf der geistlichen Ebene ist sie die Erneuerung des Denkens (Röm 12,2).

In Kapitel 2 habe ich eine kleine Einführung in die Epigenetik gegeben. Sie ist ein greifbarer, wissenschaftlicher Beweis dafür, wie wichtig unsere Entscheidungen sind. Sie bringen Leben oder Tod, Segen oder Fluch, und sie reichen über uns hinaus und beeinflussen die nächsten Generationen (5Mo 30,19). Das liegt daran, dass Entscheidungen zu Signalen werden, die unser Gehirn und unseren Körper verändern. Diese Veränderungen werden also nicht von unseren Genen diktiert. Unser Denken und die daraus folgenden Entscheidungen werden zu Signalschaltern für unsere Gene. Das Erstaunliche daran ist, dass Gene ruhen, bis sie durch ein Signal angeschaltet werden; sie besitzen Potenzial, aber sie müssen aktiviert werden, um dieses Potenzial freizusetzen. Sie müssen entpackt werden (siehe Kapitel 2).

Die Epigenetik ist eine antike Wissenschaft und geistliche Wahrheit

Die Epigenetik wird als neue Wissenschaft bezeichnet, aber eigentlich ist sie eine antike Wissenschaft, auf die wir überall in der Bibel stoßen. Auf der elementarsten Ebene der Epigenetik steht die Tatsache, dass deine Gedanken und Entscheidungen dein physisches Gehirn und deinen Körper, deine mentale Gesundheit und deine geistliche Entwicklung beeinflussen (5Mo 30,19; Ps 34,11–16; Spr 3,7–8). Und diese Entscheidungen wirken sich nicht nur auf deinen *eigenen* Geist, deine Seele und deinen Körper aus, sondern auch auf die Menschen, mit denen du in Beziehung stehst. Es geht sogar noch tiefer – deine Entscheidungen könnten sich auf die nachfolgenden Generationen auswirken: »Wenn jemand an seiner Schuld festhält, dann muss er die Folgen tragen, und nicht nur er, sondern auch seine Kinder, Enkel und Urenkel! (2Mo 34,7 HFA; siehe auch 2Mo 20,1–6; 4Mo 14,8; 5Mo 5,9).

Die Entscheidungen, die du heute triffst, werden Teil der Denknetzwerke in deinem Gehirn. Von jedem Chromosom trägst du zwei Kopien in jeder deiner Zellen (mit Ausnahme der Keimzellen), somit enthält jeder einzelne Zellkern den gesamten Satz an genetischem Material, der für deine Gestaltung notwendig ist. Ein interessanter Punkt: Eine Zelle in deinem Gehirn und eine Zelle in deiner Niere enthalten genau dieselbe DNA. Und während der Zeit, in der wir uns in der Gebärmutter (im Mutterleib) befinden, bilden sich die im Entstehen begriffenen (neu hinzukommenden, sich entwickelnden) Zellen *nur dann* entweder zu einer Gehirn- oder zu einer Nierenzelle aus, wenn entscheidende epigenetische Prozesse die richtigen Gene an- oder abschalten. Gott hat also perfekt getimte epigenetische Signale dafür vorgesehen, sich im Mutterleib anzuschalten, während sich das Baby entwickelt. »Ich habe dich schon gekannt, ehe ich dich im Mutterleib bildete« (Jer 1,5 HFA).

Unsere Gedanken können sich auf die nächsten vier Generationen auswirken

Die Wissenschaft hat gezeigt, wie die Denknetzwerke durch Sperma und Eizelle über die DNA zu den nächsten vier Generationen gelangen.

Eine der ersten Studien, die zeigte, dass ein epigenetisches Signal die Genexpression beeinflussen kann, wurde mit Mäusen durchgeführt, die das Agouti-Gen hatten, das sie fett machte, ihr Fell gelb färbte und das Auftreten von Krebs und Diabetes begünstigte. Wenn das Agouti-Gen beim Menschen auftritt, steht es in Zusammenhang mit Übergewicht und Typ-2-Diabetes. In dem Experiment wurden die Agouti-Muttermäuse kurz vor der Empfängnis mit einem chemischen Nährstoff, einer Methylgruppe in Form eines B-Vitamins gefüttert. Dieses wirkt als Methylspender, der die Genexpression unterdrückt, mit dem Ergebnis, dass die Nachkommen dieser Gruppe weder fett noch gelb wurden. Ein externes Signal – das verabreichte Methyl – veränderte also das Generationenmuster.[34]

Diese bahnbrechende Studie zog eine Vielzahl anderer Studien nach sich – darunter auch einige am Menschen –, die zeigten, dass nicht nur die Ernährung, sondern auch das Denken die Generationenmuster verändert.[35] Im Jahr 2003 wurde das Projekt »Humanes Epigenom« gestartet, womit sich zeigt, dass die Epigenetik sich von einer Nebensächlichkeit in den 1970er Jahren zu dem entwickelte, was heute eine zentrale Rolle im Bereich der Biologie spielt und der Genetik einen angemesseneren Stellenwert zugewiesen hat.[36]

Wissenschaftliche Rätsel

Die Epigenetik klärt bestimmte wissenschaftliche Rätsel auf, die die traditionelle Genetik nie lösen konnte – zum Beispiel, warum ein Zwilling eines eineiigen Zwillingpärchens Asthma bekommt, der andere aber nicht. Beide haben dasselbe Genom, also sollten sie auch gleich reagieren, aber ihre individuelle Wahrnehmung der Welt (was ich als »Ich-Faktor« bezeichne) sowie ihre Fähigkeit, zu entscheiden, bedeutet, dass sie unterschiedlich denken und reagieren, was ihre genetische Ausprägung verändert. Obwohl ihre Gene gleich sind, *können die Muster ihrer Expression durch das Signal verändert werden.* Und dieses Signal wird hauptsächlich durch unsere Reaktion auf die Ereignisse und Umstände des Lebens beeinflusst. Das ist tiefgreifend, und die Auswirkungen sind enorm: Die Art und Weise, wie wir reagieren – unser Denken und unsere Entscheidungen –, wird zu dem Signal, das die generationenübergreifenden Probleme in unserem Leben aktiviert oder deaktiviert.

Die Guten, die Schlechten und die Hässlichen

Insgesamt zeigen uns die Studien zur Epigenetik, dass das Gute, das Schlechte und das Hässliche in der Tat durch die Generationen hindurch weitergegeben wird, aber dein Verstand ist das Signal – der epigenetische Faktor –, das diese Gene an- oder abschaltet. Daher bist du nicht dazu bestimmt, die negativen Muster deiner Vorfahren auszuleben – du kannst stattdessen eine Lebensentscheidung treffen, diese Muster zu durchbrechen, indem du ihr Expressionsschema veränderst. Teil 2 dieses Buches wird dir zeigen, wie das geht.

Will man hier noch weitergehen, scheint die Bibel mit ihrer Aussage über die Sünden der Eltern, die bis in die dritte und vierte Generation reichen (2Mo 20,5; 34,7; 4Mo 14,18), andeuten zu wollen, dass wir für die nicht bekannten Sünden unserer UrUrGroßeltern verantwortlich sind. Aber wir können aufatmen, wenn wir 5. Mose 24,16 und Hesekiel 18,19–20 lesen. Beide Bibelstellen erklären, dass jeder von uns nur für seine eigenen Sünden verantwortlich ist und nicht für die der Vorfahren.

Ich weiß, dass dies verwirrend erscheint, denn die Bibel sagt einerseits, dass die Schuld der Eltern an den Kindern heimgesucht werde, andererseits aber, dass wir nur für unsere eigenen Sünden verantwortlich seien. Und so funktioniert es: Epigenetische Veränderungen stellen die biologische Reaktion auf ein Umgebungssignal dar. Diese Reaktion kann durch epigenetische Marker über Generationen hinweg vererbt werden. Aber wenn man das Signal entfernt, werden diese epigenetischen Marker schwinden.

Wenn du dich umgekehrt dafür entscheidest, ein Signal hinzuzufügen – zum Beispiel, indem du etwas sagst wie: »Meine Mutter litt an Depressionen, weshalb auch ich Depressionen habe, und jetzt ist auch meine Tochter an Depressionen erkrankt« –, werden dadurch die epigenetischen Marker aktiviert. Das Durchdenken und Aussprechen des Problems dient als das Signal, das es Wirklichkeit werden lässt. Ich habe das im Laufe der Jahre in meiner Privatpraxis und in meinen Seminaren und sogar in meinem eigenen Leben und im Leben von Familienangehörigen und Freunden immer wieder gesehen. Wenn wir für diese Wahrheiten kein waches Auge bekommen, werden sie uns trotzdem einholen, und ehe man sichs versieht, führt man ein Leben, das man so nicht geplant hatte. Wenn das dich widerspiegelt, dann ist hier die gute Nachricht: Du *kannst* dich ändern.

Veranlagung versus Schicksal

Hierin liegt der Schlüssel: Die Sünden der Eltern schaffen eine *Veranlagung*, kein *vorbestimmtes Schicksal*. Du bist nicht dafür verantwortlich, dass du aufgrund von Entscheidungen deiner Vorfahren für etwas anfällig bist. Du bist jedoch dafür verantwortlich, dir über Veranlagungen bewusst zu sein, sie richtig einzuschätzen und dich gegebenenfalls für ihre Beseitigung zu entscheiden.

Die epigenetischen Marker in unseren Genen, die uns fürs Rauchen anfällig machen, für zu viel und falsche Nahrungsaufnahme, für eine negative Lebenseinstellung oder ständiges Besorgtsein, können sich verändern. Sie können zum Beispiel dazu führen, dass die Gene für Fettleibigkeit zu stark exprimiert werden oder die Gene, die die Stressreaktionen steuern, sich abschalten, was dein Leben verkürzt sowie deine Lebensqualität, deinen inneren Frieden (deine Seelenharmonie) und dein Wohlbefinden mindert. Außerdem sind wir auch für unsere eigenen Entscheidungen verantwortlich und können das Werk des Kreuzes geltend machen und unsere sündigen Entscheidungen bekennen, uns von ihnen abwenden und so auch künftige sündige Entscheidungen verhindern.

Darüber hinaus verändern unsere Entscheidungen (die epigenetischen Signale) die Expression von Genen (die epigenetischen Marker), die dann an unsere Kinder und Enkelkinder weitergegeben werden können. So sind unsere Kinder prädisponiert, bevor sie überhaupt gezeugt werden – unsere schlechten Entscheidungen werden zu ihren schlechten Veranlagungen.

Als negative Alternative kannst du dich dafür entscheiden, diese Veranlagungen zu akzeptieren und mit ihnen zu leben. Aber vergiss nicht, dass du auch dafür die Verantwortung übernehmen musst. Genau dieser Akt, die Veranlagungen zu akzeptieren und dich in ihnen einzurichten, wird zu dem Signal, das als aktiver Auslöser dich zu *einer fetten, gelben Agouti-Maus* werden lässt. Nur das Hinzufügen eines Methylgruppen-Signals verändert bereits das Leben der Nachkommen der Agouti-Mäuse. Auf die gleiche Weise kann das Hinzufügen eines Signals, das von einer positiven Einstellung kommt oder durch einen Bibelvers, den man im Gedächtnis behält und gedanklich bewegt, die Expression dieses Gens verändern.

Was durch dein Denken erschaffen wurde, kann auch nur durch dein Denken wieder beseitigt werden.

Wissenschaftlicher Beweis für die Gnade Gottes

Ein weiterer wissenschaftlicher Beweis für die Gnade Gottes ist in einer Struktur in der Mitte des Gehirns zu finden, die als *Hippocampus* bezeichnet wird. Diese seepferdchenförmige Struktur, die eingehende Informationen verarbeitet, ermöglicht die Umwandlung einer Kurzzeiterinnerung in eine Langzeiterinnerung, befasst sich mit dem räumlichen Gedächtnis und hilft auch, unsere Stressreaktion zu kontrollieren.

Wissenschaftler haben herausgefunden, dass in einer liebevollen und förderlichen Umgebung die epigenetischen Acetylmarker auf den Genen im Hippocampus, die uns entspannt und friedlich sein lassen, zunehmen. Je mehr Acetylmarker, desto mehr exprimieren diese *Ruhegene* im Hippocampus und dämpfen die Stressreaktion. Eine schädliche Entscheidung erzeugt den gegenteiligen Effekt: Die Acetylmarker nehmen ab und die Methylmarker zu, wodurch wir ruheloser werden.[37]

Die Methylmarker schalten die Genexpression also ab und die Acetylmarker schalten die Genexpression an. Das »An- oder Abschalten« richtet sich nach dem Signal, und wir können wählen, in welche Richtung wir schalten. Manchmal wollen wir etwas abschalten – zum Beispiel die Adipositas-Gene, wie bei den Agouti-Mäusen und bei der Forschung am Menschen. Aber gute Genexpressionen wollen wir anschalten – zum Beispiel das Stresskontrollgen im Hippocampus. Ob wir nun Zufriedenheit, Ruhe und gute Gesundheit anschalten oder Angst, Sorge und Negativität, wir verändern in jedem Fall die physische Substanz des Gehirns.

Das Gehirn reorganisiert sich während des gesamten Lebens

Im Jahr 1930 schrieb Santiago Ramón y Cajal,[38] dass die Nervenbahnen fest und unveränderlich seien, doch heute wissen die Wissenschaftler, dass das Gehirn die erstaunliche Fähigkeit besitzt, sich während des gesamten Lebens neu zu organisieren und seine Struktur und Funktion allein durch geistig-seelische Erfahrungen zu verändern. Wenn sich das Gehirn verschlechtern kann, indem es sich ständig auf das Problem konzentriert, dann kann das Gehirn sich auch wieder erholen, indem es versteht, wie das Problem beseitigt und durch etwas anderes ersetzt werden kann.[39]

Im Inneren des Gehirns

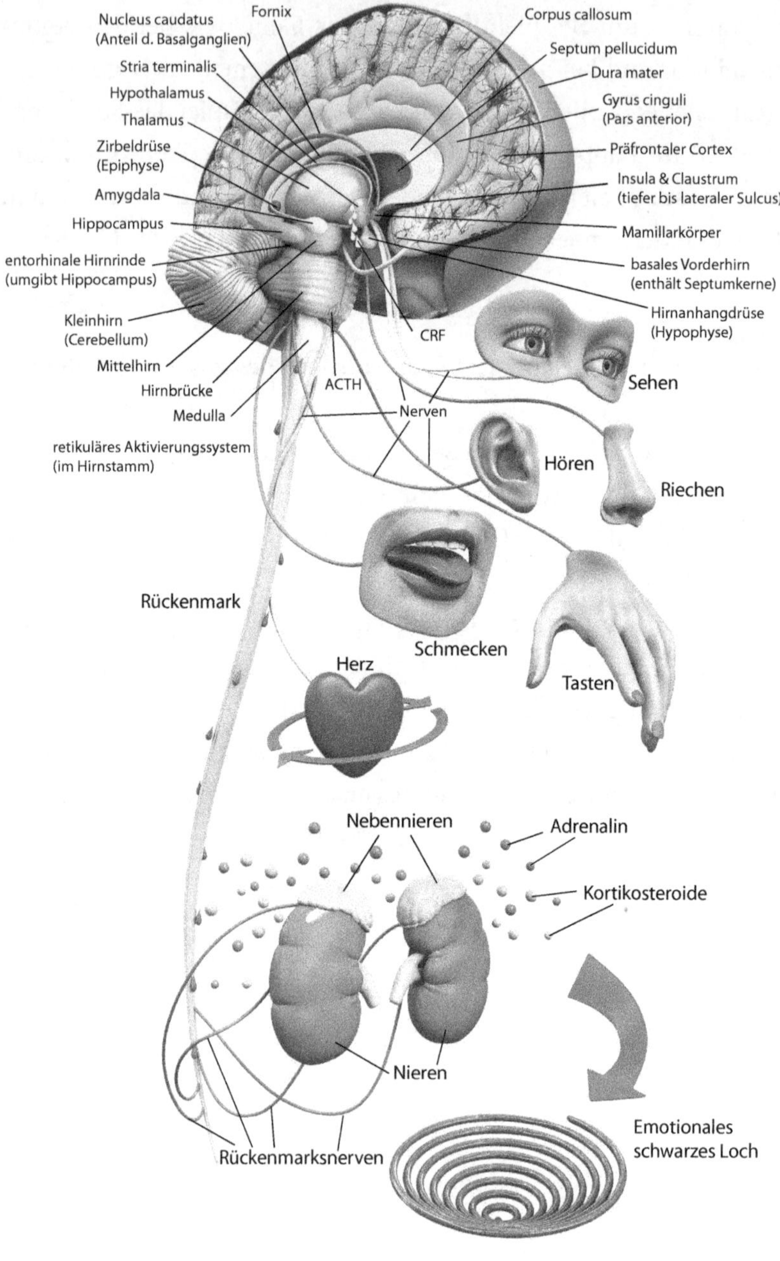

Das Neuroplastizitäts-Paradoxon

Die Neuroplastizität kann also sowohl für uns als auch gegen uns arbeiten, denn das, worüber wir am meisten nachdenken, wird wachsen – das gilt sowohl für das positive als auch für das negative Ende des Spektrums. Bei der posttraumatischen Belastungsstörung (PTBS) zum Beispiel hat die Neuroplastizität gegen die betroffene Person gearbeitet. Die Person hat ein erdrückendes mentales Ereignis erlebt, das ihren Lebenssinn grundlegend gewandelt und das Gehirn aufgrund seiner Neuroplastizität strukturell verändert hat. Während des Traumas war das Denken dieser Person nicht von Seelenharmonie bestimmt (Kol 3,15 AMP), sodass die Reaktion auf das Ereignis, dessen Verarbeitung und die dabei getroffenen Entscheidungen nicht richtig gewählt waren – das Ganze wurde in einem wirren, toxischen Durcheinander miteinander vernetzt. Während die Person das Ereignis gedanklich immer wieder neu durchlebt, verdrahtet es sich mit jedem Mal tiefer ins Gedächtnis, wird zum Hauptfilter und stört die normale Funktion.[40] Rückblenden – bei denen die schlimmen Erinnerungen mehrmals am Tag wieder aufleben – verstärken diesen Kreislauf, verschärfen die Lage und wirken lähmend.

Wir können die Neuroplastizität nutzen, um unseren Verstand zu erneuern

Wie können wir das Problem lösen? In Teil 2 werde ich dies eingehend erläutern und eine einfache Erklärung und ein Diagramm zu meiner Theorie in Kapitel 8 (»Die Theorie der geodätischen Informationsverarbeitung«[41]) liefern, auf der mein Ansatz basiert. Das übergeordnete Konzept besteht darin, die Neuroplastizität in die richtige Richtung gehend anzuwenden, indem das Ereignis mit dem positiven Denken gemäß Philipper 4,8 neu vernetzt wird: »Und nun, liebe Freunde, lasst mich zum Schluss noch etwas sagen:

Konzentriert euch auf das, was wahr und anständig und gerecht ist. Denkt über das nach, was rein und liebenswert und bewunderungswürdig ist, über Dinge, die Auszeichnung und Lob verdienen.«

So entscheidet sich die Person bewusst, vorzugsweise unter der Führung des Heiligen Geistes, die Erinnerung ins Bewusstsein zu bringen, wo sie plastisch genug wird, um tatsächlich verändert zu werden.

Das bedeutet, dass der physische Trägerstoff der Erinnerung geschwächt, angreifbar, formbar und manipulierbar wird. Die Person entscheidet sich dann dafür, das erdrückende mentale Ereignis durch das eingepflanzte Wort Gottes zu ersetzen, das die Seele rettet (Jak 1,21). Die Person wird, wie ein Außenstehender, der durch ein Fenster hineinschaut, die toxische, traumatische Erinnerung als eine schwächer werdende und sterbende Erfahrung beobachten, aber gleichzeitig die neue, gesunde Erfahrung wahrnehmen, die sich zunehmend entwickelt. Indem sie dies täglich praktiziert, bettet die Person die gesunden neuen Gedanken immer tiefer in ihr Denken ein.

Neuronen, die nicht genügend Signale (durch das wiederholte Abspulen des negativen Ereignisses) erhalten, fangen an, in unterschiedliche Richtungen zu feuern, ihre Vernetzung zu trennen, sich herauszulösen und die mit dem Trauma verbundene Emotion zu zerstören. Außerdem beginnen bestimmte Botenstoffe wie Oxytocin (verbindet und verändert chemische Stoffe), Dopamin (steigert die Konzentration und Aufmerksamkeit) und Serotonin (erhöht das Gefühl von innerer Ruhe und Freude), die traumatischen Gedanken zu umfließen und sie weiter abzuschwächen. Dies alles hilft, die Neuronen zu trennen und zu desynchronisieren; wenn sie aufhören, gemeinsam zu feuern, werden sie sich nicht mehr vernetzen. Dies führt dazu, dass diese Verbindungen ausgelöscht oder gesprengt und neue aufgebaut werden. Die praktische Seite dieses Prozesses erkläre ich in Teil 2.

Noch mehr Ermutigendes aus der Wissenschaft

Es gibt sogar noch mehr ermutigende Informationen, was die Neuroplastizität betrifft. Von einer universalistischen Position aus betrachtet, besteht die Ansicht, dass Logik und Sprache in einem festen Alter erlernt werden, und wenn man dieses bestimmte Alter überschritten hat, Lernen nicht mehr möglich sei. Die Plastizitätsforschung beweist das Gegenteil.[42] Menschen mit Lernbehinderungen können ihr Gehirn neu vernetzen, um etwa Geräusche besser wahrnehmen zu können.[43] Meine eigenen Patienten mit Hirnverletzungen, Lernbehinderungen oder emotionalen Störungen sowie die Lehrer und Schüler, mit denen ich in Schulen gearbeitet habe, zeigten signifikante Veränderungen, als sie die mentalen Übungen meines »Der Schalter an deinem Gehirn«-Lernprogramms durchführten.[44]

Die Medien erzeugen eine falsche Wahrnehmung, wenn es um wissenschaftliche Erkenntnisse geht. Sie berichten vielleicht über eine aufsehenerregende Studie, die besagt, dass unser Gehirn x macht, also machst du x, als könntest du nicht selber denken. Das ist dermaßen verkehrt. Alle, die glauben, dass nur ihr Gehirn sie steuert, werden auch glauben, dass sie keinen freien Willen besitzen. Der aktive Verstand verändert das Gehirn; das Gehirn ist der passive Teil der Existenz. Während wir denken, feuert das Gehirn in verschiedenen Mustern und Kombinationen, und jedes Mal, wenn wir das Gehirn dazu bringen, anders zu feuern, verändern wir es damit. Die Epigeneseforschung zeigt, dass unser Lebensstil und Umwelteinflüsse die Art und Weise verändern können, wie unsere Gene exprimiert werden (d. h. welche Teile stumm geschaltet und welche aktiviert werden), und die Ergebnisse aus diesem Forschungsbereich zeigen, dass wir nicht von der Struktur unseres Gehirns kontrolliert werden.[45]

Ein einzelnes Gehirn erzeugt an einem Tag mehr elektrische Impulse als alle Mobiltelefone auf der Erde zusammengenommen.[46] Wir haben also die Macht, Veränderungen zu bewirken; wir haben keinen Geist der Furcht, sondern der Liebe, der Kraft und der Besonnenheit (siehe 2Tim 1,7). Unser Standard-Verstandesmodus – unsere Seele, die aus unserem Intellekt, unserem Willen und unseren Emotionen besteht – ist mächtig, stark und wird von den Prinzipien der Liebe angetrieben. Lass dich nicht durch die Medien, durch Mediziner oder durch andere Menschen in deinem Umfeld vom Gegenteil überzeugen. Du hast die Macht in deinem Geist, die negativen, schädlichen Manifestationen zu verändern. Unser Verstand formt die Welt. Das ist es, worum es bei der Neuroplastizität geht: Veränderung. Neuroplastizität ist Gottes Plan zur Erneuerung des Verstandes.

Unsere Wahrnehmungen zählen

Unsere Wahrnehmung der Umwelt sowie die Art und Weise, wie wir mit unserer Umwelt umgehen, kontrollieren unseren Körper und unser Leben. Wenn du also deine Wahrnehmung veränderst, veränderst du damit auch deine Biologie. Du wirst zum Beherrscher deines Lebens, anstatt Opfer zu sein. Aber tue es nicht ohne Christus; vergiss nicht, dass er der Weinstock ist, aus dem wir wachsen (Joh 15,5). Die milliardenschwere Selbsthilfeindustrie bietet keine dauerhaften Konzepte,[47] weil ihr die grundlegenden Elemente fehlen, die für Erfolg und Veränderung erforderlich sind:

Erstens – und am wichtigsten – ist sie nicht mit dem Weinstock verbunden. Ihre Experten versuchen, ein erfolgreiches Leben ohne den Urheber des erfolgreichen Lebens zu lehren: Gott. Zweitens gibt es in ihren Ratschlägen eine Menge Visualisierungen und Verbalisierungen, aber die Herzenshaltung wird nicht berücksichtigt, sodass zwischen dem, was gesagt wird, und dem, was tief im Inneren wirklich geglaubt und gefühlt wird, eine Trennung bleibt. Dies wird kognitive Dissonanz genannt. Drittens ist oft nur sehr wenig wirkliche Handlung im Spiel. Sowohl auf geistlicher als auch auf wissenschaftlicher Ebene ist gezieltes Handeln erforderlich, damit Veränderungen stattfinden können.

Die Forschung zeigt zudem, dass positive Selbstaussagen und Affirmationen auch eine negative Seite haben. Erwiesenermaßen fühlen sich Personen mit geringem Selbstwertgefühl nach der Wiederholung positiver Selbstaussagen schlechter als vorher.[48] Werde nicht zu einem Teil dieser Statistik.

Die Welt mag uns sagen, dass unser Denken aus dem besteht, was das Gehirn tut, aber Gott sagt uns, dass das Gehirn tun wird, was unser Denken ihm sagt. Und wenn dein Geist unter der Führung des Heiligen Geistes deine Seele kontrolliert, dann ist das Nonplusultra des Denkens erreicht. Diese Perspektive unterscheidet sich stark von der traditionellen Sichtweise, die uns sagt, dass wir Maschinen sind, bei denen lediglich Teile ausgetauscht und chemische Stoffe hinzugefügt werden müssen. Willensfreiheit ist eine Realität; es steht dir frei, zu entscheiden, worauf du deine Aufmerksamkeit konzentrierst, was wiederum beeinflusst, wie die chemischen Stoffe und Vernetzungen deines Gehirns sich verändern und wie sie funktionieren.

Wissenschaftler können inzwischen belegen, dass die Beziehung zwischen dir und der Art und Weise, wie du dein inneres Gedankenleben, dein Umfeld und Gott verstehst und wahrnimmst, einen enormen Einfluss darauf hat, wie dein Gehirn funktioniert.[49] In jedem Moment eines jeden Tages kannst du wählen, wer du im nächsten Moment sein wirst, und diese Entscheidungen werden in den daraus resultierenden Gedankennetzwerken, die du aufbaust, festgehalten. In diesem Prozess sollten die Richtlinien der Bibel den übergreifenden, untermauernden und grundlegenden Rahmen bilden. Sie sollten so fest in uns verankert sein, dass unsere Wahrnehmung durch sie und nur durch sie allein erfolgt, wenn wir uns ein Bild von uns selbst machen und die Person sehen, als die Gott uns geschaffen hat.

Ich persönlich werde in meinem wissenschaftlichen Leben von meinem geistlichen Leben geleitet. Wie Josua 1,8 sagt, kommen Einsicht, Achtsamkeit und Weisheit durch intensives Nachdenken über Gottes Wahrheit und nicht durch routiniertes Pauken von Informationen. Ich möchte meine Welt um Gottes Wahrheit herum gestalten, denn ich weiß als Wissenschaftlerin und als Gläubige, dass es zu großen Veränderungen führt, wenn ich auf meine Gedanken achte und meinen Geist gezielt fokussiere.

Du hast die Macht, dich zu verändern

Nicht deine genetischen Erfahrungsmuster bestimmen, was du bist, sondern du selbst. Wie du lebst, das kulturelle Umfeld, in dem du dich bewegst, die Dinge, in die du dich vertiefst, deine Überzeugungen und die der Menschen um dich herum, wie du mit diesen Menschen interagierst, dein Glaube und wie du ihn wachsen lässt, welchen Dingen du dich aussetzt – all dies führt zu Unterschieden in der Art und Weise, wie du deine Aufmerksamkeit fokussierst, und hat einen unmittelbaren Einfluss darauf, wie deine Proteine synthetisiert werden, wie deine Enzyme wirken und wie die neurochemischen Stoffe in dir zusammenwirken. Wenn du nicht glaubst, dass du die Macht hast, deine Gedanken zu ändern und deine Entscheidungen zu kontrollieren, wirst du es auch nicht tun.

An deinem eigenen Gehirn zu operieren, einen neuroplastischen Eingriff in das toxische Denken durchzuführen und deinen Verstand zu erneuern, fußt auf regelmäßigem Gehirntraining; die Veränderung erfolgt im Laufe der Zeit durch kontinuierliches Dranbleiben. Ein Eingriff ins Denken verändert das Gehirn physisch, chemisch, strukturell und funktionell. Die Forschung zeigt, dass es keinen wirksameren Weg gibt, um lokalisierte und spezifische Veränderungen im Gehirn zu erzeugen als durch mentalpsychologische Intervention. Da psychosoziale Faktoren den Verlauf bestimmter Krankheiten – wie Herz-Kreislauf-Erkrankungen, Diabetes und Asthma – modulieren, bedeutet dies, dass die Dinge, die um einen herum geschehen, in den Verstand gelangen, das Gehirn verändern und sich auf den Körper auswirken. Deshalb ist es für uns von entscheidender Bedeutung, die in Gottes Wort festgelegten Richtlinien zu beachten. Wenn wir verstehen, wie Gott die Neuroplastizität gestaltet hat und dass sie für, aber auch gegen uns arbeiten kann, werden wir uns dadurch weiterentwickeln können.

Kapitel 3: Zusammenfassung

1. Unsere Gedanken, unsere Vorstellungskraft und unsere Entscheidungen können die Struktur und Funktion unseres Gehirns auf jeder Ebene verändern: auf molekularer, genetischer, epigenetischer, zellulärer, struktureller, neurochemischer, elektromagnetischer und sogar subatomarer Ebene. Durch unsere Gedanken können wir unsere eigenen Gehirnchirurgen sein, wenn wir Entscheidungen treffen, die die Schaltkreise in unserem Gehirn verändern. Wir sind dazu geschaffen, an unserem eigenen Gehirn zu operieren.
2. Entscheidungen werden zu Signalen, die unser Gehirn und unseren Körper verändern, und diese Veränderungen werden nicht unbedingt von unseren Genen diktiert.
3. Die Epigenetik wird als neue Wissenschaft bezeichnet, aber eigentlich ist sie eine antike Wissenschaft, auf die wir überall in der Bibel stoßen. Auf der elementarsten Ebene der Epigenetik steht die Tatsache, dass deine Gedanken und Entscheidungen dein physisches Gehirn und deinen Körper, deine mentale Gesundheit und deine geistliche Entwicklung beeinflussen.
4. Diese Entscheidungen wirken sich nicht nur auf deinen *eigenen* Geist, deine Seele und deinen Körper aus, sondern auch auf die Menschen, mit denen du in Beziehung stehst. Es geht sogar noch tiefer: Deine Entscheidungen könnten sich auf die nachfolgenden Generationen auswirken.
5. Eine bahnbrechende Studie an Agouti-Mäusen zog eine Vielzahl weiterer Studien nach sich – darunter auch einige am Menschen –, die zeigen, dass nicht nur die Ernährung, sondern auch das Denken die Generationenmuster verändert.

6. Insgesamt zeigen uns die Studien zur Epigenetik, dass das Gute, das Schlechte und das Hässliche in der Tat durch die Generationen hindurch weitergegeben wird, aber dein Verstand ist das Signal – der epigenetische Faktor –, das diese Gene an- oder abschaltet.
7. Daher bist du nicht dazu bestimmt, die negativen Muster deiner Vorfahren auszuleben – du kannst stattdessen eine Lebensentscheidung treffen, diese Muster zu durchbrechen, indem du ihr Expressionsschema veränderst. Teil 2 dieses Buches wird dir zeigen, wie das geht.
8. Epigenetische Veränderungen stellen die biologische Reaktion auf ein Umgebungssignal dar. Diese Reaktion kann durch epigenetische Marker über Generationen hinweg vererbt werden. Aber wenn man das Signal entfernt, werden diese epigenetischen Marker schwinden. Wenn du dich entscheidest, ein Signal hinzuzufügen, werden dadurch die epigenetischen Marker aktiviert.
9. Hierin liegt der Schlüssel: Die Sünden der Eltern schaffen eine *Veranlagung*, kein *vorbestimmtes Schicksal*. Du bist nicht dafür verantwortlich, dass du aufgrund von Entscheidungen deiner Vorfahren für etwas anfällig bist. Du bist jedoch dafür verantwortlich, dir über Veranlagungen bewusst zu sein, sie richtig einzuschätzen und dich gegebenenfalls für ihre Beseitigung zu entscheiden.
10. Wenn du eine schlechte Wahl triffst, schalten sich im Hippocampus Gene ein, die die Stressreaktion dämpfen.
11. Wissenschaftler wissen heute, dass das Gehirn die erstaunliche Fähigkeit besitzt, sich während des gesamten Lebens neu zu organisieren und seine Struktur und Funktion allein durch das Denken zu verändern.

12. Die Neuroplastizität (die Fähigkeit des Gehirns, sich als Reaktion auf das Denken zu verändern) kann also sowohl für uns als auch gegen uns arbeiten, denn das, worüber wir am meisten nachdenken, wird wachsen – das gilt sowohl für das positive als auch für das negative Ende des Spektrums.
13. Unsere Wahrnehmung der Umwelt sowie die Art und Weise, wie wir mit unserer Umwelt umgehen, kontrollieren unseren Körper und unser Leben. Wenn du also deine Wahrnehmung änderst, änderst du damit auch deine Biologie. Du wirst zum Beherrscher deines Lebens, anstatt Opfer zu sein.

KAPITEL 4

Nimm diese Gedanken gefangen

Leitvers: *Wir [reißen] alle hohen Gedankengebäude nieder, die sich gegen die Erkenntnis Gottes auftürmen. Wir nehmen alles Denken gefangen, sodass es Christus gehorcht.* — *2. Korinther 10,5* EÜ

Damit verknüpftes Wissenschaftskonzept: Wenn du dein eigenes Denken objektiv beobachtest, mit dem Ziel, fehlgeleitete Gedanken einzufangen, richtest du de facto deine Aufmerksamkeit darauf, die negativen Auswirkungen zu stoppen und gesunde neue Schaltkreise in deinem Gehirn aufzubauen.

Die Fähigkeit, deinen Verstand zur Ruhe zu bringen, deine Aufmerksamkeit auf das gegenwärtige Thema zu lenken, deine Gedanken einzufangen und die Ablenkungen um dich herum auszublenden, ist eine ausgezeichnete und mächtige Gabe, die Gott in dich hineingelegt hat. In dieser hektischen Zeit, in der wir leben, haben wir diese natürliche und notwendige Fähigkeit verkümmern lassen. *Natürlich* deshalb, weil sie fest in die Gehirnstruktur eingebettet ist und es dem Gehirn erlaubt, chaotische, fehlgeleitete Gedanken einzufangen und sie zu zügeln; *notwendig*, weil es unseren Geist beruhigt, damit wir uns auf Gott einstimmen und ihm zuhören können. Wenn wir darauf bedacht sind, unsere Gedanken auf diese Weise einzufangen, verändern wir unsere Beziehung zu Gott von verbindungslos und unabhängig zu verbunden und abhängig.

Forschungen aus den 1970er Jahren zeigen, dass es beeindruckende Veränderungen in unserem Fühlen und Denken bewirken kann, wenn wir unsere Gedanken diszipliniert in geordnete Bahnen lenken, anstatt sie chaotisch umherirren zu lassen. Diese Veränderung zeigt sich sowohl auf kognitiver und emotionaler Ebene als auch auf der neuralen Ebene.[50] Meine eigene Forschung zeigt, dass kontrolliertes, fokussiertes Denken zu einer beeindruckenden Verbesserung der kognitiven Funktionen und des emotionalen Gleichgewichts führt.[51]

Befreie dich von Lasten

Deine Gedanken zu zügeln und unter Kontrolle zu bringen, ist einer der ersten Schritte, um dich von den Lasten der Welt zu befreien und damit anzufangen, das Leben trotz dieser Lasten zu genießen.

Wenn du dein eigenes Denken objektiv beobachtest, mit dem Ziel, fehlgeleitete Gedanken einzufangen, richtest du de facto deine Aufmerksamkeit darauf, die negativen Auswirkungen zu stoppen und gesunde neue Schaltkreise in deinem Gehirn aufzubauen. Im 2. Korintherbrief 10,3–5 (EÜ) gibt es äußerst klare Anweisungen zu diesem Thema: »Wir leben zwar in dieser Welt, kämpfen aber nicht mit den Waffen dieser Welt. Die Waffen, die wir bei unserem Feldzug einsetzen, sind nicht irdisch, aber sie haben durch Gott die Macht, Festungen zu schleifen; mit ihnen reißen wir alle hohen Gedankengebäude nieder, die sich gegen die Erkenntnis Gottes auftürmen. Wir nehmen alles Denken gefangen, sodass es Christus gehorcht.« In Sprüche 4,20–22 (EÜ) lautet der weise Rat: »Achte auf meine Worte, neige dein Ohr meiner Rede zu! Lass sie nicht aus den Augen, bewahre sie tief im Herzen! Denn Leben bringen sie dem, der sie findet, und Gesundheit seinem ganzen Leib.« Primär wird das erfolgreiche Gefangennehmen deiner Gedanken davon abhängen, dass du dich zuerst auf Gottes Weg konzentrierst, nicht auf den Weg der Welt. Die Wissenschaft zeigt übrigens, dass intensives Nachsinnen über die Inhalte der Lehren Jesu gesunde neue Schaltkreise im Gehirn aufbaut.

Die Wissenschaft zeigt die Vorteile des Gedankenfangs auf

Wenn du eine bewusste Entscheidung triffst, dich zu fokussieren und deine Aufmerksamkeit auf das Richtige zu lenken, veränderst du die physische Materie – dein Gehirn und dein Körper verändern sich auf gesunde Weise. Deine Gedanken gezielt einzufangen, kann die sensorische Verarbeitung im Gehirn, die Neuvernetzung des Hirns, die Neurotransmitter, die Genexpression und die Zellaktivität steuern. Ob es dabei in eine positive oder negative Richtung geht, entscheidest du.

Der gewonnene Nutzen ist sogar noch größer, als die Wissenschaftler der 1970er und 1980er Jahre es sich vorgestellt haben. Diejenigen meiner Patienten, die in der Therapie erfolgreich waren, machten immer dann ihre ersten Schritte zum Erfolg, wenn sie ihre Aufmerksamkeit zu fokussieren begannen und ihre Gedanken gefangen nahmen – zum Beispiel solche wie: »Ich kann das nicht«, »Das ist zu schwer«, »Es hat noch nie funktioniert« oder »Ich bin nicht klug genug«. Die Vorteile, die es bringt, solche negativen Gedanken gefangen zu nehmen, können nicht genug betont werden. Wenn diese Gedanken nicht eingefangen werden, führt dies potenziell zu einer zunehmenden Verwirrung und zu seelischer Verzweiflung in wechselnder Ausprägung.

Dr. Jekyll und Mr. Hyde

Eine interessante Forschungsarbeit zeigt, dass eine bestimmte Art von Protein, ein sogenanntes »Prion-Protein«, ein wenig wie Dr. Jekyll und Mr. Hyde funktioniert – eine Geschichte, die oft als Metapher für den guten Menschen verwendet wird, der eine böse Seite verbirgt. Wenn ein Prion sich falsch faltet, spielt es eine entscheidende Rolle bei neurodegenerativen Krankheiten, die zu schrecklichen Syndromen wie BSE und die dadurch ausgelöste Creutzfeldt-Jakob-Krankheit führen. Aber Wissenschaftler haben jetzt herausgefunden, dass das Prion-Protein in den Synapsen – dem Kontaktpunkt, an dem Signale von einer Nervenzelle zur nächsten weitergeleitet werden – im Überfluss vorhanden ist. Prionen helfen dabei, stabile Langzeiterinnerungen zu schaffen. Sie sind auch wichtig für die Neuroplastizität, das heißt für die Veränderung und Neuvernetzung, die in unserem Gehirn geschieht, wenn wir denken und lernen; und schließlich sind sie an der Neurogenese beteiligt.[52] Der Punkt hier ist, dass dieses Protein als Reaktion auf gute Signale großartige Dinge im Gehirn vollbringt und als Reaktion auf negative Signale völlig außer Kontrolle gerät. Ein chaotischer Verstand, der mit ungezügelt umherirrenden Gedanken voller Angst, Sorge und allen möglichen angstbedingten Emotionen gefüllt ist, sendet das falsche Signal aus.

Ein weiteres Beispiel für einen Teufelskreis

Stress ist ein wesentlicher Faktor, wenn man den Zusammenhang zwischen Depressionen und Herzerkrankungen verstehen will. Die Forschung zeigt, dass 40 bis 60 Prozent der Patienten mit Herzkrankheiten an einer klinischen Depression leiden und dass 30 bis 50 Prozent der Patienten, die an einer klinischen Depression leiden, ein höheres Risiko haben, auch am Herzen zu erkranken.[53]

Werden verantwortliche Gedanken nicht erkannt und gestoppt, führt dies zur dauerhaften Einbettung negativer, schädlicher Gedanken in das Gehirn. Dies wiederum kann zu depressiven Gedanken führen, die den Körper in die zweite Stressphase versetzen. Als Reaktion darauf produziert das Immunsystem Proteine, die als *Zytokine* bezeichnet werden, einschließlich eines, das *Interleukin-6* genannt wird. Dies ist eine positive, entzündliche Reaktion, die das Gehirn und den Körper vor Stress schützen soll. Wenn der Stress nicht unter Kontrolle gebracht wird, nimmt die Depression zu und die Person geht in Stressphase drei über. Mit der Zeit nimmt auch die Entzündung zu und kann zu Arteriosklerose (Verhärtung der Arterien) und Herz-Kreislauf-Erkrankungen führen.

All das geschieht, wenn die ursprünglichen negativen, schädlichen Gedanken nicht rechtzeitig erwischt werden. Und dies ist nur ein Krankheitsverlauf; es gibt eine Vielzahl anderer Manifestationen, wenn dieser Kreislauf nicht durchbrochen wird. Jüngste Forschungen haben gezeigt, dass Personen, die für Schizophrenie und andere neuropsychiatrische Störungen anfällig sind, durch Strategien für die Bewältigung und Kontrolle von Stress (die Reaktion des Körpers auf schädliches Denken) widerstandsfähiger gemacht werden könnten.[54]

Fünf bis sechzehn Minuten täglich reichen aus

Untersuchungen konnten belegen, dass täglich fünf bis sechzehn Minuten konzentriertes, meditatives Sichten und Ordnen von Gedanken die Frontalhirnaktivität zu Mustern verschiebt, die den Blick nach außen öffnen und die externale Aufmerksamkeit erleichtern.[55] Die Forschung hat auch gezeigt, dass dieselben fünf bis sechzehn Minuten intensiver, achtsamer Denkaktivität die Chancen auf eine zufriedenere Lebenseinstellung erhöhen.

Gott hat uns mit einem fähigen und gesunden Verstand gesegnet (siehe 2Tim 1,7). Wenn wir unsere Aufmerksamkeit lenken, indem wir unsere Gedanken bewusst fassen und ordnen, geben wir unseren Geisteskräften ein Ziel vor. Dann wird Gott dir etwas geben, worüber du nachdenken kannst, und dein Gleichgewicht wird wiederhergestellt. Wenn du dir von Gott keinen Gedankenentwurf geben lässt, wird der Feind sich mit Sicherheit einschalten und versuchen, deine Gedanken zu kapern und dein Gleichgewicht zu zerstören.

Gott hat den Frontallappen unseres Gehirns genau dafür entworfen: um seine Gedankenentwürfe zu verarbeiten. Diese Perspektive wird in der Übersetzung der *Message*-Bibel von 2. Korinther 10,5 besonders deutlich: »Wir benutzen unsere mächtigen Gotteswerkzeuge, um verzerrte Philosophien zu zerschlagen, Barrieren niederzureißen, die gegen die Wahrheit Gottes errichtet wurden, und jeden ungeordneten Gedanken, Sinneseindruck und Impuls in die Struktur des von Christus geformten Lebens einzupassen. Unsere Werkzeuge stehen bereit, um den Grund, auf dem wir stehen, von allen Hindernissen freizuräumen und ein Leben des Gehorsams zur Reife zu führen.«

Vollkommenheit ist unser Normalzustand

Weil wir nach Gottes Bild geschaffen sind (1Mo 1,26) und den »Sinn Christi« haben (1Kor 2,16), ist unser Normalzustand ein Zustand der Vollkommenheit.

Die Wissenschaft kann inzwischen nachweisen, dass Liebe genetisch in uns »verankert« ist. Angst, die allem Schädlichen innewohnt, ist daher nicht unsere Norm. Dies bedeutet, dass in uns eine nach Gott gestaltete natürliche Veranlagung zu Optimismus und gutem, gesundem Denken besteht. Doch um diese auch wirklich ausleben zu können, müssen wir unsere gottgegebene Freiheit nutzen und uns für Richtig und gegen Falsch entscheiden: »Ich habe euch heute Segen und Fluch, Leben und Tod vor Augen gestellt. Wählt das Leben, damit ihr am Leben bleibt, ihr und eure Nachkommen!« (5Mo 30,19 GNB). Dies zeigt sich deutlich im Gehirn – wenn schlechte Entscheidungen getroffen oder negative Gedanken nicht gefangen genommen werden, kommt es zu einer Deformierung der neuronalen Vernetzung, was zu einer Störung der normalen Funktion führt.

Gott hat den Menschen dazu bestimmt, die eigenen Gedanken zu beobachten, um die schlechten einzufangen und sie loszuwerden. Wie wichtig dieser Prozess ist, darf nicht unterschätzt werden, denn die Forschung zeigt, dass die Mehrzahl der psychischen und physischen Erkrankungen von unserem Gedankenleben und nicht von Umwelteinflüssen oder den Genen herrührt.[56]

Ein undisziplinierter Verstand ist mit einem kontinuierlichen Strom von Sorgen, Ängsten und verzerrten Wahrnehmungen gefüllt, die degenerative Prozesse in Kopf und Körper auslösen. Wir können es uns nicht leisten, nicht alle Gedanken gefangen zu nehmen, um sie Christus Jesus zu unterstellen (2Kor 10,5).

Kapitel 4: Zusammenfassung

1. Der Aufbau unseres Gehirns ermöglicht es uns, chaotische Gedanken einzufangen und sie zu zügeln.
2. Unsere Gedanken einzufangen ist *notwendig*, weil es unseren Geist beruhigt, damit wir uns auf Gott einstimmen und ihm zuhören können.
3. Wenn wir darauf bedacht sind, unsere Gedanken auf diese Weise einzufangen, verändern wir unsere Beziehung zu Gott von verbindungslos und unabhängig zu verbunden und abhängig.
4. Forschungen aus den 1970er Jahren zeigen, dass es beeindruckende Veränderungen in unserem Fühlen und Denken bewirken kann, wenn wir unsere Gedanken diszipliniert in geordnete Bahnen lenken, anstatt sie chaotisch umherirren zu lassen.
5. Deine Gedanken gezielt einzufangen, kann die sensorische Verarbeitung im Gehirn, die Neuvernetzung des Gehirns, die Neurotransmitter, die Genexpression und die Zellaktivität steuern. Ob es dabei in eine positive oder negative Richtung geht, entscheidest du.
6. Ein chaotischer Verstand, der mit ungezügelt umherirrenden Gedanken voller Angst, Sorge und allen möglichen angstbedingten Emotionen gefüllt ist, sendet das falsche Signal bis hinunter auf die Ebene der DNA aus.
7. Untersuchungen konnten belegen, dass täglich fünf bis sechzehn Minuten konzentriertes, meditatives Sichten und Ordnen von Gedanken die Frontalhirnaktivität zu Mustern verschiebt, die den Blick nach außen öffnen und die externale Aufmerksamkeit erleichtern und somit die Chancen auf eine zufriedenere Lebenseinstellung erhöhen.

8. Liebe ist genetisch in uns verankert, Furcht und Angst werden erlernt.

Kapitel 5

Tritt in eine zielgerichtete Ruhe ein

Leitvers: *»Seid still und erkennt, dass ich Gott bin«. — Psalm 46,11 SLT*

Damit verknüpftes Wissenschaftskonzept: Wenn wir unsere Ruhe durch Introspektion, Selbstreflexion und Gebet zielgerichtet steuern, wenn wir unsere Gedanken gefangen nehmen, wenn wir Bibelverse auswendig lernen und zitieren und wenn wir unseren Verstand intellektuell weiterentwickeln, regen wir damit das »Default Mode«-Netzwerk (DMN) an, das die Gehirnfunktion und die geistige, körperliche und seelische Gesundheit verbessert.

Die Ordnung Gottes spiegelt sich deutlich in der Organisation des Gehirns wider. Gott hat das Gehirn so gestaltet, dass es über eine Reihe koordinierter Netzwerke verfügt. Der wissenschaftliche Ausdruck dafür ist die *integrative funktionale Organisation*, was im Grunde bedeutet, dass alle Teile des Gehirns miteinander verbunden sind, zusammenarbeiten und sich gegenseitig beeinflussen.

Gott hat das Gehirn zudem so ausgelegt, dass die intrinsische Aktivität im nichtbewussten Teil unseres Verstandes für den Großteil der *Geistestätigkeit* verantwortlich ist. Sie ist immer dominant, vierundzwanzig Stunden am Tag. Dort denken, wählen, bauen und sortieren wir unsere Gedanken. Einfach ausgedrückt, ist es die konstante, hochenergetische Aktivität, die im Nichtbewussten permanent stattfindet, auch dann, wenn wir uns ausruhen. Was wir bewusst denken und was wir sagen und tun, wird von den Informationen und der Aktivität im nichtbewussten Teil unseres Verstandes gesteuert. Das Nichtbewusste birgt also die Wurzeln all unserer Worte und Taten, und wir wählen mit unserem Verstand, wie diese Wurzeln letztendlich aussehen.

Diese Organisationsstruktur des Gehirns und des Körpers wird in Epheser 4,16 beschrieben: »Durch ihn wird der ganze Leib zu einer Einheit. Und jeder Teil erfüllt seine besondere Aufgabe und trägt zum Wachstum der anderen bei, sodass der ganze Leib gesund ist und wächst und von Liebe erfüllt ist.«

Sprüche 23,7 (KJV) lässt diese konstante, hochgradig eigenständige Aktivität im Gehirn, die unsere Worte und Handlungen beeinflusst, gut erkennen: »Wie er in seinem Herzen denkt, so ist er.«

Forschungen zeigen, dass wir durch zielgerichtete Ruhe – den Eintritt in einen fokussierten, introspektiven Zustand – die Leistung der im Nichtbewussten stattfindenden Aktivität verbessern und verstärken. Wenn wir in diesen bewussten Ruhezustand eintreten, erhöht sich die Frequenz der Gammawellen, die mitverantwortlich sind für Aufmerksamkeit, Gedächtnisaufbau und Lernen, außerdem nehmen Aktivitäten zu, die in Verbindung mit positiven Emotionen wie Glück stehen. PET-Scans und EEG-Aufzeichnungen zeigen, dass die Regionen des Gehirns, die Glück und Frieden erzeugen, an Substanz gewinnen.[57] Psalm 46,11 (SLT) liefert die zugrundeliegende Weisheit: »Seid still und erkennt, dass ich Gott bin.«

Die organisierten Netzwerke im Gehirn

Werfen wir einen genaueren Blick auf diese koordinierten und organisierten Netzwerke in unserem Gehirn, die auf eine rege, integrative und ausgewogene Weise zusammenarbeiten und unserem Gehirn helfen, rund um die Uhr ein hohes Aktivitätsniveau aufrechtzuerhalten. Diese Netzwerke bilden das Innenleben des Gehirns, wobei das »Default Mode«-Netzwerk (DMN) dominiert und besonders aktiv wird, wenn der Verstand in einem zielgerichteten Ruhe- oder Leerlaufzustand introspektiv und achtsam denkend ist.

Das DMN verhält sich ähnlich wie der Dirigent eines Orchesters, indem es Taktsignale gibt und die Aktivität zwischen den verschiedenen Gehirnnetzwerken und -regionen koordiniert und das Gehirn darauf vorbereitet, auf einer bewussten Ebene zu reagieren. Zum Beispiel koordiniert das DMN die Aktivität

- in Netzwerken, die während einer geistigen Aufgabe aktiv werden;
- in Netzwerken, die während der Erinnerungsbildung und in Phasen der Aufmerksamkeit aktiv sind;
- im Salienz-Netzwerk, das mitbestimmt, worauf sich unsere Aufmerksamkeit richtet;
- und im sensomotorischen Netzwerk, das die Steuerung von Körperbewegungen durch das Gehirn mit dem sensorischen Feedback verknüpft.

Während der Verstand mit intrinsischer Aktivität (= zielgerichteter Ruhe) beschäftigt ist, wenn wir beispielsweise uns selbst beobachten, Dinge durchdenken, unsere Gedanken wandern lassen, schlafen, tief in uns versunken oder sogar unter Narkose sind, gibt es ein ständiges Geplapper zwischen den Netzwerken des Gehirns im Nichtbewussten. Die Energie, die von dieser permanent aktiven Nachrichtenübermittlung und Gedankenbildung auf der nichtbewussten Ebene unseres Geistes verbraucht wird, ist etwa zwanzigmal höher als beim bewussten Denken. Bei besonderer Beanspruchung steigt der Energieverbrauch im Gehirn nochmal um fünf Prozent. Tatsächlich werden sechzig bis achtzig Prozent der gesamten vom Gehirn verbrauchten Energie in Schaltkreisen innerhalb des Gehirns beansprucht, die in keinem Zusammenhang mit externen Signalen stehen. Dies ist allein der dominanten DMN-Aktivität zuzuschreiben.[58]

Flexibilität

Eine wichtige Eigenschaft dieser Gehirnnetzwerke wird als *Anti-Korrelation* bezeichnet, was bedeutet, dass wir zwischen den verschiedenen Netzwerken hin- und herwechseln.[59] Wenn wir zum Beispiel flexibel und kreativ denken, sind wir in der Lage, zwischen den Gedanken zu wechseln und Gedanken zu erfassen und zu kontrollieren. Das ist gut und genau das, was wir wollen.

Wir brauchen diese Flexibilität während unseres Lebens. Wir können die Ereignisse und Umstände des Lebens nicht kontrollieren, aber wir können unsere *Reaktionen* auf diese Ereignisse und Umstände kontrollieren. Um unsere Reaktionen erfolgreich zu kontrollieren, benötigen wir Flexibilität in unserem Denken, und für die hat Gott mit unseren vielfältigen, unterschiedlichen Netzwerken gesorgt. Gott hat unser Gehirn so gestaltet, dass es für uns arbeitet; es soll uns nicht beherrschen.

Abschalten, um anzuschalten

Faszinierend finde ich, dass wir beim Wechsel zum »Default Mode«-Netzwerk (DMN) nicht abschalten, um auszuruhen. Ganz im Gegenteil, wir schalten ab, um in einen Denkmodus zu wechseln, der uns die Perspektive, Weisheit und Möglichkeit gibt, uns mit Gott zu verbinden. Dies ist ein Geisteszustand, in dem wir *nach außen abschalten* und *nach innen anschalten.*

In diesem zutiefst geisteswachen Zustand bleiben die beteiligten Netzwerke aktiv und auch der Wechsel zwischen ihnen bleibt aktiv, aber es ist eine andere Art von Aktivität. Sie ist fokussierter und introspektiver. Wenn unser Gehirn also in den Ruhekreislauf eintritt, ruhen wir nicht wirklich; wir wechseln in einen hochintelligenten, selbstreflektierenden, zielgerichteten Zustand. Und je öfter wir dorthin wechseln, desto mehr kommen wir mit dem tiefen, spirituellen Teil unseres wahren Wesens in Kontakt. Ich glaube, Gott hat diesen Zustand geschaffen, um uns direkt mit ihm zu verbinden, damit wir ein Bewusstsein für seine Gegenwart entwickeln und uns in ihr bewegen. Wie es in Matthäus 26,41 (AMP) heißt: »Bleibt wach (achtet sehr genau darauf, seid wachsam und aktiv), bleibt aufmerksam und betet, damit ihr nicht in Versuchung geratet. Der Geist ist zwar willig, aber das Fleisch ist schwach.«

Das DMN ist ein Primärnetzwerk, in das wir wechseln, wenn wir uns von der Außenwelt abschalten und in einen Zustand der fokussierten Achtsamkeit eintreten. Sein Aktivitätslevel wird noch gesteigert, wenn eine Person tagträumt, sich selbst beobachtet oder den Geist auf organisierte, forschende Weise durch die endlose Vielzahl von Gedanken im Inneren des Geistes wandern lässt. Es ist eine gezielte, zutiefst geisteswache Fokussierung nach innen unter gleichzeitiger Ausblendung der Außenwelt. Es ist die Einstellung äußerer Aktivitäten, ähnlich der Sabbatruhe, wenn wir von der Welt abschalten und uns auf Gott konzentrieren.

In diesem zielgerichteten Ruhezustand konzentrierst du dich auf das Innere, du beobachtest dich selbst und hast ein Gefühl der Entschleunigung; aber in Wirklichkeit steigern deine mentalen Ressourcen ihr Tempo und dein Denken bewegt sich auf eine höhere Ebene. Wenn du auf diese Weise denkst, wenn du deine äußerliche Aktivität unterbrichst und in eine gezielte Ruhephase eintrittst, wirst du deutlich weiterkommen, als wenn du nur in den Grenzen eines wandernden, unruhigen, begrenzt bewussten kognitiven Verstandes agiert hättest. Es ist der Zustand des Stillbleibens und Wissens, dass er Gott ist (siehe Ps 46,11).

Das DMN, das man früher als *dunkle Energie* im Gehirn angesehen hat, wird in immer höhere Aktivitätszustände versetzt, wenn wir uns selbstreferentiell beschäftigen. Experimente mithilfe von Neuroimaging-Methoden zeigen, dass das Gehirn auf einem konstanten Level Hintergrundaktivitäten aufweist, wenn eine Person sich in einem Zustand der gezielten Ruhe befindet.[60] Hierzu gehören Erinnerungen, Überlegungen, Vorstellungen und Selbstbeobachtungen; beteiligt ist auch die Fähigkeit, sich auf eine bestimmte Erinnerung zu konzentrieren, die Dinge aus verschiedenen Blickwinkeln zu durchdenken und dabei dennoch lösungsfokussiert zu sein. Für die Planung zukünftiger Handlungen ist das sehr wichtig.[61]

Tatsächlich könnte eine Fehlvernetzung der am DMN beteiligten Hirnareale, die zu allerlei Schwankungen im DMN führt, sogar eine Rolle bei Störungen spielen, die von Alzheimer über Schizophrenie bis hin zu anderen neuropsychiatrischen Störungen reichen. Die Forschung gibt erste Hinweise darauf, dass sich zum Beispiel bei Alzheimer verkümmernde und absterbende Hirnareale mit wichtigen Zentren des DMN überschneiden. Patienten mit

Depressionen zeigen eine verminderte Konnektivität zwischen bestimmten Regionen des DMN und den Emotionsbereichen des Gehirns. Und bei Schizophrenie zeigten viele Bereiche des DMN erhöhte Aktivitätswerte.[62]

Regelmäßig Meditierende – damit meine ich solche, die sich ein diszipliniertes und fokussiertes, reflektierendes Gedankenleben angeeignet haben, in dem sie alle Gedanken gefangen nehmen – weisen ein aktiveres DMN und einen stärkeren Austausch zwischen den Netzwerken auf.[63] Dies bedeutet ein aktiveres Gehirn, das mehr Verzweigungen ausbildet und Gedanken verbindend zusammenführt, was zu gesteigerter Intelligenz, erhöhter Weisheit und diesem wunderbaren Gefühl des Friedens führt. Gott fügt auch noch einige zusätzliche Vorteile hinzu wie etwa eine erhöhte Immunabwehr und ein gesünderes Herz-Kreislauf-System.

Wenn wir beten, wenn wir unsere Gedanken im Zaum halten, wenn wir Bibelverse auswendig lernen und zitieren, dann bewegen wir uns in diesen tiefen meditativen Zustand hinein. Dieser großartige Geisteszustand wird auch dann aktiviert, wenn wir Informationen – etwas, was wir vielleicht gerade erlernen, studieren oder uns beruflich aneignen – tief verinnerlichen. Wir sind hochintellektuelle Wesen, die geschaffen wurden, um eine Beziehung zu einem hochintellektuellen Gott zu haben. Wir sollten nie unterschätzen, wie brillant wir sind und dass wir nur durch unser Selbstverständnis begrenzt werden.

In seiner großen Barmherzigkeit

In seiner großen Barmherzigkeit hat Gott in den Aufbau unseres Gehirns diese Schaltkreise eingefügt, die durch das »Default Mode«-Netzwerk (DMN) gesteuert werden, auf das wir regelmäßig zugreifen müssen, um mit unserem Geist verbunden zu bleiben und der Führung des Heiligen Geistes folgen zu können – es ist eine Zeit, in der wir von unseren eigenen Aktivitäten und Anstrengungen ablassen (siehe Hebr 4,9–10). Unser Verstand braucht Zeit, um zu verstehen, was unser Geist bereits weiß.

In der Geschäftigkeit des Lebens und der Hektik des Alltags laufen wir Gefahr, eine chaotische Denkweise zu entwickeln, was zu einem neurochemischen und elektromagnetischen Chaos im Gehirn führen kann. Dies äußert sich in gedanklichen Endlosschleifen und Denkspiralen, die leicht außer Kontrolle geraten können. Wenn wir das DMN aktivieren, ist es jedoch fast wie ein Sabbat im Gehirn, der ein bewusstes Einstellen aller hektischen Aktivitäten und ein Rückzug in die Tiefen unseres Geistes ist. Es kommt einem mentalen Neustartvorgang gleich, bei dem wir uns wieder mit unserem wahren Wesen und mit unserem Erlöser verbinden, um den Fragen des Lebens die richtige Perspektive zu geben.

Der Sabbat im Gehirn

Tatsächlich stören wir die natürlichen Funktionen des Gehirns, wenn wir nicht immer wieder das Tempo drosseln und in diesen Ruhezustand, diesen *Sabbat* im Gehirn eintreten. Untersuchungen zeigen, was die Folgen sein können, wenn wir uns nicht auf dieses disziplinierte und fokussierte selbstreflektierende Gedankenmuster einlassen, das das DMN aktiviert. Es kann zu einem negativen Selbstwertgefühl, zu Depressionen, Unruhe, Ängsten und Gesundheitsproblemen kommen und dazu führen, dass wir uns möglicherweise zu sehr auf verallgemeinernde Fragestellungen im Kurzzeitgedächtnis konzentrieren. Wir können uns festfahren, unfähig sein, mit der Situation umzugehen, und uns tendenziell auf das Problem anstatt auf die Lösung konzentrieren. Wenn bei der Informationsverarbeitung im »Default Mode«-Netzwerk etwas schief läuft, werden die falsch gehandhabten Daten an andere Netzwerke im Gehirn weitergeleitet, wo sie zusätzliche Probleme verursachen.[64] Diese zusätzlichen Probleme können als Gedächtnisschwierigkeiten, düsteres und verworrenes Denken, Angst, Depression und in vielen anderen Manifestationen einschließlich neuropsychiatrischer Störungen auftreten.

Das »Task Positive«-Netzwerk

Im Einklang mit der erstaunlichen Ordnung und Ausgewogenheit, die Gott in allem geschaffen hat, sehen wir als Gegengewicht zu diesem »Default Mode«-Netzwerk – dem Ruhemodus – das »Task Positive«-Netzwerk (TPN). Das TPN unterstützt das aktive Denken, das für die Entscheidungsfindung erforderlich ist.[65] Wenn wir also unser Denken fokussieren und das DMN aktivieren, gehen wir an einem bestimmten Punkt unseres Denkprozesses in die aktive Entscheidungsfindung über. Dadurch wird das TPN aktiviert, und wir erleben dies als Handeln. In meinem 21-tägigen Gehirn-Detox-Plan (der in Teil 2 besprochen wird) nenne ich dieses Handeln ein *aktives Ergreifen*. Die Hirnforschung – speziell die Wissenschaft des Denkens[66] – zeigt, dass das Handeln den Zyklus des Auf- und Abbaus von Gedanken vervollständigt. Wir sehen dies auch in der Bibel: »Glaube ohne Werke ist tot« (Jak 2,26).

Hochinteressant, aber gleichzeitig ernüchternd ist der Umstand, dass unsere DMN- und TPN-Netzwerke sowie das Verhältnis zwischen beiden aus dem Gleichgewicht geraten, wenn wir uns entscheiden, toxisch zu sein. Schädliches, negatives Denken führt zu einer erhöhten Aktivität im DMN, während die Aktivität im

TPN abnimmt. Dies führt zu schlecht angepassten, depressiven Gedankengängen und einer verminderten Fähigkeit zur Lösung von Problemen. Dadurch fühlen wir uns benebelt, verwirrt, negativ und depressiv.

Gott ist ein Gott der Ordnung und der Harmonie, und gleicherweise hat er auch unseren Geist, unsere Seele und unseren Körper gestaltet. Es ist somit ziemlich einfach: Wenn wir seine Verordnungen nicht befolgen, hat das Konsequenzen. Das Gehirn gerät in einen unausgeglichenen Zustand und produziert neurochemisches und elektromagnetisches Chaos. »Denn wo Eifersucht und selbstsüchtiger Ehrgeiz herrschen, führt das in die Zerstörung und bewirkt alle möglichen schlechten Taten« (Jak 3,16).

Unser Gehirn folgt unserem Verstand

Studien unter Einsatz von bildgebenden Verfahren belegen, dass sich das DMN bei Personen mit Depressionen auf anomale Weise aktiviert.[67] Andere Studien zeigen, dass bei depressiven Personen der vordere mittlere Teil des Gehirns (frontomedialer Cortex) eine erhöhte Aktivität aufweist.[68] Das bedeutet, obwohl ihre gedanklichen Reflexionen zunahmen, wurde dieses gute Signal durch die verminderte Aktivität im hinteren mittleren Teil des Gehirns (dorsomedialer Cortex) in Unordnung gebracht. Wenn die Aktivität im dorsomedialen Cortex abnimmt, tritt ein dissoziatives Muster auf, und es besteht die Tendenz, sich zulasten des klaren und konkreten Erinnerungsdenkens auf übermäßig verallgemeinernde Erinnerungen zu konzentrieren.[69]

Das bedeutet, dass es sich nachteilig auf das Gehirn und die Fähigkeit zu guten Lebensentscheidungen auswirkt, wenn das Nachdenken in unproduktives Grübeln umschlägt und negative Themen überproportional aufgebläht werden. Wenn dies geschieht, ändert die gesunde, zielgerichtete Introspektion, die das DMN aktiviert, ihre Richtung; wo vorher der Fokus auf Bewältigung und Lösung lag, verschiebt er sich nun zu einer passiven, maladaptiven Sichtweise, was zu Besorgnis, Angst und Depression führen kann.

Dies liefert uns den wissenschaftlichen Beweis, dass wir die in Philipper 4,8 zum Ausdruck gebrachte Denkweise haben müssen: »Und nun, liebe Freunde, lasst mich zum Schluss noch etwas sagen: Konzentriert euch auf das, was wahr und anständig und gerecht ist. Denkt über das nach, was rein und liebenswert und bewunderungswürdig ist, über Dinge, die Auszeichnung und Lob verdienen.« Wenn du diesen ausgezeichneten Ratschlag aus Gottes Wort befolgst, kannst du das Gleichgewicht zwischen dem »Default Mode«-Netzwerk (DMN) und dem »Task Positive«-Netzwerk (TPN) wiederherstellen.

Die sieben verschiedenen Arten des Denkens

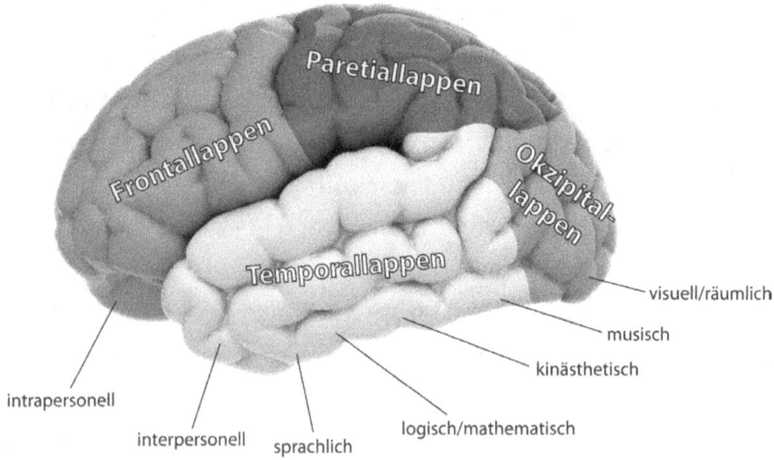

Die gute Nachricht ist, dass dieses Gleichgewicht sehr schnell wiederhergestellt werden kann, wenn man sich dafür entscheidet, introspektiv zu werden und in einer positiven, zielgerichteten Weise nachzudenken.[70] Die Geschwindigkeit, mit der sich die Art und Weise verändert, wie man sich fühlt und funktioniert, liegt nicht nur an der Wiederherstellung des Gleichgewichts zwischen DMN und TPN, sondern auch daran, dass das Gehirn in komplexen Schaltkreisen arbeitet, die mehrere Gehirnstrukturen und -regionen umfassen, sodass ein positiver, kaskadierender Effekt im gesamten Gehirn entsteht. Dies ist abermals die Gnade Gottes in Aktion.

Die Folgen von toxischem Denken

Die durchgehende Botschaft in diesem Buch ist die, dass negatives Denken atypische Reaktionen im Gehirn hervorruft, die zu atypischen Manifestationen führen. Studien haben eindeutig nachgewiesen, dass Menschen mit verschiedenen Formen der Depression in ihrer Vorgeschichte Unterschiede in den Regionen und Schaltkreisen des Gehirns aufweisen, die mit dem Wissen um sozial akzeptables Verhalten (vorderer Temporallappen) und dem Bewusstsein für falsches Verhalten (subgenuale Hirnregion) verbunden sind.[71]

Ihre Gedanken und die von ihnen getroffenen Entscheidungen haben ihr Gehirn auf negative Weise verändert. Anstatt falsches Verhalten als solches zu erkennen, um sich ändern zu können – was positiv ist –, fühlten sie sich schuldig und verurteilt, wodurch sich das Positive ins Negative verkehrte.[72]

Andere Studien, die sich mit Zwangsstörungen[73] und Schizophrenie[74] befassen, weisen wiederum deutliche Veränderungen im Gehirn vom Negativen zum Positiven nach, wenn das Denken unter Kontrolle gebracht wird. Einige Wissenschaftler sagen über solche neuropsychiatrischen Manifestationen sogar, es wirke fast so, als öffnete negatives, toxisches Denken ein Tor, das es negativen Emotionen erlaubt, die Betroffenen zu überwältigen. Und weil der Geist die Materie verändert, verändert dieses negative Denken die Gehirnstruktur.

Patienten mit Schizophrenie zeigen eine verminderte Aktivität zwischen Thalamus und präfrontalem Cortex, was das Gedächtnis und die Verhaltensflexibilität beeinträchtigt. Sie weisen zudem eine Fehlaktivität in den Gehirnbereichen auf, die für Entscheidungsfindung und Emotionen zuständig sind. Aus Studien an Jugendlichen, die erste Anzeichen einer Schizophrenie zeigen, geht hervor, dass diese Bereiche durch toxische Stressreaktionen zunächst hyperaktiv sind, dann geschädigt und schließlich hypoaktiv werden. Wenn wir also unseren Kindern und Jugendlichen nicht helfen, mit Stress umzugehen, verursachen wir möglicherweise Hirnschäden, die wiederum zu ernsteren Problemen führen.[75]

Andere Untersuchungen zeigen, dass Frauen, die Missbrauch erlitten haben, mit sechzig Prozent höherer Wahrscheinlichkeit ein Kind bekommen, das an Autismus leidet. Die Forscher vermuten, dass die lang anhaltenden Auswirkungen des Missbrauchs auf die biologischen Systeme der Frauen, zum Beispiel das Immunsystem und das Stressreaktionssystem, dafür verantwortlich sind, dass die Wahrscheinlichkeit, ein autistisches Kind zu bekommen, zunimmt.[76] Diese Frauen wurden Opfer toxischen Denkens und des dadurch verursachten Stresses – der Missbrauch wird sich daher auch auf die nächste Generation und möglicherweise noch auf drei weitere Generationen auswirken. Aus diesem Grund gibt es Familien, in deren Geschichte Autismus gehäuft vorkommt. Ich erwähne diese Studie, um die Verantwortung zu betonen, die wir alle haben, nicht nur unser eigenes Denken zu korrigieren, sondern auch anderen, insbesondere Opfern von Traumata, dabei zu helfen, ihre Denkweise zu berichtigen.

Schalte dein Gehirn an

Wenn du dich dafür entscheidest, fokussiert und achtsam zu sein und dein DMN und dein TPN auf ausgewogene Weise zu aktivieren, indem du deine Gedanken unter Kontrolle bringst, wirst du wieder in Einklang mit Gott gebracht.

In meinem 21-tägigen Gehirn-Detox-Plan zeige ich dir, wie du mithilfe meines 5-Schritte-Lernprogramms »Der Schalter an deinem Gehirn« deine Aufmerksamkeit auf ein einzelnes Element konzentrieren kannst. Wenn du deine Arbeit unterbrichst, um eine Pause zu machen und dich auszuruhen, ist dies ein perfekter Zeitpunkt, um dich mit dem spirituellen Teil deines Wesens zu verbinden. In diesem Zustand kann dein Verstand zu verstehen beginnen, was dein Geist schon weiß. Du kannst dich dafür in Stellung bringen, vom Heiligen Geist Wahrheit und Wegweisung in deinen Geist gelegt zu bekommen, wenn du »auf den HERRN von ganzem Herzen [vertraust] und dich nicht auf deinen Verstand [verlässt]; erkenne ihn auf all deinen Wegen an, und er wird deine Wege lenken« (Spr 3,5–6).

Indem wir unsere Denkgewohnheiten in Richtung eines disziplinierteren, konzentrierteren und reflektierteren Denkens verändern, können wir ein gesundes neuronales *Gebäude* aufbauen, das besser in der Lage ist, unsere Gedanken einzufangen und mit den vielfältigen Anforderungen der modernen Welt von heute umzugehen. Dein Verstand kann dein Gehirn auf wirkungsvolle und unvermutete Weisen positiv verändern, wenn du deine Aufmerksamkeit bewusst und zielgerichtet steuerst. Die effizienteste Art und Weise, dein Gehirn zu optimieren, ist ein täglicher Schritt-für-Schritt-Prozess – ein Lebensstil, bei dem du dein Gehirn in eine bessere Funktionsweise hineindenkst, sodass es sich zu dem verändert, was *du* dir von ihm erwartest: »Wie jemand in seinem Herzen denkt, so ist er« (siehe Spr 23,7 KJV).

Dein denkender Geist, dein Intellekt, dein Wille und deine Emotionen verändern unablässig dein Gehirn in irgendeiner Weise. Gezielte, disziplinierte und fokussierte Aufmerksamkeit auf die richtigen Dinge ist ein wichtiger Schlüssel, um dein Gehirn anzuschalten.

Kapitel 5: Zusammenfassung

1. Wir haben allerlei koordinierte Netzwerke in unserem Gehirn, die auf organisierte Weise zusammenarbeiten und im nichtbewussten Teil unseres Verstandes ein ständiges, intrinsisches *Geplapper* bilden.
2. Unser Gehirn ist rund um die Uhr auf einem hohen Niveau aktiv. Diese Aktivität bildet das Innenleben des Gehirns, wobei das »Default Mode«-Netzwerk (DMN) dominiert und besonders aktiv wird, wenn der Verstand introspektiv und während einer gezielten Phase der Ruhe oder Inaktivität tief in sich gekehrt ist.
3. Wenn diese Netzwerke richtig funktionieren, gelangen wir in tiefe introspektive und meditative Zustände, die unsere Intelligenz und Gesundheit erhöhen.
4. Während wir zwischen den verschiedenen Netzwerken hin- und herwechseln –beispielsweise beim flexiblen, kreativen Denken –, sind wir in der Lage, zwischen den Gedanken umzuschalten und sie zu erfassen und zu kontrollieren.

5. Wenn wir unsere Ruhe durch Introspektion, Selbstreflexion und Gebet gezielt steuern, wenn wir unsere Gedanken einfangen, wenn wir Bibelverse auswendig lernen und zitieren, wenn wir unseren Verstand intellektuell entwickeln, beschleunigen wir das »Default Mode«-Netzwerk (DMN) und verbessern die Gehirnfunktion sowie die geistige, körperliche und seelische Gesundheit.
6. Das DMN wird durch das »Task Positive«-Netzwerk (TPN) ausgeglichen. Es unterstützt das für die Entscheidungsfindung erforderliche aktive Denken. Je ausgeglichener wir sind, desto mehr Weisheit wenden wir in unserem Denken und in unseren Entscheidungen an. Dieser aktive Schritt des TPN ist notwendig für eine wirksame Veränderung von Geist und Gehirn.
7. Eine Fehlvernetzung der am DMN beteiligten Hirnareale, die zu allerlei Schwankungen im DMN führt, kann sogar eine Rolle bei Störungen spielen, die von Alzheimer bis Schizophrenie reichen.
8. Schädliches, negatives Denken führt zu einer erhöhten Aktivität im DMN, während die Aktivität im TPN abnimmt. Dies führt zu maladaptiven (schlecht angepassten), depressiven Gedankengängen und einer verminderten Fähigkeit zur Lösung von Problemen. Dadurch fühlen wir uns benebelt, verwirrt, negativ und depressiv.
9. Dein Verstand kann dein Gehirn auf wirkungsvolle und unvermutete Weisen positiv verändern, wenn du deine Aufmerksamkeit bewusst und zielgerichtet steuerst.

Kapitel 6

Schluss mit dem Milchshake-Multitasking

Leitvers: *Lieber Freund, achte gut auf meine Worte; stelle deine Ohren auf meine Stimme ein. Behalte meine Botschaft immer im Blick. Konzentriere dich! Lerne sie auswendig! Wer diese Worte entdeckt, lebt – lebt wirklich; Körper und Seele, sie strotzen vor Gesundheit. Achte auf dein Herz; dort nimmt das Leben seinen Anfang. — Sprüche 4,20–23* MSG

Damit verknüpftes Wissenschaftskonzept: Multitasking ist ein Mythos, der sich hartnäckig hält. Richtig macht man es, wenn man sich jeweils nur auf eine Aufgabe voll konzentriert.

Multitasking gehört zu den Plagen des modernen Lebens und verursacht weitere Plagen wie zwanghaftes Zeitmanagement und die sogenannte »Hetzkrankheit«. In Wahrheit ist Multitasking nichts anderes als ein hartnäckiger Mythos. Tatsächlich verlagern wir lediglich unsere Aufmerksamkeit in rascher Folge von Aufgabe zu Aufgabe, was zwei üble Auswirkungen hat: 1) Wir widmen der jeweiligen Tätigkeit, Aufgabe oder Information nicht so viel gezielte Aufmerksamkeit, wie wir sollten, und 2) nehmen wir dabei hin, dass unsere Aufmerksamkeit insgesamt schlechter wird. Ich nenne dies »Milchshake-Multitasking«.

Multitasking ist ein hartnäckiger Mythos

Unsere schlecht fokussierte Aufmerksamkeit und die mangelnde Sorgfalt in unserem Gedankenleben stehen der vorgesehenen Funktionsweise unseres Gehirns genau entgegen, was einen gewissen Grad an Hirnschädigung zur Folge hat. Jede schnelle, unvollständige und achtlose Gedankenverlagerung ist wie das Mixen eines Milchshakes, bestehend aus den eigenen Gehirnzellen und neurochemischen Stoffen. Dieses Milchshake-Multitasking – denn genau das ist es in Wahrheit – erzeugt Muster, die Flüchtigkeit und Konzentrationsmangel erkennen lassen. Diese werden leider viel zu oft fälschlicherweise als ADS und ADHS gewertet und allzu häufig unnötig mit Medikamenten behandelt, wodurch das Problem sich weiter verschärft. Und von dort aus geht es schnell bergab, wenn wir nicht zu unserer von Gott vorgesehenen tiefen geistigen Aufmerksamkeit zurückkehren.

Wie sieht tiefe, bewusst gelenkte geistige Aufmerksamkeit im Vergleich zu Milchshake-Multitasking aus? Die Antwort gibt uns die Bibel in Sprüche 4,20–23 (MSG) vor: »Lieber Freund, achte gut auf meine Worte; stelle deine Ohren auf meine Stimme ein. Behalte meine Botschaft immer im Blick. Konzentriere dich! Lerne sie auswendig! Wer diese Worte entdeckt, lebt – lebt wirklich; Körper und Seele, sie strotzen vor Gesundheit. Achte auf dein Herz; dort nimmt das Leben seinen Anfang.« Es ist sehr interessant, dass jede Zelle des Körpers mit dem Herzen verbunden ist, und das Gehirn steuert das Herz und der Verstand das Gehirn. Was immer wir also denken, wirkt sich auf jede Zelle unseres Körpers aus.

Wir haben im letzten Kapitel gesehen, dass wir zutiefst verstandesbegabte Wesen sind und dazu bestimmt, alle Gedanken unter Kontrolle zu bringen. – Überrascht dich das? Wir sind schließlich nach Gottes Ebenbild geschaffen. Er hat uns dazu bestimmt, die Dinge nacheinander konzentriert und sorgfältig zu durchdenken, indem wir aufmerksam sind, genau zuhören, unseren Blick auf eine Sache gerichtet halten und sie mit unserem Verstand fixieren.

Kein Zeichen zu viel

Unser »Design« steht in unbestreitbarem Kontrast zum allgemeinen Verhaltensmuster des modernen Lebens. Heute stehen das Tweeten auf Twitter, das Teilen und Posten auf Instagram, Facebook und anderen Plattformen so sehr im Mittelpunkt, dass wir vergessen, den Moment zu genießen. Uns wird von sogenannten Social-Media-Experten erklärt, dass Informationen häppchenweise und in einem ständigen Strom neuer Informationen präsentiert werden müssen, der das Verdauen der vorherigen Informationen gar nicht erst zulässt.

Das ist keine Stimulierung, sondern ein Bombardement. Wir sind auf eine bestimmte Zeichenzahl begrenzt worden und süchtig nach dem nächsten Informationsflash. Schüler können nicht mehr entspannt dasitzen und Spaß daran finden, in einem Buch zu schmökern und ihrer Fantasie freien Lauf zu lassen.

Bevor ich einige der erforschten Konsequenzen dieses Milchshake-Multitasking, dessen Dynamik wir ausgesetzt sind, vorstelle, möchte ich dir versichern, dass ich sozialen Medien eine wichtige Rolle in der Gesellschaft, in der Wirtschaft und im persönlichen Leben zuordne. Wenn sie richtig und ausgewogen genutzt werden, sind sie ein phänomenales Kommunikationsmittel. Ich bin voll und ganz für Fortschritt. Doch falsch eingesetzt, wird diese gute Sache zu einer schlechten.

Es geht um Ausgewogenheit

Alles dreht sich um Ausgewogenheit. Unser Gehirn reagiert mit gesunden Mustern, optimalen Vernetzungen und der richtigen Neurochemie, wenn wir gründlich denken. Ganz anders verhält es sich, wenn wir viele verschiedene Informationsschnipsel nur oberflächlich überfliegen. Kolosser 3,15 in der *Amplified Bible* bezeichnet Frieden als »Seelenharmonie«, die von Christus kommt und die als Schiedsrichter fungiert, der uns beim Denken, Wählen, Entscheiden und bei der endgültigen Klärung aller Fragen hilft, die sich in unserem Geist stellen. Milchshake-Multitasking hingegen löst in unserem Gehirn Verwirrung aus und macht Seelenharmonie unmöglich.

Wissenschaftler haben herausgefunden, dass die Zeit, die amerikanische Jugendliche mit Milchshake-Multitasking zubringen, in den letzten zehn Jahren um 120 Prozent gestiegen ist. Laut einem Bericht im *Archives of General Psychiatry* scheint die simultane Exposition gegenüber elektronischen Medien während der Teenagerjahre – wie zum Beispiel das Spielen eines Computerspiels bei gleichzeitigem Fernsehen – mit einem erhöhten Risiko verbunden zu sein, im jungen Erwachsenenalter an Depressionen oder Angststörungen zu leiden. Dies gilt insbesondere für männliche Jugendliche.[77] Wenn man bedenkt, dass junge Menschen durchschnittlich achteinhalb Stunden pro Tag elektronischem Medien-Multitasking ausgesetzt sind, müssen wir rasch etwas ändern.[78]

Social-Media-Nutzer – enthusiastisch oder süchtig?

Eine weitere wichtige Frage, die sich hier stellt, ist die, ob man selbst oder das eigene Kind im Teenageralter von sozialen Medien einfach nur begeistert ist oder bereits Suchtverhalten zeigt. Dies ist ein ernstzunehmendes Problem – so sehr, dass Forscher aus Norwegen ein neues Messverfahren zur Messung einer möglichen Facebook-Sucht entwickelt haben, die sogenannte Facebook-Sucht-Skala der Universität Bergen.[79] Soziale Medien sind in unserem Alltag inzwischen so allgegenwärtig wie Fernsehen und diese Forschung zeigt, dass Social-Media-Multitasking genauso süchtig machen kann wie Drogen, Alkohol und der Missbrauch chemischer Substanzen.

Eine große Anzahl von Freunden und Followern in den Netzwerken der sozialen Medien mag beeindruckend erscheinen, aber laut einem neuen Bericht ist es umso wahrscheinlicher, dass die sozialen Medien eine Quelle von Stress sind, je mehr Gruppen und Kontaktkreisen eine Person angehört.[80] Es kann sich auch nachteilig auf das Konsumverhalten und die Gesundheit auswirken, weil Milchshake-Multitasking klare Denk- und Entscheidungsabläufe stört, was die Selbstkontrolle mindert und zu unüberlegten Impulskäufen und schlechtem Ernährungsverhalten führt. Eine stärkere Nutzung der sozialen Medien, bedingt durch ein großes Freundesnetzwerk, wird mit einem höheren Body-Mass-Index, häufigeren Fressattacken, einer niedrigeren Kreditwürdigkeit und höheren Kreditkartenschulden in Verbindung gebracht – alles verursacht durch einen Mangel an Selbstkontrolle.[81]

Wir können oberflächlich werden

Milchshake-Multitasking verringert unsere Aufmerksamkeit, sodass wir immer weniger in der Lage sind, uns mit unseren Denkgewohnheiten auseinanderzusetzen. Dies öffnet uns für oberflächliche und schwache Einschätzungen und Entscheidungen und führt zu passiver Gedankenlosigkeit. Aufmerksames, bewusstes Denken hingegen führt zu interaktiver Achtsamkeit – der »Seelenharmonie«, wie sie in Kolosser 3,15 (AMP) beschrieben wird. Dies erfordert eine intensive Auseinandersetzung mit der Außenwelt. Wir müssen unser Bewusstsein für unsere Gedanken schärfen und uns die Zeit nehmen, sie zu verstehen und zu reflektieren.

Sehen wir uns einige Studien an, die zeigen, welche Auswirkungen der Übergang von einer Milchshake-Multitasking-Mentalität zu einer tiefgründigen, geistig aktiven Denkweise hat.

Im Jahr 2012 führte eine wissenschaftliche Arbeitsgruppe an der Universität von Washington eine interessante Studie über die Auswirkungen von Meditationstraining auf Multitasking durch. Sie fanden heraus, dass die Probanden der Studie weniger negative Emotionen hatten, länger bei der Sache bleiben und sich besser konzentrieren konnten, fokussierter und organisierter zwischen den Aufgaben wechselten, anstatt planlos zwischen den Aufgaben hin und her zu springen, und ihre Zeit effizienter nutzten.[82] Diese Ergebnisse begeisterten mich, weil ich in meiner eigenen Forschung zu ähnlichen Ergebnissen gelangte.[83]

Meine Forschung

In meiner dokumentierten Forschungsarbeit an Patienten mit Schädel-Hirn-Trauma (SHT) sowie an Schülern und Erwachsenen mit Lernbehinderungen und emotionalen Beeinträchtigungen war ich erstaunt über die Veränderung in den kognitiven und emotionalen Funktionen dieser Personen, sobald sie ein gründlicheres, bewussteres Gedankenmuster anzuwenden begannen. Ich gab jede traditionelle Therapie auf, schulte sie in einer neuen, von mir entwickelten Technik und zeigte ihnen, wie sie diese in ihrem täglichen Leben anwenden konnten. Die Veränderungen waren fast sofort spürbar. Sie zeigten sich in verbesserter Fokussierung, erhöhter Konzentration, besserem Verständnis, schnellerem Umschalten und in einer allgemein erhöhten Fähigkeit gute Leistung zu erbringen. Es fanden sogar positive emotionale Veränderungen statt, insbesondere bei Eigenmotivation und Selbstwertgefühl. Und das war noch nicht alles; mit der Zeit verbesserten sich die kognitiven und emotionalen Funktionen immer weiter. Sobald sie auf den Weg zu gesundem Denken gebracht worden waren, ging es stufenweise nach oben.

In den folgenden zwanzig Jahren habe ich diese positiven Veränderungen bei Tausenden von Patienten und Klienten miterlebt. Diese Arbeit ist das Ergebnis von Gottes Führung, denn als ich diesen Weg einschlug, ging er in die genau entgegengesetzte Richtung zu meiner akademischen Ausbildung. Ich begann instinktiv die Bibel einzusetzen – insbesondere das Buch der Sprüche mit seiner Betonung auf Antrieb und Fokussierung – und verwende sie auch heute noch als Leitfaden und Motivation für meine Forschung über die Wissenschaft des Denkens. Aus dieser Forschung ging mein 5-Schritte-Lernprogramm »Der Schalter an deinem Gehirn« hervor (siehe Teil 2), das Menschen lehrt, wie sie disziplinierte, fokussierte Aufmerksamkeit dazu verwenden können, die Art von Gedankenmustern zu entwickeln, die enorme Vorteile für alle mit Aufmerksamkeit befassten neuronalen Netzwerke hat und uns vor dem Feind der Ablenkung bewahrt.

Als Kommunikationspathologin auf dem Gebiet der kognitiven Neurowissenschaften sah ich, dass die Vorteile des fokussierten Denkens und der disziplinierten Konzentration sich nicht nur auf das Verhalten auswirken. Alles, was du tust und sagst, ist zunächst ein Gedanke in deinem physischen Gehirn. Du denkst und dann handelst du. Das führt zum ursprünglichen Gedanken zurück und verändert ihn und die mit ihm verbundenen Gedanken in einer dynamischen Wechselbeziehung. Wenn dein Denken in die falsche Richtung läuft (wenn es »toxisch« oder »pathologisch« ist, um es mal so richtig wissenschaftlich auszudrücken), dann ist das, was du durch dein Reden und Handeln kommunizierst ebenfalls daneben, und umgekehrt. Wie die Bibel sagt: »Wie jemand in seinem Herzen denkt, so ist er« (siehe Spr 23,7 KJV).

Wissenschaftler weisen den Unterschied nach

Wissenschaftler können den Unterschied zwischen tiefgründigem, geistig aktivem Denken im Vergleich zu Milchshake-Multitasking im Gehirn nachweisen.[84] Achtsames, bewusstes Denken aktiviert den präfrontalen Cortex (direkt über den Augenbrauen) auf positive Weise, was zu erhöhter Konzentration, verminderter Anfälligkeit für Ablenkungen, seltenerem Hin- und Herspringen zwischen Aufgaben, mehr Effizienz bei wechselnden Arbeiten, geringerer emotionaler Unbeständigkeit und insgesamt zu einer gesteigerten Leistung bei der Aufgabenbewältigung führt.

Auch haben Wissenschaftler herausgefunden, dass achtsames, bewusstes Denken die Verbindungen innerhalb und zwischen den Nervennetzwerken verbessert, insbesondere im vorderen Teil des Gehirns und zwischen dem vorderen und dem mittleren Teil des Gehirns.[85] Andere Forscher fanden heraus, wenn eine Person auf einen Reiz reagiert, weisen die Neuronen in der Großhirnrinde, die dieses Objekt repräsentieren, eine erhöhte Aktivität auf.[86] Wir können diese Aktivitätsmuster auch verändern, indem wir unsere Aufmerksamkeit verändern, wodurch die Großhirnrinde neu geordnet wird.

Entschlossenheit ist der Schlüssel

In den 1990er Jahren, als viele Neurowissenschaftler über den bedeutenden Einfluss der Aufmerksamkeit berichteten, sah ich die deutlichsten Veränderungen bei Patienten, die sich bewusst, entschlossen und beharrlich dafür entschieden, ihre Aufmerksamkeit auf die Verbesserung ihrer Fähigkeiten und die Wiederherstellung ihrer Funktionalität zu konzentrieren. Zum Beispiel hatte eine meiner Patientinnen als Jugendliche während der Highschool-Zeit einen Autounfall gehabt, bei dem sie einen extremen Hirnschaden erlitten hatte. Ihr Neurologe und andere Ärzte sagten ihren Eltern, sie sollten sich keine Hoffnungen machen, dass sie jemals den Zustand des bloßen Dahinvegetierens überwinden könne. Selbst als sie wieder in die vierte Klasse kam, sagten die Ärzte, dass dies ihre Leistungsgrenze sei. Zum Glück beschloss sie gemeinsam mit ihrer Familie, nicht auf das zu achten, was man ihnen sagte, sondern sich stattdessen auf ihre eigenen Vorstellungen für ihr Leben zu konzentrieren. Sie war entschlossen, nicht nur die traumatischen Unfallfolgen zu überwinden, sondern auch zu ihren ehemaligen

Schulkameraden aufzuschließen und das Abschlussjahr mit ihnen gemeinsam zu beenden. Konsequent baute sie in ihrem Kopf neue Netzwerke auf, indem sie sich auf die gesteckten Ziele konzentrierte und bestrebt war, diese auch zu verwirklichen.

Sie sprach mit mir über ihre Ziele und ihre Vision, und gemeinsam arbeiteten wir uns in kleinen Schritten konsequent an diese Ziele heran. Es gab Zeiten, in denen sie aufgeben wollte, aber sie rappelte sich immer wieder auf und machte weiter. Die Erfolge waren offensichtlich: Sie holte ihre Altersgenossen nicht nur ein, sondern schloss die zwölfte Klasse auch ab und setzte ihre schulische Ausbildung nach der Highschool fort. Als wir die verschiedenen verhaltens- und neuropsychologischen Tests nach Ende der Therapiezeit durchführten und die Ergebnisse mit ihrer Leistungsfähigkeit vor dem Unfall verglichen, hatte sie nicht nur ihr ursprüngliches Niveau wiederhergestellt, sondern war in ihrer funktionellen Entwicklung weit darüber hinausgegangen.[87]

Was meiner Überzeugung nach mit dieser Patientin geschah, ist in zwei Bibelstellen festgehalten: »Nichts, was sie als machbar ansehen, wäre ihnen noch unmöglich« (1Mo 11,6 AMP) und »Es ist aber der Glaube eine feste Zuversicht auf das, was man hofft, eine Überzeugung von Tatsachen, die man nicht sieht« (Hebr 11,1 SLT). Um positiv über unsere Aussichten nachdenken zu können, müssen wir in der Lage sein, uns selbst in der Zukunft vorzustellen. Unser Gehirn mag den Stempel der Vergangenheit tragen, aber es wird durch unsere Erwartung an die Zukunft neu vernetzt. Wenn wir uns eine positive Zukunft vorstellen, verringert sich der Schmerz der Vergangenheit. Der Glaube motiviert uns, diese Ziele zu verfolgen. Hoffnung führt zu Erwartung, und die lässt in unserem Geist Frieden, begeisterte Spannung und Gesundheit entstehen und erhöht damit die Gesundheit von Gehirn und Körper.

Milchshake-Multitasking *aufzugeben* bringt weitere Vorteile

Ein zusätzlicher Nutzen des gründlichen Denkens ist eine erhöhte Gyrifizierung, was ein hübsches Wort für mehr Hirnwindungen ist. Diese zusätzlichen Falten in der Großhirnrinde lassen uns Informationen rascher verarbeiten, Entscheidungen schneller treffen und helfen, das Gedächtnis zu verbessern.[88] Forscher stellten insbesondere eine verstärkte Faltenbildung auf der Insula fest. Die Inselrinde ist ein erstaunliches Gebilde, das Denken, Emotionen und Selbstregulierung miteinander verknüpft.[89] Diese Studien zeigen erneut, dass die physische Struktur des Gehirns umso stärker verbessert wird, je mehr man ein achtsames, geistig aktives Denkmuster im eigenen Gehirn zum Einsatz bringt. Somit wird klar, dass intensives, bewusstes Denken auch die Teile des Gehirns dramatisch verbessert, die an der Überwachung der Aufmerksamkeit, am Erinnerungsvermögen (dorsolateraler präfrontaler Cortex) und daran beteiligt sind, wie gut wir unsere eigenen Gedanken (Insula) und Gefühle überwachen.[90]

Fazit

Dies sind nur einige der Studien, die uns zeigen, dass positive, physische Veränderungen im Gehirn stattfinden, wenn wir unsere Gedanken disziplinieren. Diese Neugestaltung erlaubt es uns, mehr mit Gottes Denkweise in Einklang zu kommen: »Befiehl dem HERRN deine Werke, und deine *Gedanken* werden zustande kommen« (Spr 16,3 ELB). Dann werden wir auf sinnvolle Weise zwischen Aufgaben wechseln; wir werden unsere Aufmerksamkeit, Gefühle und Gedanken überwachen und auf einem höheren Level funktionieren. Ich finde es großartig, wie jede Anweisung, die Gott uns gibt und die wir auch tatsächlich befolgen, mit einem körperlichen und geistigen Bonus verbunden ist. Man tut, was Gott sagt, und Friede, Wohlbefinden und Intelligenz werden folgen.

Kapitel 6: Zusammenfassung

1. Multitasking ist ein Mythos, der sich hartnäckig hält.
2. Tatsächlich verlagern wir lediglich unsere Aufmerksamkeit in rascher Folge von Aufgabe zu Aufgabe, was zwei üble Auswirkungen hat: 1) Wir widmen der jeweiligen Tätigkeit, Aufgabe oder Information nicht so viel gezielte Aufmerksamkeit, wie wir sollten, und 2) nehmen wir dabei hin, dass unsere Aufmerksamkeit insgesamt schlechter wird. Ich nenne dies »Milchshake-Multitasking«.
3. Dieses Milchshake-Multitasking erzeugt Muster, die Flüchtigkeit und Konzentrationsmangel erkennen lassen. Diese werden leider viel zu oft fälschlicherweise als ADS und ADHS gewertet und allzu häufig unnötig mit Medikamenten behandelt, wodurch das Problem sich weiter verschärft.
4. Das Tweeten auf Twitter, das Teilen und Posten auf Instagram, Facebook und anderen Plattformen gehört zum allgemeinen Verhaltensmuster des heutigen Lebens und steht so sehr im Mittelpunkt, dass wir darüber vergessen, den Moment zu genießen.
5. Sogenannte Social-Media-Experten erklären uns, dass Informationen häppchenweise und in einem ständigen Strom neuer Informationen präsentiert werden müssen, der das Verdauen der vorherigen Informationen gar nicht erst zulässt. Das ist keine Stimulierung, sondern ein Bombardement.

6. Milchshake-Multitasking verringert unsere Aufmerksamkeit, sodass wir immer weniger in der Lage sind, uns mit unseren Denkgewohnheiten auseinanderzusetzen. Dies öffnet uns für oberflächliche und schwache Einschätzungen und Entscheidungen und führt zu passiver Gedankenlosigkeit.
7. Wissenschaftler können den Unterschied zwischen achtsamem, geistig aktivem Denken im Vergleich zu Milchshake-Multitasking im Gehirn nachweisen.
8. Die deutlichsten Veränderungen konnte ich bei Patienten wahrnehmen, die sich bewusst, entschlossen und beharrlich dafür entschieden, ihre Aufmerksamkeit auf die Verbesserung ihrer Fähigkeiten und die Wiederherstellung ihrer Funktionalität zu konzentrieren.

Kapitel 7

Das Denken, Gott und das quantenphysikalische Gehirn

Leitvers: *»Heute stelle ich euch vor die Wahl zwischen Leben und Tod, zwischen Segen und Fluch. Der Himmel und die Erde sind meine Zeugen. Wählt doch das Leben, damit ihr und eure Nachkommen am Leben bleiben!«*
— 5. Mose 30,19

Damit verknüpftes Wissenschaftskonzept: Der Prozess des Denkens und Wählens ist nach Gott die mächtigste Sache im Universum, und sie ist ein phänomenales Geschenk Gottes, das geschätzt und richtig eingesetzt werden muss. Die grundlegenden Bestandteile der Quantenphysik sind: Aufmerksamkeit, Denken und Wählen sowie Konsequenz.

Wie wir in den vorhergehenden Kapiteln erkundet haben, verändert unsere Verstandesaktivität – die von der Kraft der Gefühle angetriebenen Gedanken – die Architektur unseres Gehirns. Denken und Wählen spielen eine zentrale Rolle in der Frage, zu welcher Art von Geschöpf Gott uns gemacht hat. Bei der Verknüpfung des Denkens und Wählens mit der Wissenschaft erweist sich die Quantentheorie als ein wichtiger Akteur.

Der Prozess des Denkens und Wählens ist nach Gott die mächtigste Sache im Universum, und sie ist ein phänomenales Geschenk Gottes, das geschätzt und richtig eingesetzt werden muss.

Drei verschiedene Welten

Es gibt die Sinneswelt unserer fünf Sinne; es gibt die Welt des Elektromagnetismus und des Atoms; und dann gibt es die subatomare Quantenwelt. Diese Quantenwelt stellte die Vorstellung der Physiker von linearer Zeit, geordnetem Raum und festen Realitäten in Frage und die cartesianisch-newtonsche Welt, die den Menschen als Maschine mit austauschbaren Teilen sieht, auf den Kopf.

Das ist ganz nach Gottes Art: Gerade wenn die Menschen denken, sie seien superklug und wüssten genau Bescheid, fließen eine Menge neuer Informationen in die Gleichung ein und verändern alles. Mit den Worten von Max Planck, dem deutschen theoretischen Physiker, der 1918 als Begründer der Quantentheorie den Nobelpreis für Physik erhielt: »Die Wissenschaft schreitet mit einer Beerdigung nach der anderen voran.«[91]

Die Quantenphysik ist eine weitere Möglichkeit, Gott zu bewundern

Mit Hilfe der *Quantenphysik* lässt sich erklären, wie die Elemente, aus denen die Atome bestehen, zusammenwirken, und sie zeigt, wie die kleinsten Dinge in der Natur funktionieren. *Quantum* bedeutet »Energie«, und die Quantenphysik verrät uns, wie elektromagnetische Wellen – beispielsweise Lichtwellen – und Teilchen funktionieren. Die *Quantenmechanik* ist der mathematische Rahmen, der zur Beschreibung dieser Energie und ihrer Funktionsweise verwendet wird.

Durch die Quantenphysik können Wissenschaftler beschreiben, vorhersagen und quantifizieren, wie wir aus einer Vielzahl von Optionen eine Wahl treffen. Dies ist eine Möglichkeit, den freien Willen zu *messen* oder ihn mit einer mathematischen Formel zu beschreiben. Im Wesentlichen sagt die Quantenphysik, dass

- das Bewusstsein das Verhalten von subatomaren Teilchen beeinflusst;
- die Teilchen sich in der Zeit vorwärts und rückwärts bewegen und an allen möglichen Orten gleichzeitig erscheinen;
- das Universum über Informationsübertragungen verbunden ist, die schneller als das Licht sind.

Die Quantenphysik steht im Einklang mit der Bibel

Die Quantentheorie wandelt die Vorstellung der Wissenschaft vom Menschen als bloßes Rädchen in einer gigantischen mechanischen Maschine und lässt ihn als freidenkendes handelndes Wesen erkennen, dessen bewusste Entscheidungen die physische Welt beeinflussen.[92] Dies wird als *Beobachtereffekt* bezeichnet: Der Beobachter gibt vor, in welche Richtung die Möglichkeiten kollabieren dürfen (so nennt man das Zusammenbrechen der Wellenfunktion bzw. Zustandsreduktion in der Quantenmechanik). Im Quantenuniversum machen wir – die Beobachter –, indem wir das beobachtete Phänomen, den Raum und die Zeit beeinflussen, aus Möglichkeiten Realitäten. Der denkende Geist verändert die Materie.

Hier ist eine einfache Möglichkeit, diesen Beobachtereffekt zu verstehen. Jeden Tag, wenn du durch die Ereignisse und Umstände des Lebens gehst, wirst du mit einer Vielzahl von Möglichkeiten konfrontiert, aus denen du wählen kannst, beispielsweise was du morgens anziehen willst oder wie du auf die soeben erhaltene E-Mail reagieren wirst. Es gibt eine endlose Reihe von möglichen Entscheidungen, die du zu jedem Zeitpunkt treffen kannst, aber du bist es, der mit seiner Fähigkeit zu denken, die Wahl in eine bestimmte Richtung lenkt. Du lässt also alle Wahrscheinlichkeiten kollabieren, indem du sie auf eine einzige Auswahl reduzierst: »Eier zum Frühstück«, »Ich werde mich nicht über den Ton dieser E-Mail ärgern« oder »Ich werde heute nicht ›*Ich kann das nicht*‹ sagen«. Indem du dich entscheidest, wandelst du eine Wahrscheinlichkeit in eine Tatsache um. Satan, der Vater der Lüge (Joh 8,44), wird mit tausend negativen Wahrscheinlichkeiten auf dich losgehen, aber du musst immer daran denken, dass eine Wahrscheinlichkeit keine Macht hat. Sie wird nur dann wirksam, wenn man der Lüge glaubt und die Wahrscheinlichkeit zu einer Realität verdichtet. So wird das Böse geboren.

Der freie Wille – ein Grundbestandteil der Quantenphysik

Die Quantenphysik hat als grundlegende Bestandteile den freien Willen, die zielgerichtete Aufmerksamkeit als Ergebnis einer getroffenen Wahl sowie die Auswirkungen und Konsequenzen dieser gewählten Optionen. Zum Beispiel heißt es in Sprüche 4,20–27, dass wir, wenn wir unsere Aufmerksamkeit auf das Wort Gottes richten, unser Denken und unsere nachfolgenden Entscheidungen auf Gott ausrichten und das Ergebnis Heilung und Gesundheit sein wird.

So wird eine bewusste Handlung – wie die Entscheidung, auf Gottes Worte zu achten, ihnen gut zuzuhören und sie zu verinnerlichen – die Wirkung von Gesundheit für dein ganzes Fleisch erzeugen. Der Vers in 5. Mose 30,19 kann auf die gleiche Weise bewertet werden: »Heute stelle ich euch vor die Wahl zwischen Leben und Tod, zwischen Segen und Fluch« – die Optionen. »Wählt doch das Leben« – du bewertest bewusst die Optionen und wählst deine Reaktion: »damit ihr und eure Nachkommen am Leben bleiben!« – was die Konsequenz deiner bewussten Wahl ist.

Wenden wir nun die Grundbestandteile der Quantenphysik an: Aufmerksamkeit, Denken und Wählen sowie die Konsequenz.

1. **Information**: Du erhältst einen Anruf aus der Praxis deines Arztes. Man teilt dir mit, dass die Ergebnisse deines Bluttests vorliegen, und bittet dich um schnellstmöglichen Rückruf.
2. **Gedanken**: Eine Vielzahl von Gedanken wirbeln in deinem Kopf herum. Option eins ist Angst: »Sie sagten ›schnellstmöglich‹. Bedeutet das eine schlechte Nachricht? Was, wenn ich …« Und weiter geht es, bis hin zur Zusammenstellung der Liederliste für deine Beerdigung. Option zwei ist Verleugnung: »Das ist reine Routine; ich rufe an, wenn ich Zeit habe.« Option drei ist Vertrauen: »Ich vertraue darauf, dass es um eine gute Nachricht geht. Ich lasse mich von einem ärztlichen Befund nicht erschüttern.«
3. **Wahl**: Du entscheidest dich für eine Option. Wenn du zum Beispiel Angst wählst, reagiert dein Gehirn, indem es den Gedanken »Ich bin krank« fest verdrahtet, und du lebst dich dann in dieser Vorstellung ein.
4. **Konsequenz**: Du fühlst dich plötzlich krank und bist sicher, dass du sterben wirst.
5. **Neue Konsequenz**: Du rufst den Arzt an; deine Ergebnisse sind ohne Befund; und plötzlich fühlst du dich wieder wohl (und vielleicht auch ein wenig dumm).

Dein Gehirn wird also zu dem, worauf du dich konzentriert hast (der Körper führt den Willen des Geistes und der Seele aus), und dein umgestaltetes Gehirn gibt vor, was du sagst und tust und wie du dich körperlich und seelisch fühlst.[93]

Die Ur-Definition

Die Quantenphysik kennt mehrere Definitionen, aber die ursprüngliche Kopenhagener Formulierung der Quantentheorie von Niehls Bohr an der Universität Kopenhagen aus dem Jahr 1927 gilt als die älteste aller Definitionen.[94] Sie besagt, dass die freien Entscheidungen, die von menschlichen Subjekten getroffen werden, eine subjektiv kontrollierbare Variable sind, was einfach bedeutet, dass man die eigenen Entscheidungen kontrolliert. Mit Hilfe der Quantenmechanik lässt sich nachweisen, dass der Vorgang des Denkens und Wählens real und messbar ist.[95] Die Art und Weise, wie du deine Gefühle wahrnimmst, wie du mit deinen Gedanken umgehst, und welche Art von Aufmerksamkeit du ihnen schenkst, wird die Funktionsweise deines Gehirns verändern.

Wenn du dieses Prinzip anwendest, kannst du dich von destruktiven Gedanken und Handlungen befreien und schlechte Gewohnheiten zum Guten wenden.

Der Quanten-Zeno-Effekt

Ich liebe die Quantenphysik, aber das quantenphysikalische Prinzip, das wirklich meine Aufmerksamkeit erregt hat, heißt Quanten-Zeno-Effekt (QZE). Der QZE besteht in wiederholter Anstrengung, die ein Lernen bewirkt. Wenn man etwas immer und immer wieder liest, darüber nachdenkt, es aufschreibt und dann diesen Prozess wiederholt, vertieft man das eigene Wissen und Verständnis, steuert die Aufmerksamkeit und lässt Nervenzellen wachsen. Die Neuronen in deinem Gehirn richten sich aus und feuern gemeinsam auf die Synapsen. Die so immer wieder befeuerten Synapsen lösen die Genexpression aus, was die Synapsen und Proteine stärkt. Die Veränderungen in deinem Gehirn, die durch diese intensive, wiederholte, gedanklich gezielte Fokussierung verursacht werden, können mit bildgebenden Verfahren im Gehirn sichtbar gemacht werden.[96]

Im Grunde legt der QZE fest, dass dein Gehirn sich analog zu dem entwickelt, *worauf* du dich konzentrierst. Maßgeblich ist dabei auch, *wie* du dich konzentrierst. Die Folge ist somit eine strukturelle Veränderung im Gehirn, die wiederum ein bestimmtes Verhalten erzeugt, weil wir von dem gesteuert werden, was wir in unser Gehirn eingebaut haben. Die Entscheidung, gezielt auf das zu achten, was du über deine fünf Sinne aufnimmst, und dich darauf zu konzentrieren, wirkt sich auf die physische Struktur deines Gehirns aus und verstärkt die Aktivität in bestimmten Hirnkreisläufen.

In meiner Forschung und klinischen Praxis habe ich Lehrer und Schüler darin geschult, ihre Aufmerksamkeit auf eine systematische, organisierte und logische Weise zu steuern, die der Art und Weise folgt, wie das Gehirn Gedanken aufbaut. Dazu gehörte, die relevanten Informationen zu sammeln, sie wieder und wieder zu lesen und über sie nachzudenken, sie aufzuschreiben, alles noch einmal auf Korrektheit zu überprüfen, sie laut zu formulieren und sie dann anzuwenden. Ich nenne dies mein 5-Schritte-Lernprogramm »Der Schalter an deinem Gehirn«. In meiner Doktorarbeit folgte meine Kontrollgruppe dem althergebrachten akademischen Ansatz der Schule, der grundlegende Lerntechniken bei der Vermittlung von Wissen und einen traditionellen Lehr- und Lernansatz vorsah. Nachdem ich meine »Schalte dein Gehirn an«-Methode einer Gruppe von Lernenden vorgestellt hatte, verbesserte sich deren akademische Entwicklung erheblich. Die Ergebnisse zeigten eine 35- bis 70-prozentige Verbesserung der metakognitiven und kognitiven Leistung, gemessen an den Lernergebnissen in vier Fächern: Englisch, Mathe, Geschichte und Naturwissenschaften.[97] Diese Schüler hatten die Einstellung entwickelt, dass Beharrlichkeit und harte Arbeit zu einer Verbesserung des Endergebnisses führen würden und dass diese Veränderung erreicht werden könnte, indem sie sich der Herausforderung stellten und ihr Denken erweiterten. In ihren Sitzungen mit mir lernten sie die Wissenschaft dahinter kennen und brachten das Erlernte in ihren jeweiligen Fächern zur Anwendung – und die Ergebnisse sprachen für sich. Im Wesentlichen war dies der Quanten-Zeno-Effekt in Aktion, den ich auch wiederholt in meinen anderen Forschungen, im Leben meiner Patienten, meiner Kinder und sogar in meinem eigenen Leben beobachten konnte. Ich habe erfolgreich mit Klienten gearbeitet, die erst 3 Jahre alt waren und auch mit solchen, die bereits 78 Jahre alt waren – in einem Fall ein Pilot, der den Beruf wechseln und Wirtschaftsprüfer werden wollte.

Zu dem, was ich diesen Schülern in ihrer ersten Sitzung beibrachte, gehörte auch das Verständnis, dass sich die Intelligenz ständig weiterentwickelt, sodass sie so intelligent werden könnten, wie sie es sich wünschten, je nachdem, wie sehr sie ihr Gehirn beanspruchten. Ein Teil dieser Sitzung bestand aus einer grundlegenden Einführung in die Funktionsweise des Gehirns beim Lernen und beim Aufbau des Gedächtnisses, einschließlich des Konzepts der Neuroplastizität. Ich erläuterte ihnen als wichtige Tatsache, dass sie die Entwicklung ihres Gehirns *selbst kontrollieren* könnten und durch harte Arbeit und einen höheren Anspruch an die eigene Person das Gehirn bei der vermehrten Bildung neuer Hirnzellen unterstützen würden. Ihre Motivation und der Enthusiasmus, mit dem sie Verantwortung für ihr eigenes Lernen übernehmen wollten, waren unglaublich.

Dr. Carol Dweck, eine Forschungspsychologin an der Stanford University, kam zu ähnlichen Ergebnissen. Sie fand heraus, dass Studenten, die glaubten, dass die Intelligenz wachsen kann, höhere Punktzahlen in Mathematik erreichten. Diejenigen, die glaubten, die Intelligenz sei festgelegt, erlebten eine Verschlechterung ihrer Matheergebnisse. Sie verglich daraufhin eine Gruppe von Studenten, die in grundlegenden Lerntechniken geschult war, mit einer anderen Gruppe, die über das Wachstum des Gehirns als Reaktion auf neues Wissen und Herausforderungen informiert worden war. Am Ende des Semesters hatten diejenigen, die den »Mini-Neurowissenschaftsansatz« wählten, signifikant bessere Mathenoten als die andere Gruppe.[98]

Das Gesetz der Quantenverschränkung

Das *Gesetz der Verschränkung* in der Quantenphysik besagt, dass Beziehung das bestimmende Merkmal von allem in Raum und Zeit Befindlichen ist. Aufgrund der alles durchdringenden Beschaffenheit der Verschränkung von Atomteilchen ist diese Beziehung entfernungsunabhängig und bedarf keiner physischen Verbindung. Alles und jeder ist miteinander verbunden, und wir alle beeinflussen uns gegenseitig.

Das Gesetz der Verschränkung hat einen biblischen Bezug: »So sind auch wir, die vielen, ein Leib in Christus, und als einzelne untereinander Glieder« (Röm 12,5 SLT). Wenn du nicht das tust, wozu Gott dich auf diese Erde gestellt hat – in Erfüllung deiner göttlichen Bestimmung (siehe Pred 3,11) –, beeinflusst du damit mein Leben, auch wenn du mich nicht kennst. Wir alle sind Teil von Gott, daher ist diese Verbundenheit nicht überraschend. Deine Absichten, deine Gebete und deine Worte gegenüber anderen werden aufgrund dieses Gesetzes Auswirkungen haben. Wir sehen das in der Bibel: »Das Gebet eines gerechten Menschen hat große Macht und kann viel bewirken« (Jak 5,16). Tatsächlich sind wir so miteinander verschränkt, dass unsere Absichten nicht nur unsere eigenen DNA-Moleküle, sondern auch die DNA-Moleküle anderer verändern. In einem genialen Experiment der Heart-Math Foundation fand man heraus, dass echte positive Emotionen, wie sie sich in einem Messwert namens »Herzfrequenzvariabilität« widerspiegeln, die bewusst auf eine andere Person gerichtet werden, tatsächlich die Art und Weise verändern, wie der Doppelhelix-DNA-Strang sich auf- und abwickelt. Und das gilt sowohl für positive als auch für negative Emotionen und Absichten.[99] Andere Forschungen zeigen, dass selbst dreißig Sekunden einer gezielten, tiefempfundenen Entschlossenheit pro Tag sich in der Summe nicht nur verändernd auf den eigenen Lebensverlauf auswirken, sondern auch das Leben anderer in dieser und in mindestens drei weiteren Generationen beeinflussen.[100]

Sieh dir die Geschichte der Frau in Matthäus 9,20–22 an, die zwölf Jahre lang unter Blutungen litt. Sie sehnte sich so verzweifelt nach ihrer Heilung, dass sie, als sie von dem Mann namens Jesus hörte, der heilt, mit jedem Stückchen Information, das sie erhielt, ihre Absichten gezielt auszurichten begann. Dadurch baute sie in ihrem Verstand einen physischen Gedanken an ihre Heilung auf, den sie in ihrem Herzen glaubte – womit sie 1. Mose 11,6 und Hebräer 11,1 zur Anwendung brachte. Auf diese Weise entwickelte sie ihren Glauben und richtete sich auf die heilende Kraft Gottes aus. Dabei baute sie einen Grundgedanken auf (Spr 23,7 KJV) und handelte danach, um ihre Heilung zu empfangen. Sie ließ alle anderen Wahrscheinlichkeiten kollabieren, als sie sie auf eine einzige reduzierte, die besagte: »Ich werde geheilt, wenn ich nur den Saum seines Gewandes berühre.« Darüber hinaus wurde ihre Verschränkung mit Gott (Kol 1,16) aktiviert, indem sie sich dafür entschied, in ihrem Herzen zu glauben und mit ihrem Mund zu bekennen. An diesem Tag gab es keine kognitive Dissonanz in ihr, was bedeutet, dass sie nicht das eine dachte, jedoch etwas anderes bekannte. Die Wissenschaft zeigt, welche Schönheit darin liegt, wenn wir uns an Gott ausrichten. Die Wissenschaft ist ein Weg für Gott, uns zu zeigen, dass wir Teil von ihm sind, und wenn wir seine Verordnungen befolgen, ernten wir den Nutzen daraus.

Ich glaube aufrichtig daran, dass wir durch Einsatz unserer Intelligenz, die entwickelt und trainiert werden kann, erstaunlich gut darin werden können, zu verstehen, wie wir die Gegenwart Gottes erfahren können. Ich persönlich habe einen Punkt erreicht, an dem die Wissenschaft meine Beziehung zu Gott auf eine ganz neue Ebene gebracht hat. Er ist sehr real und sehr persönlich geworden. Die Wissenschaft lässt uns erkennen, wie viel Mühe er sich gegeben hat, um sich uns auf jede erdenkliche Weise zu zeigen.

Wir sind mit den Leben der anderen verwoben, und das spiegelt sich in der Struktur des Gehirns wider. Wir haben »Spiegelneuronen«, die aktiviert werden, wenn wir jemanden dabei beobachten, wie er lacht oder weint oder eine Tasse Kaffee trinkt. Giacomo Rizzolatti und sein Team entdeckten 1995 als erste diese Spiegelneuronen,[101] durch die wir messbare Signale im Gehirn auslösen, ohne dazu tatsächlich unsere fünf Sinne im normalen sensorisch-kognitiven Zyklus benutzt zu haben. Empathie ist die wunderbare, von Gott gegebene Fähigkeit, sich mit den inneren Erfahrungen eines anderen Menschen zu identifizieren und sie indirekt nachempfinden zu können, wodurch die Kommunikation aufrichtiger und hilfreicher wird.[102] Wenn wir uns einfühlen, arbeiten neben den winzigen, wundersamen Spiegelneuronen viele verschiedene Regionen des Gehirns zusammen. Wir haben die feste Anlage in uns, intensives Mitgefühl für andere empfinden zu können, und dieses Mitgefühl durchkreuzt alle drei Welten: die sensorische, die elektromagnetische und die Quantenwelt.

Partikel verhalten sich auf bizarre Weise – auch deshalb funktioniert Gebet

Die Quantentheorie nennt die Verschränkung von Teilchen »bizarres Verhalten« – wenn beispielsweise zwei verschränkte Teilchen sich auch bei großem räumlichem Abstand voneinander wie ein einziges verhalten. Physiker bezeichnen ein solches Verhalten als *nicht-lokales* Verhalten, was bedeutet, dass es physikalisch unmöglich ist, die Position und den Impuls eines Teilchens gleichzeitig zu kennen. Man kann dies auch so ausdrücken: Es gibt keine Raum-Zeit-Dimension.

Wir wissen, dass Gott außerhalb von Raum und Zeit agiert. Und wir wissen, dass auch das Gebet auf diese Weise wirkt. Es gibt viele Geschichten von Menschen, die auf verschiedenen Seiten des Planeten füreinander beten und die Wirkung des Gebets erleben. Tatsächlich gibt es zusätzlich zu den Millionen von Zeugnissen von Christen rund um den Globus viele dokumentierte Studien in der Welt der Neurowissenschaften über die Auswirkungen des Gebets.

In einem innovativen Experiment wurde gezeigt, dass wir in der Lage sind, Geist und Gehirn gegenseitig zu beeinflussen, selbst wenn die sensorischen Signale (die fünf Sinne), die elektromagnetischen Signale, die Spiegelneuronen und die Aktivität der Insula allesamt ausgeschaltet werden. Diese Wirkung war nur bei

Meditierenden hervorzurufen, die eine Beziehung zueinander aufgebaut hatten, nicht bei denjenigen in der Kontrollgruppe, die keine Beziehung hatten. In dem Experiment ließen die Forscher zwei Personen nebeneinander in einem elektromagnetisch abgeschirmten Raum, einem sogenannten »Faradayschen Käfig«, meditieren. Dann teilten sie sie auf zwei separate Faradaykäfige auf, und während die Personen weiter meditierten, leuchteten die Forscher einem der Meditierenden ins Auge. Der Teil des Gehirns, der im Gehirn dieser Person aufleuchtete, leuchtete auch im Gehirn des anderen Meditierenden, obwohl es keine sensorische oder elektromagnetische Verbindung gab.[103]

Die klassische Physik sagt, dass dies nur funktionieren könnte, wenn es eine vorherige Übereinkunft gäbe – so etwas wie: »Wenn dies geschieht, dann wird das geschehen.« Das Konzept der fehlenden Raum-Zeit-Dimension scheint also gegen unseren Sinn für Ursache und Wirkung in Raum und Zeit zu verstoßen. Wenn zum Beispiel jemand am Herzen operiert werden muss, dann wird eine Herzoperation durchgeführt, die entweder erfolgreich ist oder nicht. Eine Studie zeigte jedoch, dass ältere Menschen, die sich einer Herzoperation unterzogen und dabei geistliche Unterstützung in Form von Gebet oder persönlichem Beistand erhielten, eine Sterblichkeitsrate aufwiesen, die rund 85 Prozent niedriger lag als die von Personen, die diese Art von Unterstützung nicht hatten.[104] Andere Forscher fanden heraus, dass regelmäßige Kirchgänger, die einen stärkeren Glauben haben, mit geringerer Wahrscheinlichkeit vorzeitig sterben und insgesamt in einem besseren gesundheitlichen Zustand sind.[105] Es gibt über *zwölfhundert* Studien, die bewusstes Gebet mit allgemeiner Gesundheit und Langlebigkeit in Verbindung bringen.[106] Metaanalysen, veröffentlicht in verschiedenen medizinischen Fachzeitschriften, konnten anhand der zusammengeführten Ergebnisse belegen, dass bewusstes Gebet die Heilung signifikant beeinflusst.[107] Dr. David Levy, ein praktizierender Neurochirurg in Kalifornien, betet für seine Patienten, bevor er sie operiert, und erzielt dabei erstaunliche Ergebnisse. Die Mehrzahl seiner Patienten nimmt das Gebet gerne an, weil es ihnen zeigt, dass er intensiver um ihre Gesundheit und um sie als Person bemüht ist als ein Arzt, der mit seinen Patienten nicht über geistliche Dinge spricht.[108]

Mir gefällt, was Dr. Levy darüber sagt, wie er an die für seine Patienten oft lebensbedrohlichen und beängstigenden Gehirnoperationen herangeht:

> *Ich bin seit vielen Jahren in diesem Beruf tätig und bin mit den meisten neuen Therapien, Medizinprodukten und Medikamenten, die auf den Markt kommen, bestens vertraut. Viele von ihnen sind genial, und ich setze sie regelmäßig in meiner Praxis ein. Ich habe mehrere Unternehmen beraten, die bessere Geräte entwickeln wollten, und bin um die Welt gereist, um anderen deren Anwendung beizubringen. Ich bewundere und bin dankbar für die moderne Medizintechnik. Doch obwohl Technologie ein Leben verlängern oder Schmerzen lindern kann, vermag sie das Leben nicht immer besser zu machen. Meine Erfahrungen haben mich davon überzeugt, dass Spiritualität ein entscheidendes Element für das Wohlergehen einer Person im Ganzen ist; außerdem kann Gott, wenn wir es zulassen, gewaltige, übernatürliche Dinge in unserem täglichen Leben tun. Deshalb begann ich, Gott zu meinen Beratungen, Untersuchungen und Operationen einzuladen. Viele wären überrascht, dass ein Neurochirurg – ein Mann der Wissenschaft, der Logik und des menschlichen Fortschritts – so stark an Gott und göttliches Eingreifen glaubt. Doch das, was ich erlebt habe, ist geradezu phänomenal.*[109]

Dieses zuvor erwähnte Experiment zeigt, wie wir uns gegenseitig durch unsere Absichten und Gebete beeinflussen. Mit unseren Gebeten üben wir Einfluss aufeinander aus, allerdings tun wir das auch durch die negativen Worte, mit denen wir über Menschen sprechen, zu denen wir in Beziehung stehen. Bei allem dürfen wir aber nicht vergessen: »Ein ungerechtfertigter Fluch wird sein Opfer nicht treffen« (siehe Spr 26,2).

Materie wird in immer kleinere Bausteine zerlegt

Wir sind von Molekülen zu Atomen, Quarks, Leptonen und Bosonen gelangt; und jetzt schlagen Physiker ein neues Konzept namens *Präonen* vor – womit winzige Partikel der Quarks gemeint sind. Physiker haben auch die Stringtheorie entwickelt, die besagt, dass die fundamentalen Bausteine der Materie aus winzigen, schwingenden Fäden bestehen, den sogenannten Strings, die noch kleiner als die Präonen sind. Ein Wissenschaftler beschreibt Präonen sogar als »Quanten-Zöpfe« aus verdrillter Raumzeit.[110] Falls es Präonen gibt (und ich glaube, es gibt sie), dann sind sie unvorstellbar klein und müssten in ein Quark hineinpassen, das mit einer Größe von Null das kleinste bekannte Teilchen der Materie ist, und die Strings sind noch kleiner.[111]

Gedanken bewegen sich schneller als mit Lichtgeschwindigkeit

Es wurde beobachtet, dass Elektronen von einem Orbit in einen anderen springen, ohne den dazwischenliegenden Raum zu durchqueren und ohne dass Zeit verstrichen wäre.

Wissenschaftler sagen, dass sich unsere Gedankensignale ebenfalls schneller als mit Lichtgeschwindigkeit und auf eine Weise zu bewegen scheinen, die die klassische Physik nicht erklären kann. Wie aber lässt sich die Wirkung erklären, die wir aufeinander haben, sodass jemand mit einer negativen Einstellung unsere Gefühle beeinflussen kann?

Erinnerst du dich an die Spiegelneuronen im Gehirn, über die ich eben schon einmal gesprochen habe, die die Emotionen des anderen spiegeln und so Empathie möglich machen? Diese Signale, die zwischen uns ausgetauscht werden, bestehen aus Energie, die sich – zum jetzigen Zeitpunkt jedenfalls – quantenphysikalisch erklären lässt.

Ein kurzer Blick in die geistige Welt

Diese Beobachtungen geben uns auch einen Einblick in die geistige Seite der Welt, die jenseits von Zeit und Raum liegt. Es könnte erklären, wie Jesus nach seiner Auferstehung zwei Personen auf der Straße nach Emmaus erscheinen konnte und später am Abend, als sie erkannten, wer er war, plötzlich wieder verschwand (Lk 24,31).

Ein paar Verse weiter im Lukasevangelium erscheint Jesus plötzlich inmitten der Jünger, wobei sie ihn für einen Geist halten (Lk 24,36–46). Genauso plötzlich verschwindet Philippus später nach der Taufe des Äthiopiers (Apg 8,28–40). All dies sind Rätsel, auf deren Lösung die Quantenphysik Hinweise gibt. Es scheint, als würde Gott uns durch solche wunderschönen und faszinierenden Konzepte mit einbeziehen wollen, um uns so diese Geheimnisse erklären zu können.

Unvorhersehbarkeit ist die Norm

Unvorhersehbarkeit ist die Norm, weshalb Glaube erforderlich ist, denn »ohne Glaube ist es unmöglich, Gott zu gefallen« (siehe Hebr 11,6). Wir sehen dieses Konzept in der *Heisenbergschen Unschärferelation*, die eine radikale Abkehr von der klassischen Physik darstellt, indem sie dogmatische Gewissheit durch Mehrdeutigkeit ersetzt.

So wird der Mensch beispielsweise als Beobachter außerhalb des Systems gesehen,[112] der eine unvorhersehbare Wirkung ausübt. Und es sind nicht nur Menschen, die unberechenbar sind. Die Unvorhersehbarkeit reicht bis hinunter auf die Ebene der Elektronen und Photonen des Lichts, die nicht gleichzeitig einen genau bestimmbaren Impuls oder eine eindeutige Position haben können; Teilchen sind weder Teilchen noch Wellen, weil sie beides sind. Und was die Quarks, Bosonen und jetzt auch die Präonen und Strings betrifft, so sind sie einfach überall verteilt.

Mathematische Vorhersagen der Quantenphysik zeigen die Unvorhersehbarkeit auf

Man kann versuchen, Unbestimmbares mathematisch vorherzusagen. (Klingt seltsam, nicht wahr?) Bei der mathematischen Vorhersage in der Quantenphysik geht es darum, diese Unsicherheiten mathematisch darzustellen, die im Grunde das Argument des freien Willens untermauern.[113] Aber du wirst nie hundertprozentig genau vorhersagen können, was eine andere Person denkt – auch nicht bei jemandem, den du sehr gut kennst.

Dies ist ein gottverordnetes Prinzip, aus dem klar hervorgeht, dass kein Mensch die Gedanken eines anderen Menschen kennt.

Sie sind nur der Person selbst und Gott bekannt. »Niemand weiß, was ein Mensch wirklich denkt, außer der Geist des Menschen selbst, der in ihm ist; und niemand kann Gottes Gedanken erkennen, außer der Geist Gottes« (1Kor 2,11).

Das morgige Wetter, was dein Freund sagen wird, was du um diese Zeit in einer Woche tun wirst, eigentlich jeder Aspekt des in der Zukunft liegenden Lebens – all das folgt der Heisenbergschen Unschärferelation. Dieses Prinzip lässt uns zwei Möglichkeiten: Glaube oder Angst. Ich weiß nicht, wofür du dich entscheiden wirst, aber ich hoffe natürlich, dass es der Glaube sein wird. Warum sich über morgen Sorgen machen? Dein himmlischer Vater weiß, was du brauchst (siehe Mt 6,25–33).

Es geht darum, darauf zu vertrauen, dass Gott so ist, wie er es sagt

Heisenbergs Unschärfeprinzip ist ein Albtraum für klassische Physiker und alle, die versuchen, Gott und den freien Willen wegzuerklären. Einstein, der sich nie mit diesem Zufallsaspekt der Natur anfreunden konnte, sprach bekanntlich den Satz aus: »Der Alte würfelt nicht«, wobei er mit »der Alte« Gott meinte. Nun, Gott würfelt nicht; er sagt uns lediglich, dass wir ihm vertrauen und aufhören sollen, alles kontrollieren zu wollen. Dies ist ein herber Rückschlag für all diejenigen, die der Auffassung sind, die Zukunft ließe sich genau vorhersagen. Man kann die Vorhaben Gottes nicht ergründen (Ps 145,3; Pred 3,1; Röm 11,33).

Einstein hat es einfach aus dem falschen Blickwinkel betrachtet. Den richtigen Ansatz findet man in der Bibel: »Vertraue von ganzem Herzen auf den Herrn und verlass dich nicht auf deinen Verstand. Denke an ihn, was immer du tust, dann wird er dir den richtigen Weg zeigen« (Spr 3,5–6) und »Viele Pläne fasst das Herz des Menschen, doch nur der Ratschluss des HERRN hat Bestand« (Spr 19,21 EÜ).

Der amerikanische Physiker Don Lincoln, ein bahnbrechender Forscher der Teilchenphysik am Fermi National Accelerator Laboratory, fasst sehr prägnant und klar zusammen, was Gott meiner Überzeugung nach in der Wissenschaft tut:

> *Wir können uns mit Leichtigkeit durch die Luft bewegen, aber nicht durch eine Wand. Die Sonne wandelt ein Element in ein anderes um und taucht unseren Planeten in Wärme und Licht. Radiowellen haben die Stimme des Menschen von der Mondoberfläche zur Erde getragen, während Gammastrahlen unserer DNA verheerende Schäden zufügen können. Auf den ersten Blick haben diese unterschiedlichen Phänomene nichts miteinander zu tun, aber Physiker haben eine Handvoll Prinzipien aufgedeckt, die zu einer Theorie von erhabener Schlichtheit verschmelzen, um all dies und noch vieles mehr zu erklären. Diese Theorie wird als das Standardmodell der Teilchenphysik bezeichnet und beschreibt die elektromagnetischen Kräfte, durch die sich eine Wand fest anfühlt, die nuklearen Kräfte, die das Kraftwerk der Sonne beherrschen, und die vielfältige Familie der Lichtwellen, die die moderne Kommunikation ermöglichen und zugleich unser Wohlbefinden bedrohen.*[114]

Gottes Pläne

Die Quantenphysik und die Neurowissenschaften liefern keine endgültigen Antworten; sie sind lediglich Trittsteine in der Entwicklung unseres Verständnisses von unserem allmächtigen Gott – eine andere Art der Gottesbewunderung. So wie Schallwellen in der Luft oder große Flugzeuge aus Metall, die am Himmel fliegen, oder die Kernkraft vor der Entdeckung der atomaren Struktur unvorstellbar waren, so würde die Enthüllung einer neuen Materieschicht oder eines neuen, komplexen Gehirnkreislaufs oder biochemischen Signalwegs oder ein besseres Verständnis der Gene Phänomene offenbaren, die wir uns nicht einmal ansatzweise vorstellen können. Gott zieht uns in begeisterter Spannung mit sich auf dieser vergnüglichen Entdeckungsreise durch seine Schöpfung. Er versucht uns zu zeigen, dass »Gott alle Ehre gehört, dessen mächtige Kraft in uns wirkt. Durch diese Kraft kann Gott unendlich viel mehr tun, als wir je bitten oder auch nur hoffen würden« (siehe Eph 3,20).

Lass mich auf das Offensichtliche hinweisen: Gott hat alles erschaffen, auch die Wissenschaft und die Physik, und er hat die Gesetze dieser materiellen Welt, in der wir leben, über die Jahrhunderte hinweg offenbart, um uns zu helfen, ihn zu verstehen. Ich bin keine Materialistin; davon bin ich weit entfernt. Ich glaube, Gott führt uns durch die materielle Welt in die geistige Welt, damit wir ihn auf tiefere Weise kennenlernen. Denn wozu sonst hat er unsere Seele und unseren Geist in einen physischen Körper gehüllt und uns in eine physische Welt gesetzt?

Die Quantenphysik schleicht sich in jedes Fachgebiet ein, sorgt für Verwirrung unter den Wissenschaftlern und versetzt dem Newtonschen Traum einen Todesstoß, und dies alles, weil sie direkt zurück auf Gott, »den alten Mann«, verweist, der die letztendliche Kontrolle hat. Ich liebe es, wenn seine Pläne zusammenkommen und Gestalt annehmen.

Kapitel 7: Zusammenfassung

1. Es gibt die Sinneswelt unserer fünf Sinne; es gibt die Welt des Elektromagnetismus und des Atoms; und dann gibt es die subatomare Quantenwelt.
2. Diese Quantenwelt stellte die Vorstellung der Physiker von linearer Zeit, geordnetem Raum und festen Realitäten in Frage und die cartesianisch-newtonsche Welt, die den Menschen als Maschine mit austauschbaren Teilen sieht, auf den Kopf.
3. Mit Hilfe der Quantenphysik, die sich von der klassischen Physik unterscheidet, lässt sich erklären, wie die Elemente, aus denen die Atome bestehen, zusammenwirken, und sie zeigt, wie die kleinsten Dinge in der Natur funktionieren.
4. *Quantum* bedeutet »Energie«, und die Quantenphysik verrät uns, wie elektromagnetische Wellen – beispielsweise Lichtwellen – und Teilchen funktionieren.
5. Die Quantenmechanik ist der mathematische Rahmen, der zur Beschreibung dieser Energie und ihrer Funktionsweise verwendet wird.
6. Im Wesentlichen sagt die Quantenphysik, dass
    - das Bewusstsein das Verhalten von subatomaren Teilchen beeinflusst;
    - die Teilchen sich in der Zeit vorwärts und rückwärts bewegen und an allen möglichen Orten gleichzeitig erscheinen;
    - das Universum über Informationsübertragungen verbunden ist, die schneller als das Licht sind.

7. In der Quantentheorie werden fünf zentrale Ideen vorgestellt:
   - Energie ist kein kontinuierlicher Strom, sondern kommt in kleinen, gesonderten Einheiten.
   - Die Grundeinheiten verhalten sich sowohl wie Teilchen als auch wie Wellen.
   - Die Bewegung dieser Teilchen ist zufällig.
   - Es ist physikalisch unmöglich, gleichzeitig die Position und den Impuls eines Teilchens zu kennen.
   - Die atomare und subatomare Welt ist nicht annähernd so wie das, was wir als unsere Welt bewusst wahrnehmen.
8. Die Quantentheorie wandelt die Vorstellung der Wissenschaft vom Menschen als bloßes Rädchen in einer gigantischen mechanischen Maschine und lässt ihn als freidenkendes handelndes Wesen erkennen, dessen bewusste Entscheidungen die physische Welt beeinflussen. Dies wird als *Beobachtereffekt* bezeichnet.
9. Die Kopenhagener Interpretation der Quantentheorie besagt, dass das Teilchen das ist, als was man es misst. Das bedeutet, dass unsere Wahrnehmungen das Ergebnis bestimmen; wir nehmen die Welt durch die Gedanken (Erinnerungen) wahr, die wir in unser Gehirn eingebaut haben.
10. Der Quanten-Zeno-Effekt (QZE) besteht in wiederholter Anstrengung, die ein Lernen bewirkt.
11. Das *Gesetz der Verschränkung* in der Quantenphysik besagt, dass Beziehung das bestimmende Merkmal von allem in Raum und Zeit Befindlichen ist. Aufgrund der alles durchdringenden Beschaffenheit der Verschränkung von Atomteilchen ist diese Beziehung entfernungsunabhängig und bedarf keiner physischen Verbindung. Alles und jeder ist miteinander verbunden, und wir alle beeinflussen uns gegenseitig.

12. Unsere Gedankensignale scheinen sich schneller als mit Lichtgeschwindigkeit und auf eine Weise zu bewegen, die die klassische Physik nicht erklären kann. Das bedeutet, dass unser Geist die Materie kontrolliert und somit eine schöpferische Kraft ist.
13. Der Mensch wird als Beobachter außerhalb des Systems gesehen, der eine *unvorhersehbare* Wirkung ausübt. Und es sind nicht nur Menschen, die unberechenbar sind. Die Unvorhersehbarkeit reicht bis hinunter auf die Ebene der Elektronen und Photonen des Lichts, die nicht gleichzeitig einen genau bestimmbaren Impuls oder eine eindeutige Position haben können; Teilchen sind weder Teilchen noch Wellen, weil sie beides sind. Und was die Quarks, Bosonen und jetzt auch die Präonen und Strings betrifft – sind sie einfach überall verteilt.
14. Die zufällige und unvorhersehbare Natur der Quantenphysik wird als *Heisenbergsche Unschärferelation* bezeichnet. Dieses Prinzip ist für Gott ein Weg, uns zu zeigen, dass wir die Zukunft nicht kontrollieren. Er tut es.
15. Bei der mathematischen Vorhersage in der Quantenphysik geht es darum, diese Unsicherheiten mathematisch darzustellen, die im Grunde das Argument des freien Willens untermauern.
16. Ich glaube, Gott führt uns durch die materielle Welt in die geistige Welt, damit wir ihn auf tiefere Weise kennenlernen, und das Quantenkonzept ist Teil dieser Reise.

Kapitel 8

Die Wissenschaft des Denkens

Leitvers: *»Deshalb trennt euch von aller Schuld und allem Bösen. Nehmt vielmehr bereitwillig Gottes Botschaft an, die er wie ein Samenkorn in euch gelegt hat. Sie hat die Kraft, euch zu retten.« — Jakobus 1,21 HFA*

Damit verknüpftes Wissenschaftskonzept: Was du durch das Denken in dein Gehirn einschleust, wird im nichtbewussten Teil deines Verstandes gespeichert. Im Nichtbewussten finden 99,9 Prozent unserer geistigen Aktivitäten statt. Dieser Teil ist die Basisebene, in der die Gedanken zusammen mit den Emotionen und Wahrnehmungen gelagert werden, und er beeinflusst den bewussten Verstand und das, was wir sagen und tun. Alles ist zunächst ein Gedanke. Die Theorie der geodätischen Informationsverarbeitung ist eine wissenschaftliche Methode, dies zu verstehen.

Das Gehirn ist keine Input/Output-Maschine. Du bist keine Input/Output-Maschine. Du bist kein Computer, der die Außenwelt widerspiegelt. Dein Gehirn ist so konzipiert, dass es auf deinen Verstand reagiert. Du bist von Natur aus brillant konstruiert in dem Sinn, dass dein Gehirn den Willen des Geistes und der Seele ausführt. Alles beginnt mit der internen Aktivität deines

Verstandes, »denn wie jemand in seinem Herzen denkt, so ist er« (siehe Spr 23,7 KJV).

Die Macht deines Gedankenlebens

In meiner Forschung habe ich viele Jahre damit zugebracht, die Wissenschaft im Hinblick auf die Wahrheiten der Bibel zu verstehen. Ich erforschte, entwickelte und testete eine Theorie, die im Grunde genommen so beschrieben werden kann, dass sie die Wissenschaft des Denkens erklärt – sie erläutert, um es einfach auszudrücken, wie wir denken und welche Auswirkungen unsere Gedanken auf unser Gehirn, unseren Körper und unseren Geist haben. Ich habe sie im Laufe der Zeit auf viele Arten bei meinen Patienten und in meiner Forschung zur Anwendung gebracht.[115]

Wenn du kurz auf Seite 150–151 gehst und dir das Schaubild zu meiner »Theorie der geodätischen Informationsverarbeitung« anschaust, wird dir das helfen, diese interne Aktivität, die Wissenschaft des Denkens, ein wenig besser zu verstehen.

Bevor ich mit einer einfachen Erklärung dazu beginne, möchte ich dir kurz sagen, warum ich dies alles tue. Wenn du die Kraft deines Gedankenlebens verstehst, das in den ersten sieben Kapiteln dieses Buches im Vordergrund stand, dann bekommst du einen echten Eindruck davon, wie wichtig es ist, Verantwortung dafür zu übernehmen, was du denkst. Das Denken ist eine mächtige schöpferische Kraft. Es ist sowohl Segen als auch Fluch und sollte nicht auf die leichte Schulter genommen werden. Indem ich dir eine erprobte wissenschaftliche Theorie vorstelle, wenn auch nur kurz in diesem Kapitel, liefere ich dir einen (nicht den einzigen) greifbaren Beweis dafür, dass es Gott so ernst damit war, dass wir unsere Gedanken gefangen nehmen und unser Denken erneuern sollen, dass er uns die Wissenschaft als Ermutigung dazu gegeben hat.

Thomas More erklärt dies in seinem Buch *Utopia* ganz hervorragend:

> *Die wissenschaftliche Erforschung der Natur ist nicht nur ein höchst erfreulicher Prozess, sondern auch das bestmögliche Mittel, um dem Schöpfer zu gefallen. ... Er wird die für einen Künstler normalen Reaktionen zeigen. Nachdem er das erstaunliche System des Universums den Menschen präsentiert hat – da keine andere Spezies in der Lage ist, es zu erfassen –, muss er wohl den Typ Mensch, der es sorgfältig untersucht und seine Arbeit wirklich bewundert, dem Typ Mensch vorziehen, der es einfach ignoriert und wie die niederen Tiere von dem ganzen erstaunlichen Spektakel ziemlich unbeeindruckt bleibt.*[116]

Du wirst festgestellt haben, dass es in dem Diagramm zu meiner Theorie drei Ebenen gibt: (1) die nichtbewusste metakognitive Ebene; (2) die bewusste kognitive Ebene; und (3) die Symbolhandlungsebene.

Die nichtbewusste metakognitive Ebene

Die nichtbewusste metakognitive Ebene liegt ganz links. Dort befinden sich 90 bis 99 Prozent der Aktivität deines Verstandes; dein Denken und deine Gedankenbildung finden auf dieser Ebene statt. Diese Ebene arbeitet mit etwa vierhundert Milliarden Aktionen pro Sekunde und steuert die bewusste kognitive Ebene. Sie ist rund um die Uhr aktiv.

Die bewusste kognitive Ebene

Die bewusste kognitive Ebene, in der Mitte, ist der Bereich, in dem bis zu 10 Prozent der Denkleistung stattfindet. Sie arbeitet mit etwa zweitausend Aktionen pro Sekunde, ist also viel langsamer und wird von der metakognitiven Ebene gesteuert. Die kognitive Ebene wiederum steuert die Symbolhandlungsebene (Endabschnitt), also das, was du sagst und tust, das für die Außenwelt Sichtbare, die Ergebnisse deines Denkens. Diese Ebene ist aktiv, wenn wir wach sind.

Die Symbolhandlungsebene

Die Symbolhandlungsebene umfasst die fünf Sinne, durch die du dich ausdrückst und die Welt erlebst, sie dient als Schnittstelle zwischen der äußeren Welt und der inneren Welt deines Verstandes. Dieses Schema funktioniert in beide Richtungen und bildet somit einen perfekten Kreislauf. Die Information kommt also durch die fünf Sinne, wird bewusst auf der bewussten kognitiven Ebene empfangen und tritt dann in die unbewusste metakognitive Ebene über, wo sie – wenn du aufmerksam warst und zu denken und zu entscheiden begonnen hast – durch die Genexpression (die Herstellung von Proteinen) zu einem physischen Gedanken wird. Dieser neu aufgebaute physische Gedanke wird wiederum deine bewusste kognitive und deine Symbolhandlungsebene beeinflussen – und so setzt sich dieser Kreislauf immer weiter fort.

DAS SCHEMA DER GEODÄTISCHEN INFORMATIONSVERARBEITUNG

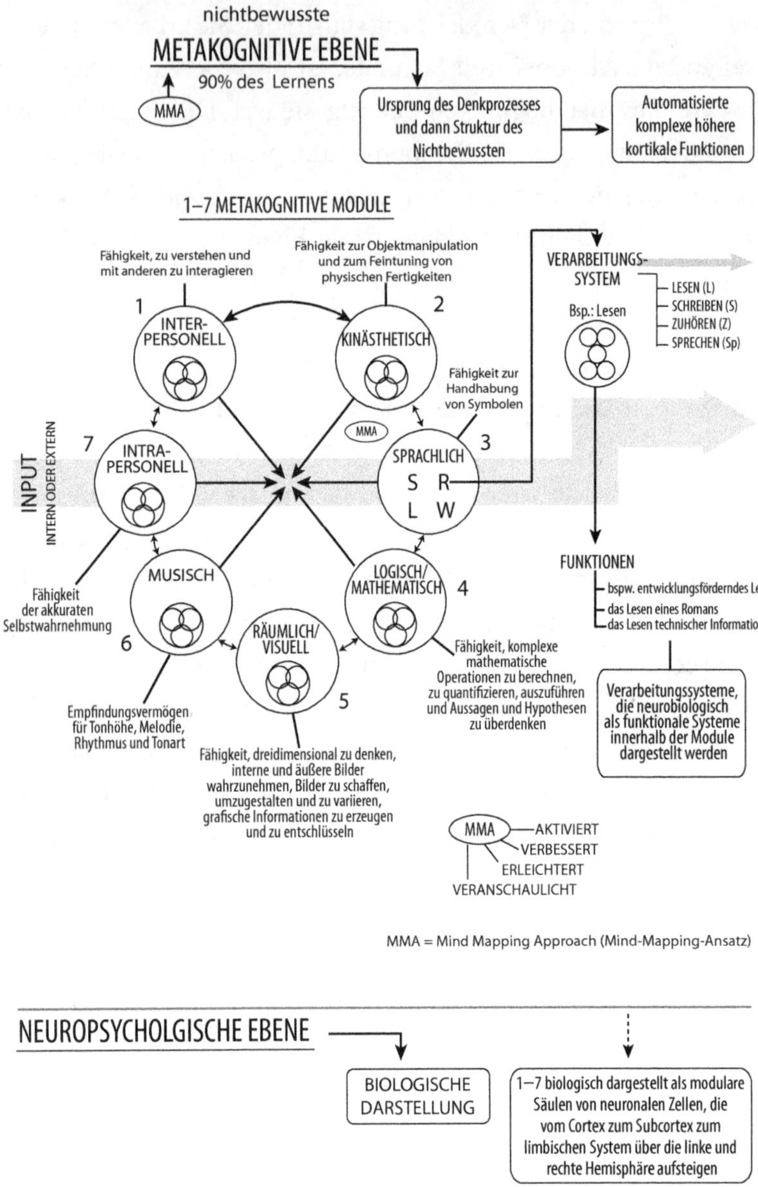

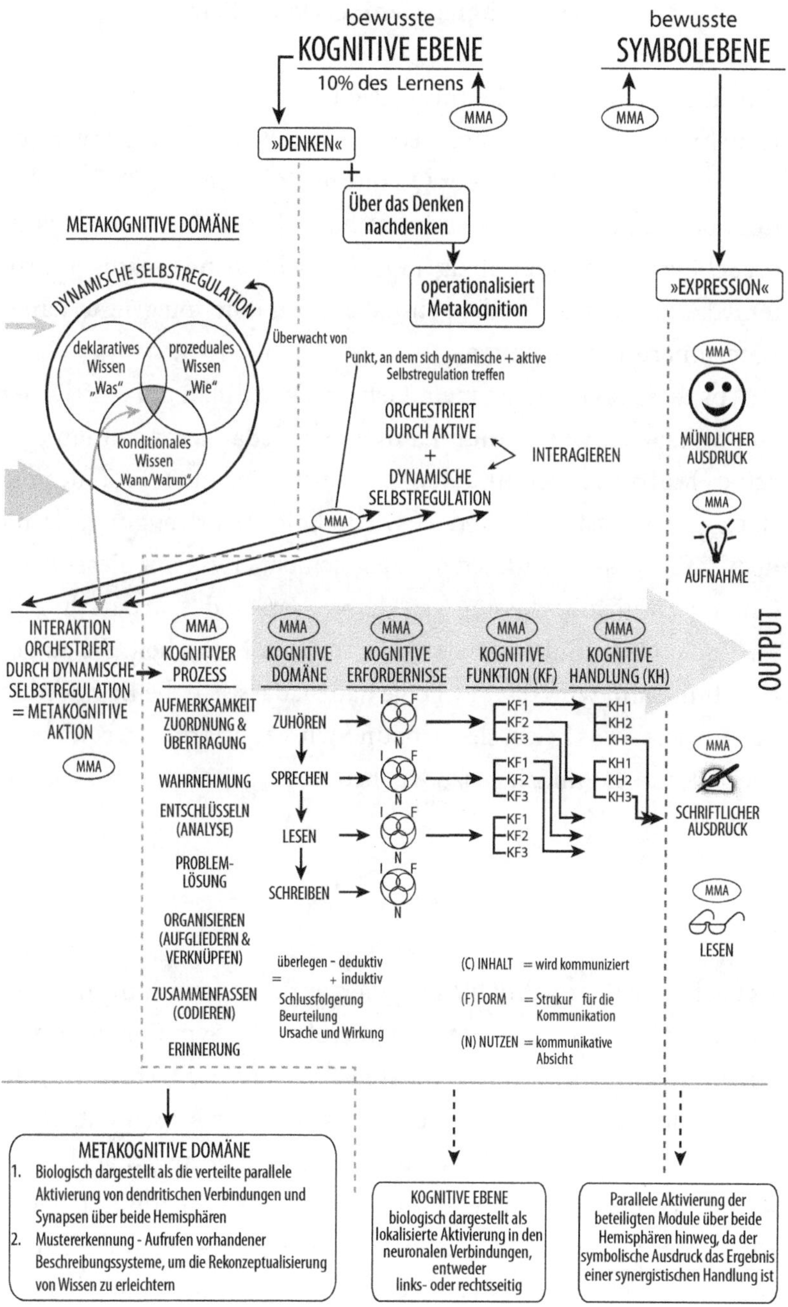
bewusste
KOGNITIVE EBENE
10% des Lernens
MMA
bewusste
SYMBOLEBENE
MMA
»DENKEN«
+
Über das Denken nachdenken
operationalisiert Metakognition
»EXPRESSION«
METAKOGNITIVE DOMÄNE
DYNAMISCHE SELBSTREGULATION
deklaratives Wissen „Was"
prozeduales Wissen „Wie"
konditionales Wissen „Wann/Warum"
Überwacht von
Punkt, an dem sich dynamische + aktive Selbstregulation treffen
ORCHESTRIERT DURCH AKTIVE + DYNAMISCHE SELBSTREGULATION
INTERAGIEREN
MMA
MÜNDLICHER AUSDRUCK
MMA
AUFNAHME
INTERAKTION ORCHESTRIERT DURCH DYNAMISCHE SELBSTREGULATION = METAKOGNITIVE AKTION
MMA
KOGNITIVER PROZESS
KOGNITIVE DOMÄNE
KOGNITIVE ERFORDERNISSE
KOGNITIVE FUNKTION (KF)
KOGNITIVE HANDLUNG (KH)
OUTPUT
AUFMERKSAMKEIT
ZUORDNUNG & ÜBERTRAGUNG
WAHRNEHMUNG
ENTSCHLÜSSELN (ANALYSE)
PROBLEM-LÖSUNG
ORGANISIEREN (AUFGLIEDERN & VERKNÜPFEN)
ZUSAMMENFASSEN (CODIEREN)
ERINNERUNG
ZUHÖREN
SPRECHEN
LESEN
SCHREIBEN
I F N
KF1 KF2 KF3
KH1 KH2 KH3
MMA
SCHRIFTLICHER AUSDRUCK
MMA
LESEN
überlegen - deduktiv
= + induktiv
Schlussfolgerung
Beurteilung
Ursache und Wirkung
(C) INHALT = wird kommuniziert
(F) FORM = Strukur für die Kommunikation
(N) NUTZEN = kommunikative Absicht
METAKOGNITIVE DOMÄNE
1. Biologisch dargestellt als die verteilte parallele Aktivierung von dendritischen Verbindungen und Synapsen über beide Hemisphären
2. Mustererkennung - Aufrufen vorhandener Beschreibungssysteme, um die Rekonzeptualisierung von Wissen zu erleichtern
KOGNITIVE EBENE
biologisch dargestellt als lokalisierte Aktivierung in den neuronalen Verbindungen, entweder links- oder rechtsseitig
Parallele Aktivierung der beteiligten Module über beide Hemisphären hinweg, da der symbolische Ausdruck das Ergebnis einer synergistischen Handlung ist

Der 21-tägige Gehirn-Detox-Plan

Worüber auch immer du am meisten nachdenkst, wird wachsen. Je mehr also ein bestimmter Gedanke kreist, desto stärker wird er. Dies ist im Wesentlichen der Quantum-Zeno-Effekt (QZE) in Aktion, den ich in Kapitel 7 erläutert habe. Dieser Gedankenzyklus braucht etwa einundzwanzig Tage, bis sich alle notwendigen Proteinveränderungen[117] vollzogen haben, um eine integrierte Langzeiterinnerung zu schaffen.

Aus diesem Grund ist mein Gehirn-Detox-Plan auf eine Dauer von 21 Tage ausgelegt. Man kann einen Gedanken nicht ein einzelnes Mal anwenden und denken, dass schon eine Veränderung stattgefunden habe. Es bedarf wiederholter Anstrengung, damit der QZE wirksam wird. Jeden Tag geschieht etwas mit diesem Gedanken im nichtbewussten Teil deines Verstandes. Wenn du also an Tag 4 oder 5 aufhörst, wie es die meisten Menschen, die aufgeben, tun, dann wird das zur Folge haben, dass sich die Erinnerung denaturiert – das heißt, sie stirbt und wird zu Wärmeenergie. Man vergisst, um es einfach auszudrücken.

Du spürst den Sog

Es darf nicht unerwähnt bleiben, dass wir die Sogwirkung der sensorischen Informationen spüren, die über die Symbolhandlungsebene einströmen, aber wir müssen ihr nicht nachgeben. Es geht hierbei um die Ereignisse und Umstände in der Außenwelt. Diese Ereignisse und Umstände aus der Außenwelt gelangen auch über die elektromagnetische und die Quantenwelt in unseren Geist und unser Gehirn (Kap. 7). Vergiss nicht, wir können die Ereignisse und Umstände unseres Lebens nicht kontrollieren, aber *wir können unsere Reaktionen kontrollieren.* Sei nicht reaktiv; nimm dir die nötige Zeit, um das Tempo zu drosseln und nachzudenken (siehe Kap. 4, 5 und 6).

Unsere fünf Sinne lösen fast sofort eine emotionale Reaktion aus, aber wenn wir uns nicht die Zeit nehmen, sie zu verarbeiten, wird diese unverarbeitete Emotion dominieren. Deshalb sind alle Schlüssel, die ich in Teil 1 dieses Buches beschreibe, so wichtig; sie helfen dir, mit diesem Sog umzugehen.

Satan versucht, den Sog der fünf Sinne durch diese Symbolhandlungsebene auszunutzen, und er sähe es gern, wenn du impulsiv darauf reagierst. Aber du bist nach dem Bild Gottes mit dem Sinn Christi geschaffen, und Jesus sagte seinen Jüngern, dass ihm alle Macht gegeben sei (Mt 28,18). Wenn Jesus alle Macht gegeben wurde, wie viel Macht hat dann Satan? Keine. Wenn du das wirklich einsinken lässt, wirst du erkennen, dass du deine Reaktionen, dein Denken und deine Entscheidungen kontrollierst.

Welche Lügen glaubst du?

Wir empfangen Satans Lügen über die Sinne, aber – und das ist wichtig – wir müssen diese Lügen nicht glauben. Wenn wir sie glauben, verarbeiten wir sie zu physischen Realitäten (durch das bewusste Kognitive zum nichtbewussten Metakognitiven), die die Substanz der Nervennetzwerke bilden, auf deren Grundlage wir handeln. Indem wir den Lügen des Feindes zuhören und sie glauben, entscheiden wir uns also, sie zu physischen Realitäten in unserem Gehirn umzuwandeln. Auf diese Weise lassen wir das Böse entstehen und handeln danach. Aber wir müssen nicht an die Lügen Satans glauben. Wir Menschen erschaffen das Böse, indem wir solche Wahrscheinlichkeiten durch die Art unserer Betrachtung zu Wirklichkeiten kollabieren lassen (Kap. 7). Das Böse kommt also offensichtlich nicht von Gott, und doch sagen die Menschen oft: Wenn Gott alles erschaffen hat, dann hat er auch das Böse erschaffen. Gott hat uns die Macht gegeben, Materie zu erschaffen: Diese schöpferische Kraft kann durch unsere Entscheidungen zu etwas Gutem oder auch zu etwas Bösem werden.

Die aktuelle Forschung der Neurowissenschaft und Quantenphysik bestätigt, dass unsere Gedanken unser Gehirn täglich verändern. Tatsächlich hat die neurologische Literatur den Begriff »selbstgesteuerte Neuroplastizität« als allgemeine Beschreibung des Prinzips geprägt, dass achtsames Denken die Struktur und Funktion des Gehirns verändert.[118] Diese Fähigkeit des Gehirns, sich immer wieder neu zu strukturieren und sich je nach unserem Geisteszustand in eine positive oder negative Richtung zu verändern, wird als *Paradoxon der Neuroplastizität* bezeichnet. Positive Plastizität erzeugt positives Verhalten und negative Plastizität erzeugt negatives Verhalten.

Verzerrte Wahrnehmung von Liebe und Wahrheit verändert die Schaltkreise

Wenn wir Liebe und Wahrheit in unserer Wahrnehmung verzerren, bauen wir diese verzerrte Wahrnehmung fest in unser Gehirn ein und verursachen in gewisser Weise einen Hirnschaden. Das ist keine Übertreibung, denn unser Gehirn ist für Liebe konstruiert, nicht für Angst, und deshalb sind alle Schaltkreise – neurochemische, neurophysiologische, neurobiologische, elektromagnetische und quantenphysikalische – auf gesundes, nicht toxisches Denken ausgelegt. Wenn wir zulassen, dass Angst sich in uns festsetzen kann, erzeugen wir damit Chaos und Verwüstung in unserem Gehirn.[119]

Eine Studie zeigte zum Beispiel, dass Patienten mit einer Zwangsstörung, die fortgesetzt mit toxischen, quälenden und besorgten Gedanken auf ein Problem reagierten, Schäden am Gehirn und ein fehlerhaftes Signalmuster aufwiesen.[120] Die Forscher beobachteten eine Abnahme der Aktivität im lateralen präfrontalen Cortex (direkt oberhalb der Schläfen), wo die Schaltkreise normalerweise eine Problemlösungsstrategie erzeugt und aufrechterhalten hätten. Der mediale orbitofrontale Cortex (hinter den Augen) wies Schwankungen und Anzeichen von Überlastung auf, was Hinweis auf eine zunehmende Beeinträchtigung der Entscheidungsfähigkeit der Patienten gab. Darüber hinaus war die Aktivität in der Amygdala (tief in der Mitte des Gehirns, von den Augenwinkeln nach hinten verlaufend) ebenfalls weniger ausgeglichen, sodass die Patienten die emotionale Bedeutung nicht angemessen einschätzen konnten. All diese negativen Hirnaktivitäten veränderten sich zum Positiven, sobald die Untersuchenden die Patienten durch ein striktes, gezieltes mentales Aktivitätsprogramm führten.

Wenn du noch einmal das Diagramm zu meiner Theorie auf Seite 150–151 anschaust, erkennst du, dass der Teil unter der horizontalen Linie die neurologische Ebene darstellt, die ich in diesem Buch erläutert habe. Im Wesentlichen beschreiben die ersten drei Ebenen allesamt die Geistesaktivität, und die untere Ebene zeigt, dass diese Geistesaktivität eine Veränderung der Gehirnstruktur signalisiert. Meine »Theorie der geodätischen Informationsverarbeitung« fällt also in den Bereich der kognitiven Neurowissenschaften.

In meiner Theorie zeige ich, dass das Gehirn kortikale Säulen aus vertikal angeordneten Reihen verbundener Nervenzellen aufweist, die zusammen einen Gehirnschaltkreis bilden und in mehreren Parallelschaltungen arbeiten, was wiederum bedeutet, dass die Neuronen untereinander stark vernetzt sind.[121] Im Wesentlichen befasst sich die »Theorie der geodätischen Informationsverarbeitung« mit der Wissenschaft des Denkens. Sie beschreibt, wie wir denken, auswählen und Gedanken aufbauen und welche Auswirkungen dies auf unser Gehirn und unser Verhalten hat. Es sind unsere Entscheidungen, die etwas aus dem Nichts entstehen lassen. Genau darum geht es bei der kognitiven Neurowissenschaft im Grunde: um die Verbindung zwischen Geist und Gehirn.

Mein 21-tägiger Gehirn-Detox-Plan, der auf meiner Theorie und meiner Forschung basiert, soll dazu beitragen, dein Denken und deine Entscheidungen und damit deine Zufriedenheit und deine Gesundheit zu verbessern. Mit den Entscheidungen, die wir treffen, lassen wir gesunde Gedankenuniversen in unserem Gehirn entstehen. Oder wir geben der machtlosen Lüge die Befugnis, sich in ein toxisches Gedankenuniversum in unserem Gehirn zu verwandeln. Das ist die unglaubliche Macht, die Gott uns gegeben hat: denken und wählen zu können und Realität zu erschaffen.

Was Automatisierung mit Fahrradfahren zu tun hat

Nach einer Zeit des wiederholten Nachdenkens über eine Entscheidung – etwa zwei bis drei Zyklen von jeweils 21 Tagen – wechselt der neue Gedanke in die nichtbewusste metakognitive Ebene, wo er Teil unserer inneren Wahrnehmung wird. Dieser Prozess wird als *Automatisierung* bezeichnet.

Ein einfaches Beispiel für eine solche Automatisierung ist der Lernprozess des Fahrradfahrens. Am Anfang war es schwierig und du bist unsicher durch die Gegend gewackelt. Aber als du mit Entschlossenheit geübt hast – was bedeutet, dass du den QZE angewandt hast – und dich intensiv auf die Abläufe beim Radfahren konzentriert hast, konntest du eines Tages plötzlich perfekt fahren. Es schien, als ob du nun, nachdem du das Radfahren gemeistert hattest, nicht mehr über den Ablauf beim Radfahren nachdenken musstest, denn jetzt fuhrst du automatisch Rad. Aber in Wirklichkeit hast du nichtbewusst sehr genau nachgedacht – ich weiß, dass das noch keinen Sinn macht, also lies weiter.

All das konzentrierte, entschlossene und wiederholte Üben, das du bewusst in den Lernprozess eingebracht hast, ließ im Laufe der Zeit ein starkes Gedankennetzwerk entstehen. Sobald die Fertigkeit dank wiederholter und fokussierter Praxis gemeistert war, bewegte sie sich vom bewussten Teil des Verstandes (kognitive Ebene) in den nichtbewussten Teil deines Verstandes (metakognitive Ebene). Auch wenn du dir des Gedankens darüber, wie man ein Fahrrad fährt, nicht bewusst warst, war er doch sehr präsent und die steuernde Kraft hinter deinem Radfahren. Jedes Mal, wenn du auf dein Fahrrad gestiegen bist, war diese Erinnerung also immer noch in deinem metakognitiven Nichtbewusstsein und lenkte dein Fahrrad. Und jedes Mal, wenn du auf deinem Fahrrad herumfährst, bringst du diesen Gedanken in dein Bewusstsein, wobei er formbar (plastisch und veränderbar) wird. Und ständig kommen einige neue Äste und Verzweigungen hinzu, wenn du über diesen anstrengenden Bergweg radelst oder mit deinem Rad einen schnellen Sprung über einen Baumstamm wagst, um das Tempo deines Teenagersohnes zu halten. Wenn du dann von deinem Fahrrad steigst, ist dieser »Fahrradgedanke« um die soeben gemachte Erfahrung bereichert worden.

Automatisierung ist ein Lebensprinzip

Die Automatisierung betrifft alles in deinem Leben, denn alles, was du tust und sagst, ist zunächst ein Gedanke. Das bedeutet, dass *nichts geschieht*, bis du den Gedanken zuerst aufbaust, der wie eine Baumwurzel ist, die in der Erde verborgen liegt. Der Gedanke erzeugt Worte, Handlungen, Verhalten usw., vergleichbar mit dem sichtbaren Teil des Baums, samt Zweigen, Blättern, Blüten und Früchten. Die Wurzeln unter der Erdoberfläche sind wie der nichtbewusste metakognitive Teil des Verstandes, der den Baum nährt und stützt und ihn vierundzwanzig Stunden am Tag am Leben erhält.[122] Der nichtbewusste metakognitive Teil deines Verstandes steuert und versorgt den bewussten kognitiven Teil deines Verstandes rund um die Uhr.

Der nichtbewusste metakognitive Teil des Verstandes ist mit den Gedanken gefüllt, die du seit deiner Entstehung im Mutterleib aufgebaut hast, und sie bilden die Wahrnehmungsbasis, von der aus du das Leben betrachtest. Bis zu 99 Prozent der Entscheidungen, die du triffst, basieren auf dem, was du auf deiner nichtbewussten metakognitiven Ebene aufgebaut und automatisiert hast.[123] Wenn der nichtbewusste metakognitive Teil des Verstandes einer Person mit negativem, toxischem Müll gefüllt ist, dann ist es dieser, der ihre Entscheidungen im Alltag beeinflusst; somit spricht und handelt die Person aus dieser Vergiftung heraus. Das ist die in meiner Theorie beschriebene Verkettung der metakognitiven, der kognitiven und der Symbolhandlungsebene.

Das Gegenteil von Toxizität ist selbstverständlich Gesundheit und wir wurden von Gott ursprünglich für Gesundheit veranlagt, weil wir nach Gottes Bild geschaffen sind (1Mo 1,26). Wir starten also bei Gesundheit und bewegen uns dann durch schlechte Entscheidungen von ihr weg. Meistens sind wir eine Mischung aus gesund und vergiftet – das Verhältnis zwischen diesen beiden Faktoren bestimmen wir selbst.

Du kannst dich nicht zurücklehnen und darauf warten, froh und gesund zu sein und ein großartiges Gedankenleben zu haben; du musst die Entscheidung treffen, diesen Zustand erreichen zu wollen. Du musst dich dafür entscheiden, das Giftige loszuwerden und dich mit Gott wieder in Einklang zu bringen. Du kannst dich entweder von jedem kleinen Rückschlag im Leben aus dem Tritt bringen lassen – oder du kannst dich von den Möglichkeiten, die solche Rückschläge mit sich bringen, beflügeln lassen.

Kapitel 8: Zusammenfassung

1. Die Theorie der geodätischen Informationsverarbeitung befasst sich mit der Wissenschaft des Denkens. Sie beschreibt, wie wir denken, auswählen und Gedanken aufbauen und welche Auswirkungen dies auf unser Gehirn und unser Verhalten hat.
2. Ich zeige in meiner Theorie der geodätischen Informationsverarbeitung, dass das Gehirn in Strukturen von neurologischen Säulen und mehreren parallelen Schaltkreisen arbeitet, was bedeutet, dass die Netzwerke des Gehirns sehr stark miteinander verbunden sind.
3. Es sind unsere Entscheidungen, die etwas aus dem Nichts entstehen lassen. Es sind unsere Entscheidungen, die die Wahrscheinlichkeiten zu Tatsachen kollabieren lassen, die den Zustand unserer nichtbewussten Metakognition definieren, die wiederum unsere bewusste Wahrnehmung und unsere Symbolhandlungen beeinflussen.

4. Mein 21-tägiger Gehirn-Detox-Plan, der auf meiner Theorie und meiner Forschung basiert, soll dazu beitragen, dein Denken und deine Entscheidungen und damit deine Zufriedenheit und deine Gesundheit zu verbessern.
5. Mit den Entscheidungen, die wir treffen, lassen wir gesunde Gedankenuniversen in unserem Gehirn entstehen. Oder wir geben der machtlosen Lüge die Befugnis, sich in ein toxisches Gedankenuniversum in unserem Gehirn zu verwandeln. Das ist die unglaubliche Macht, die Gott uns gegeben hat: denken und wählen zu können und Realität zu erschaffen. Abhängig von unseren Entscheidungen kann diese Realität gut oder böse ausfallen.
6. Nach einer Zeit des wiederholten Nachdenkens über eine Entscheidung – etwa zwei bis drei Zyklen von jeweils 21 Tagen – wechselt der neue Gedanke in die nichtbewusste metakognitive Ebene, wo er Teil unserer inneren Wahrnehmung wird. Dieser Prozess wird als *Automatisierung* bezeichnet.
7. Alles, was du tust und sagst, ist zunächst ein Gedanke.
8. Der nichtbewusste metakognitive Teil des Verstandes ist mit den Gedanken gefüllt, die du seit deiner Entstehung im Mutterleib aufgebaut hast, und sie bilden die Wahrnehmungsbasis, von der aus du das Leben betrachtest.

Wenn du jetzt zu Teil 2 dieses Buches kommst, erinnere dich an die acht Schlüssel aus den Kapiteln 1 bis 8 und sieh sie dir immer wieder an, um das Beste aus dem 21-tägigen Gehirn-Detox-Plan herauszuholen:

1. Der Geist kontrolliert die Materie
2. Willensfreiheit und dein multiperspektivischer Vorteil
3. Deine Entscheidungen verändern dein Gehirn
4. Nimm diese Gedanken gefangen
5. Tritt in eine zielgerichtete Ruhe ein
6. Schluss mit dem Milchshake-Multitasking
7. Das Denken, Gott und das quantenphysikalische Gehirn
8. Die Wissenschaft des Denkens

Steig nun in Teil 2 ein und schalte dein Gehirn an!

TEIL 2

DER 21-TÄGIGE GEHIRN-DETOX-PLAN

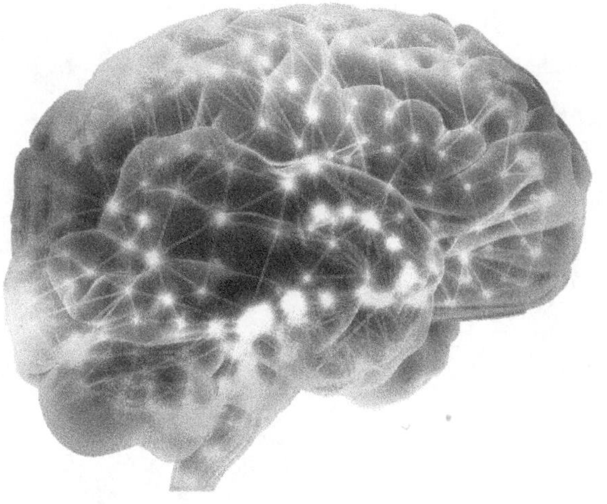

Kapitel 9

Was ist dieser 21-tägige Gehirn-Detox-Plan?

Das Schwierigste daran, ein Höchstmaß an Zufriedenheit, Denkfähigkeit und Gesundheit zu erreichen, ist nicht zu vergessen, dass wir uns für diese Dinge bewusst entscheiden können. Man erreicht sie nicht, indem man eine tapfere oder fröhliche Mine aufsetzt, und auch nicht, indem man eine Straußenmentalität entwickelt und so tut, als gäbe es keine Probleme oder als wäre alles immer ganz wunderbar. Der Weg, zu diesem Zustand zu finden, besteht darin, die Neuroplastizität, mit der Gott unser Gehirn ausgestattet hat, zu nutzen und den Entschluss zu fassen, unseren Verstand neu zu verdrahten – ihn zu erneuern, um es mit Römer 12,2 zu sagen. Bei dieser Lebensweise werden wir uns immer mehr unserem ursprünglichen Design der Vollkommenheit angleichen (Mt 5,48), bei dem wir nach dem Bild Gottes geschaffen wurden (1Mo 1,26).

Wir können uns aktiv für Zufriedenheit entscheiden, anstatt sie durch die äußere Welt und unsere innere Welt aus eingebetteten, erlernten Gedanken und unsere Biologie definieren zu lassen. Wir müssen positive Gedankennetzwerke aufbauen, die uns mit der nötigen Kraft füllen können, um wieder auf den richtigen Weg zu kommen (2Tim 1,7). Es ist das eingepflanzte Wort, das unsere Seelen retten wird (Jak 1,21). In unserem wahren Wesen liegt unser Lebensglück, aber allzu oft wird es durch das, was wir geworden sind, blockiert.

Ein einfaches Hilfsmittel, das Frieden bewirkt

Auch wenn der 21-tägige Gehirn-Detox-Plan auf exakter Wissenschaft und dem Wort Gottes basiert, so ist er als Hilfsmittel, mit dem du maximale Zufriedenheit, Denkfähigkeit und Gesundheit nicht nur in deinem Leben, sondern auch im Leben deiner Lieben erreichen kannst, sehr einfach umzusetzen.

Um dein Gedankenleben erfolgreich zu entgiften, darfst du nie vergessen, *dass dein Denken tatsächlich dein Gehirn verändert*. Du musst also *bewusst* tun, was dein Gehirn auf einer *nichtbewussten* Ebene tut, wenn es einen Gedanken aufbaut. Du kontrollierst dein Gehirn; dein Gehirn kontrolliert nicht dich.

Eine simple Gehirnsequenz, die Dinge zum Laufen bringt

Um diesen Wechsel vom Nichtbewussten ins Bewusste effektiv zu gestalten, solltest du täglich mein 5-Schritte-Lernprogramm: »Der Schalter an deinem Gehirn« anwenden. Es ist gewissermaßen eine Gehirnsequenz, die auf meiner Theorie der geodätischen Informationsverarbeitung basiert, die sich mit der Wissenschaft des Denkens befasst (siehe Kap. 8). Dies ist eine statistisch signifikante und wissenschaftlich belegte Technik, die ich vor vielen Jahren entwickelt und im Laufe der Jahre in meiner Forschung und meiner klinischen Praxis weiterentwickelt und eingesetzt habe, um Menschen in ihrem Denken und Lernen unterstützend zu dauerhaftem Erfolg zu führen. Sie basiert auf einer komplexen Wissenschaft, die sich auf die Dynamik des Denkprozesses konzentriert. In diesem Buch werde ich dir beibringen, wie du diese Technik auf simple Weise anwenden kannst. Falls du aber noch mehr darüber erfahren möchtest, findest du in meiner Auflistung wissenschaftlicher Werke und Quellen im Anhang entsprechendes Lesematerial.[124]

Das 5-Schritte-Lernprogramm: »Der Schalter an deinem Gehirn«

Das 5-Schritte-Lernprogramm »Der Schalter an deinem Gehirn« zielt im Kern auf fokussiertes, organisiertes, diszipliniertes und zutiefst achtsames Denken ab, mit dem Zweck, schädliche Gedanken abzubauen und gesunde Gedanken aufzubauen – hierdurch wirst du dein Gehirn in eine positive Richtung verändern, was letztendlich zu maximaler Denkfähigkeit, Zufriedenheit und Gesundheit führen wird. Wenn es täglich und innerhalb des vorgegebenen Zeitrahmens zur Anwendung kommt, wird es zu einem Lebensstil mit einem Gedankenmuster, das deinen Verstand erneuert, echte Veränderung und Freiheit bewirkt und dich Gott immer näher bringt.

Ich lasse die Leute immer mit großer Begeisterung an dieser Theorie und diesem Lernprogramm teilhaben, weil es mir Freude bereitet, die positiven Veränderungen im Leben derer zu sehen, die von beidem ernsthaft Gebrauch machen.

In meinen Forschungen Anfang der 1990er Jahre habe ich gezeigt, dass der nichtbewusste metakognitive Teil des Verstandes viel mächtiger ist als der bewusste kognitive Teil. Wenn man das Nichtbewusstsein durch tiefes Nachdenken mit einbezieht, bringt man Erinnerungen in einem ungeschützten Zustand in das Bewusstsein, was bedeutet, dass man sie verändern – oder rekonzipieren – kann. Ich habe auch festgestellt, dass die Erinnerungen, wenn sie anschließend ins Nichtbewusste zurückkehren, komplexer sind. Du hast dann nicht einfach Informationen hinzugefügt, sondern die Erinnerungen ganz neu gestaltet – und das kann in eine positive oder in eine negative Richtung gehen. In der Wissenschaft nennt man das »kreative Rekonzeptualisierung«.[125]

Als Individuum *bist* du in der Lage, mentale und emotionale Veränderungen in deinem Leben vorzunehmen. Durch dein Denken kannst du aktiv Gedanken und damit Wissen in deinem Geist neu erschaffen.

Gott enthüllt täglich Neues

Diese Forschungsergebnisse wurden vor kurzem erneut bestätigt, insbesondere im Zusammenhang mit Traumata, verursacht durch eine posttraumatische Belastungsstörung (PTSD). Karim Nader, Professor an der McGill-Universität, führte bahnbrechende Forschungen über das Gedächtnis durch, die wissenschaftlich fundiert beweisen, dass wir unseren Verstand erneuern können – ein weiterer Beleg dafür, dass die Wissenschaft den Anschluss an die Bibel findet. Wie die Forschungsergebnisse zeigten, kann die emotionale Komponente von Erinnerungen wieder gefestigt oder verändert werden, wenn sie ins Bewusstsein zurückgerufen werden, weil sie dann in einem ungeschützten Zustand sind. Wenn sich also eine Erinnerung vom nichtbewussten in den bewussten Teil des Verstandes verlagert, wird sie dort beeinflussbar und empfänglich für Veränderungen.[126] Genau diese These habe ich in meiner Forschung aufgestellt und auch belegt.

Dokumentierte Erfolge

Einige meiner dokumentierten Erfolge, die ich mit diesem Programm erzielt habe, bei dem durch tiefes Denken das Gehirn angeregt wird, waren hochinteressant. Patienten mit geschlossenen Schädel-Hirn-Verletzungen wiesen eine 110- bis 140-prozentige Steigerung bei ihren Lernergebnissen auf. Dieser Lernerfolg setzte innerhalb von etwa 21 Tagen nach Beginn meines 5-Schritte-Lernprogramms »Der Schalter an deinem Gehirn« ein. Es verbesserte sich aber nicht nur die Lernfähigkeit, sondern auch bei den intellektuellen, emotionalen und sozialen Fähigkeiten zeigten sich dramatische Veränderungen. Insbesondere eine Patientin zeigte eine Steigerung des Intelligenzgrads, der nun höher lag als vor ihrem Unfall, wie die Auswertungen der neuropsychologischen Tests belegten. Laut dem untersuchenden Neuropsychologen war ihr Intelligenzquotient um zwanzig Punkte gestiegen, während normalerweise die Intelligenzwerte nach einem Schädel-Hirn-Trauma um zwanzig bis dreißig Punkte sinken.

Ihre Gedächtnisleistung wies nahezu sofort eine Verbesserung auf und nahm während der zwölfmonatigen Therapie weiter dramatisch zu. Diese Entwicklung hielt an, sodass sie ihr Studium fortsetzen und erfolgreich in die Arbeitswelt eintreten konnte. Aus klinischer Sicht wurde diese Patientin organisierter und war weniger unkoordiniert, und sie wurde von ihren Altersgenossen als völlig normal wahrgenommen.

Das kann als große Leistung betrachtet werden, denn statistischen Schätzungen zufolge können nur ein Drittel der Patienten, die ein Schädel-Hirn-Trauma erleiden, mithilfe herkömmlicher Therapieansätze wieder zu ihrer früheren Lebensweise und Erwerbstätigkeit zurückfinden. Im Gegensatz dazu arbeitet mein 5-Schritte-Lernprogramm »Der Schalter an deinem Gehirn«, als nichttraditioneller therapeutischer Ansatz, an metakognitiven und kognitiven Geistesproblemen (siehe Kap. 8), und die daraus resultierenden Verbesserungen übertragen sich auf Intellekt, Emotionen und die psychosoziale Funktionsfähigkeit. Das wahrscheinlich Wirkungsvollste daran ist, dass sich dieser Erfolg auf das tägliche Leben überträgt und daher selbsterhaltend ist.

Jeder kann seinen Verstand kontrollieren

Zur gleichen Zeit, als ich Patienten mit Schädel-Hirn-Trauma (SHT) betreute, arbeitete ich auch mit Schülern mit Lernschwierigkeiten sowie mit Studenten, die zwar keine Lernprobleme hatten, aber ihre akademischen Fortschritte verbessern wollten. Meine Arbeit schloss auch Erwachsene in der Weiterbildung und im Unternehmensumfeld mit ein. In meiner Doktorarbeit konnte ich zeigen, dass sich sowohl bei Lehrern als auch bei den Schülern signifikante Veränderungen hinsichtlich kognitiver, abstrakter und psychosozialer Funktionen einstellten, wenn sie meine Technik des tiefen Denkens zur Aktivierung des Gehirns anwandten. In allen Bereichen sah ich vergleichbare Ergebnisse. Ich habe Tausende von Lehrern und Therapeuten in meinem 5-Schritte-Lernprogramm »Der Schalter an deinem Gehirn« ausgebildet, die wiederum Tausende von Schülern und Studenten erreichen konnten und von großen Veränderungen berichten.

Konzentriere dich darauf

Ich habe dies sogar in schwierigsten Situationen in meinem Heimatland Südafrika erlebt. Viele Jahre lang arbeitete ich mit hungernden Kindern, die buchstäblich tagelang nichts gegessen hatten. In den meisten Fällen hatten sie kein liebevolles Elternpaar zu

Hause, weil mindestens einer, wenn nicht beide an AIDS gestorben oder ermordet worden waren. Sie lebten zudem unter erbärmlichen Bedingungen und waren mit siebzigprozentiger Wahrscheinlichkeit irgendeiner Form von körperlichem, sexuellem oder seelischem Missbrauch ausgesetzt gewesen – doch sie konnten gar nicht genug darüber lernen, wie man lernt, als ich an ihren Schulen meine »Der Schalter an deinem Gehirn«-Kurse abhielt.

Obwohl ich in diesen Schulen mit akademischen Mitteln arbeitete, glichen die Unterrichtseinheiten eher Gottesdiensten, wenn diese mutigen Kinder erkannten, dass sie ihren Verstand nutzen konnten, um sich über ihre Lebensumstände zu erheben, und dass sie mithilfe dieses unglaublichen Verstandes und ihres Gehirns, das Gott ihnen gegeben hatte, ihr Leben verändern konnten. Sie sahen das Lernen als eine aufregende Chance und wollten in der Schule sein, obwohl sich oft hundert hungrige, schmutzige, traumatisierte Kinder in ein Klassenzimmer quetschten, in dem wir nur ein Lehrbuch als Unterrichtsmaterial und eine altmodische Tafel hatten. Sie waren begierig darauf, etwas zu lernen, und saßen stundenlang fast reglos da und hörten gebannt zu, als versuchten sie, alles, was ich lehrte, mit jeder Faser ihres Seins aufzunehmen. Es war ein Privileg, bei diesen in Lumpen gekleideten Schülern mit ihren wissbegierigen Köpfen zu sein, und ich lernte dort einige meiner größten Lektionen über die Willensfreiheit und das tiefe, achtsame Denken, das den Geist verändern kann.

Es ist keine schwere Last

Einige Forscher, die das südafrikanische Soweto besuchten, wo ich jahrelang gearbeitet habe, verglichen diese erstaunlichen Kinder von Soweto mit Harvard-Studenten, obwohl man kaum zwei unterschiedlichere Welten nennen könnte.[127] Die Ergebnisse ihrer Vergleichsstudie zeigten, dass 95 Prozent der Kinder in Soweto nach ihrer Aussage die Schule und das Lernen liebten; im Vergleich dazu litten etwa 80 Prozent der Harvard-Studenten, also vier von fünf, an Depressionen, durch die sie so sehr beeinträchtigt waren, dass sie kaum noch funktionierten.[128] Das ist schockierend, wenn man bedenkt, dass Harvard einige der klügsten Köpfe und großartigsten Unterrichtsstätten hat und oft als Nonplusultra der Bildung bezeichnet wird.

Wenn du die Entscheidung, deinen Verstand zu verändern und zu lernen, als schwere Last betrachtest, wirst du dir diese greifbaren Möglichkeiten entgehen lassen. Wenn du beides jedoch als wunderbares Privileg erkennst, siehst du plötzlich die Chancen, die sich dir bieten.

Bei den Menschen, mit denen ich im Laufe der Jahre gearbeitet habe – einige davon habe ich in früheren Kapiteln erwähnt –, konnte ich eine Haltung erkennen, die sie entschlossen sein ließ, sich zu ändern und sich selbst zu übertreffen. Sie trafen die Entscheidung, sich nicht von ihren schwierigen Lebenserfahrungen blockieren zu lassen. *Sie beschlossen, sich zu ändern.* Sie entschieden sich dafür, weder dem Druck zu erliegen noch in einer neutralen Position zu verharren und sich mit dem Istzustand zufriedenzugeben.

Willst du dich bewusst für Veränderung entscheiden? Das Leben zu wählen ist jene Denkweise, die zur Erneuerung und Wiederbelebung führt. Ich hoffe, dass mein 21-tägiger Gehirn-Detox-Plan dir dabei helfen wird, dieses Ziel zu erreichen.

Kapitel 9: Zusammenfassung

1. Man muss sich für ein kontrolliertes Gedankenleben und für ein zufriedenes und gesundes Leben *entscheiden*. Jeder kann lernen, wie er sein Denken, seine Lernfähigkeit und seine Intelligenz verbessern kann.
2. Wir müssen positive Gedankennetzwerke aufbauen, die uns mit der nötigen Kraft füllen können, um wieder auf den richtigen Weg zu kommen (2Tim 1,7).
3. Auch wenn der 21-tägige Gehirn-Detox-Plan mit seinen fünf Schritten auf exakter Wissenschaft und dem Wort Gottes basiert, so ist er als Hilfsmittel, mit dem du maximale Zufriedenheit, Denkfähigkeit und Gesundheit nicht nur in deinem Leben, sondern auch im Leben deiner Lieben erreichen kannst, sehr einfach umzusetzen.
4. Um dein Gedankenleben erfolgreich zu entgiften, darfst du nie vergessen, dass *dein Denken tatsächlich dein Gehirn verändert.*
5. Die Wissenschaft findet täglich mehr den Anschluss an die Bibel.
6. Wenn du dich darauf konzentrierst, kannst du erreichen, was Gott für dich erreichbar nennt.
7. Du kontrollierst dein Gehirn; dein Gehirn kontrolliert nicht dich.

Kapitel 10

Wie und warum der 21-tägige Gehirn-Detox-Plan funktioniert

Während des 21-tägigen Gehirn-Detox-Plans wendest du eine Technik an, die dein Gehirn anschaltet. Sie besteht in einer strikten, disziplinierten täglichen Routine, die zu einem Lebensstil der Erneuerung deines Verstandes wird. Du nimmst dabei eine neuroplastische Umstrukturierung deiner neuronalen Netzwerke vor. Diese wird zwar von dir durchgeführt, aber geleitet wird sie vom Heiligen Geist. Er bringt dich in einen Zustand tiefer, geistiger, introspektiver Selbstreflexion, wobei alle acht Schlüssel aktiviert werden, die ich in Teil 1 beschrieben habe.

Deine tägliche Routine

Sobald du dieses Buch durchgearbeitet hast und die Konzepte beherrschst (und lass dir dabei Zeit; es lohnt sich, sorgfältig zu sein), wird deine tägliche Routine etwa *sieben bis zehn* Minuten beanspruchen, manche nehmen sich aber auch gerne länger Zeit dafür. Während dieser Zeit wirst du 21 Tage lang täglich fünf Schritte ausführen. Diese fünf Schritte basieren auf meiner Forschung über die Wissenschaft des Denkens und des Gehirns (siehe Kap. 8) und das Ganze nennt sich das 5-Schritte-Lernprogramm »Der Schalter an deinem Gehirn«.

Du kannst bis zu *siebzehn* Zyklen des 21-tägigen Gehirn-Detox-Plans pro Jahr durchführen.[129] Untersuchungen zeigen, dass täglich wiederholte Übungen in tiefem Denken, über einen Zeitraum von 21 Tagen hinweg, zu langanhaltenden Veränderungen beitragen.

Dein Jahr kann beginnen, wann immer du willst. Wenn du dieses Buch also beispielsweise im September bekommen hast, arbeitest du das Buch einfach im September durch und beginnst dann dein Jahr im Oktober.

Wer braucht diese Übungen? Jeder. Wie du an den in Teil 1 besprochenen acht Schlüsseln gesehen hast, ist niemand von mentalen Problemen ausgenommen. In dem Augenblick, als Gott uns erschuf und uns mit einem freien Willen ausstattete, betraten wir ein Reich, in dem die schöpferische Verantwortung für unsere Entscheidungen bei uns liegt.

Es ist ein sehr komplexer Prozess, wie leicht zu erkennen ist, aber ich habe die Technik, mit der du dein Gehirn anschaltest, auf eine Abfolge von fünf Schritten vereinfacht:

1. Sammeln
2. Fokussiert reflektieren
3. Aufschreiben
4. Erneut betrachten
5. Aktiv ergreifen

Du operierst an deinem eigenen Gehirn

Jeder dieser Schritte aktiviert phänomenale und komplexe Neurophysiologie und Neurobiologie. Im Wesentlichen wirst du mit diesen fünf Schritten Folgendes tun: Du bringst den toxischen Gedanken ins Bewusstsein und nutzt dann die folgenden 21 Tage, um ihn abzubauen (siehe Kap. 8). Der Geist kontrolliert die Materie, wie wir in Teil 1 gelernt haben. Gleichzeitig wirst du einen gesunden neuen Gedanken aufbauen, der den toxischen Gedanken ersetzt. Du wirst also bewusst und simultan gesunde Gedanken aufbauen und toxische Gedanken abbauen. Du arbeitest mit jedem 21-Tage-Zyklus nur an *einem* Gedankennetzwerk, in dem du das Toxische abbaust und gleichzeitig das Gesunde aufbaust.

Du kannst den Zyklus wiederholen

Du kannst einen Zyklus wiederholen, wenn du das Gefühl hast, das Problem nicht vollständig gelöst zu haben. Oftmals beginnen wir damit, uns durch etwas hindurchzuarbeiten, nur um nach einigen Tagen das eigentliche Problem zu entdecken. Das ist in Ordnung; konzentriere dich einfach für den Rest der 21 Tage auf das Kernproblem und wiederhole dann den Zyklus. Einundzwanzig Tage ist die Mindestzeit, die für den Aufbau des neuronalen Netzwerks benötigt wird.[130]

Das bedeutet, dass Informationen wiederholt aktualisiert oder in geordneter Weise neu durchdacht werden müssen, damit sie sich festsetzen und eine dauerhafte Erinnerung bilden können. Wenn diese Verstärkung nicht innerhalb der 21 Tage stattfindet, dann wird das neu gebildete neuronale Netzwerk in weniger als einem Monat zerfallen. Wenn du die Erinnerung nicht nutzt, denaturieren die Proteine, aus denen sie besteht, und die Erinnerung zerfällt. Überall dort, wo es mehr Denkaktivität gibt, wird es zu einer stärkeren Vernetzung kommen. Worüber auch immer du am meisten nachdenkst, wird wachsen, denn Denken stimuliert die Genexpression, die für die Herstellung von Proteinen erforderlich ist. Die Verbindungen verdoppeln sich stündlich.[131]

Vielleicht hast du am Ende des Zyklus auch einfach das Gefühl, dass der toxische Gedanke so dominant oder stark war, dass es erforderlich ist, weitere 21 Tage daran zu arbeiten. Manchmal gibt es eine Menge Schuld- und Verdammnisgefühle oder »Ich kann nicht«-Gedankengänge, die einen daran hindern können, Fortschritte zu machen. Solche Denkmuster allein erfordern schon eine 21tägige Entgiftung des Gehirns, bevor das nächste Problem überhaupt in Angriff genommen werden kann.

Schenke der neuen, gesunden Erinnerung mehr Aufmerksamkeit

Es gibt einen Grund, weshalb es so wichtig ist, die neue, gesunde Erinnerung aufzubauen und ihr mehr Aufmerksamkeit zu schenken als der toxischen Erinnerung, die man abbaut: Ein wiederholtes Wachrufen des Gedankens ist von zentraler Bedeutung für den Prozess der Schaffung haltbarer Langzeiterinnerungen. Und denke immer daran, dass dies sowohl in negativer als auch in positiver Richtung funktioniert.

Während du dich durch die fünf Schritte und in eine tiefe, fokussierte Kontemplation bewegst, wird dein Gehirn Momente der Einsicht haben, die von Ausbrüchen hochfrequenter Gammawellen im Gehirn begleitet werden.[132] Diese schaffen eine mentale Ausgangssituation, die ideal fürs Lernen und für eine gute Vernetzung in allen Gehirnarealen ist. Die Neuronen haben ihre eigene rhythmische Aktivität, eine Art intrinsisches Geplapper. Veränderungen in diesen Schwingungen werden durch die Art und Weise verursacht, wie wir Dinge wahrnehmen.[133] Unsere Entscheidung, worauf wir unsere Aufmerksamkeit richten, beeinflusst dieses intrinsische Geplapper in eine positive oder negative Richtung gehend. Du wirst wollen, dass in den 21 Tagen so viel wie möglich davon passiert, weil es deine Effektivität erhöht. Wir müssen in unserem Wunsch nach Veränderung fast schon obsessiv sein, um »vollkommen [zu sein], so wie euer himmlischer Vater vollkommen ist« (siehe Mt 5,48).

Es geschehen eine Menge guter Dinge

Das Gehirn lernt ständig, zu lernen, und es verändert sich dabei laufend. Wenn du das 5-Schritte-Lernprogramm »Der Schalter an deinem Gehirn« während der 21 Tage durchläufst, beeinflusst du damit eine Menge Dinge, durch die viel Gutes passieren wird. Hier sind nur einige davon: Wenn du tief denkst und dabei lernst, wird das Protein BDNF (»brain derived neurotrophic factor«, zu Deutsch: »vom Gehirn stammender neurotropher Faktor«) freigesetzt, um die Verbindungen zwischen den Neuronen zu konsolidieren und so das Erinnerungsvermögen künftig zu verbessern. Dieses Protein fördert auch eine Zunahme der Fettsubstanz Myelin, die die Nerven isoliert. Das ist eine gute Sache, denn eine erhöhte Myelinisierung bedeutet schnelleres Denken und ein besseres Gedächtnis. Wenn du aufmerksam zu sein beginnst und dein Denken fokussierst, wird BDNF freigesetzt, und dies wiederum erhöht die Aufmerksamkeit, indem es den Nucleus basalis aktiviert. Und wenn der Nucleus basalis aktiviert wird, gerät das Gehirn in einen extrem plastischen Zustand, in dem es bereit ist für Veränderung, Aufbau und Neuvernetzung – es erneuert sich somit.[134]

Die Arbeit endet nicht nach 21 Tagen

Am Ende des 21-Tage-Zyklus ist der toxische Gedanke verschwunden und der neue, gesunde Gedanke ist wie ein winziges neues Pflänzchen, das genährt werden muss, um zu wachsen. Unser *Denken* bildet diesen Nährstoff. Das bedeutet, wenn du nicht regelmäßig von dem Gedanken Gebrauch machst, wird der Automatisierungsprozess nicht korrekt abgeschlossen (siehe Kap. 8) und sehr wahrscheinlich wird dein Verstand sich darauf verlagern, den toxischen Gedanken wieder aufzubauen.

Um dies zu vermeiden, solltest du dich bewusst bemühen, den Gebrauch des neuen Gedankens so oft wie möglich zu üben, bis du eine Automatisierung erreichst. Automatisierung bedeutet, dass eine bestimmte Art des Denkens oder Reagierens, eingebettet in den neuen Gedankenbaum, Teil von dir wird und ganz automatisch erfolgt. Dabei wirst du nicht von dem bewussten, sondern von dem nichtbewussten Teil deines Verstandes gesteuert. Um sicherzustellen, dass du die neue, gesunde Erinnerung wirklich automatisiert hast, musst du nach Erkenntnissen der Forschung die Nutzung dieses Gedankens mindestens zwei weitere 21-Tage-Zyklen oder insgesamt 63 Tage lang bewusst einüben.[135] Bitte fahre mit der Übung fort, die neue Gewohnheit bewusst zu nutzen, bis es sich angenehm anfühlt und du dabei entspannt bist – was manchmal sogar 84 bis 154 Tage dauern kann, in denen du den neuen, gesunden Gedanken bewusst anwendest. Der Punkt ist, dass die Dauer des Automatisierungsprozesses bei der Gewohnheitsbildung differieren wird, je nachdem, was du zu erreichen versuchst, und natürlich abhängig von deiner ganz eigenen Persönlichkeit. Solange du *weitermachst* – was ich als »aktives Ergreifen« bezeichne – und Schritt 5 täglich konsequent in der gegebenen

Situation anwendest, wird sich die gesunde, neue Denkweise, die gesunde »Gewohnheit«, mit der Zeit herausbilden.

Beulen, Lollies und Pilze

Im Gehirn sieht die Automatisierung physisch aus wie eine Zunahme an dicken, gut gewachsenen Ästen, deren dendritische Verästelungen mit anderen Gedankennetzwerken verbunden sind. Und wenn man die Verbindungen, aus denen die Äste wachsen, näher heranzoomen könnte, würde man feine Vorwölbungen sehen, die man Dornfortsatz oder einfach *Dorn* nennt. Diese Dornen verändern ihre Form, während der Gedanke stärker wird, von einer Beule nach etwa 7 Tagen, über die Form eines Lollis nach etwa 14 Tagen bis hin zu einer Pilzform bei etwa 21 Tagen. Das liegt daran, dass sich die Proteine bis Tag 21 progressiv verändern, wobei die Veränderungen an den Tagen 7 und 14 jeweils einen Höhepunkt erreichen. Hierdurch werden die Proteine selbsterhaltend und funktionieren somit wie ein Langzeitgedächtnis. Dies gilt sowohl in negativer als auch in positiver Richtung – dies ist das Konzept des Neuroplastizitäts-Paradoxon, von dem ich bereits gesprochen habe. Doch selbst eine Langzeiterinnerung kann abgebaut werden. Wenn man nach dem Abbau eines toxischen Gedankens die Nutzung des gesunden, neuen Gedankens einstellt und zu dem toxischen Gedanken zurückkehrt, dann kehrt man damit den ursprünglich durchlaufenen Prozess um, indem man den gesunden Gedanken abbaut und den toxischen Gedanken wieder aufbaut. Deshalb müssen wir uns dafür entscheiden, wachsam zu sein und in der Gegenwart Gottes zu bleiben, indem wir unser Bewusstsein schärfen und auf unsere Intuition hören. Auf diese Weise schaffen wir einen Lebensstil der Erneuerung des Denkens.

Am Ende der 21 Tage integrierst du den neuen, gesunden Gedanken in deine Lebensgewohnheiten und in dein Repertoire von Reaktionen auf das Leben, sodass du diese Reaktion immer weiter verstärkst. Es kann zwischen drei und vier 21-Tage-Zyklen dauern, um das neue, gesunde Gedankenmuster zu automatisieren und sicherzustellen, dass der toxische Gedanke nicht nachwächst.[136] Viel hängt auch von der Person ab, von dem Denkmuster, das entgiftet wird, und von dem gesunden Ersatzmuster, das man aufbaut. Für einige Gedanken könnte also ein 21-Tage-Zyklus ausreichen, für andere Gedanken könnte es länger dauern, wie ich bereits erklärt habe.

Ein Neuron mit Dendriten und dornen-, lolli- und pilzförmigen Auswölbungen

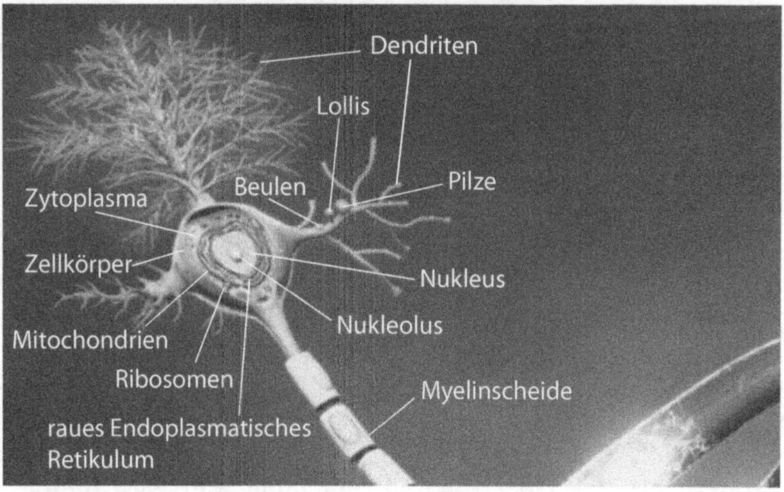

Bei dem 21-tägigen Gehirn-Detox-Plan handelt es sich um eine bewusste Übung

Der beste Weg, um zu lernen, neue Erinnerungen aufzubauen und das Gedächtnis sinnvoll zu verändern, geschieht durch bewusste und disziplinierte Übung. Dabei geht es nicht um stupide Wiederholungen. Die im 5-Schritte-Lernprogramm »Der Schalter an deinem Gehirn« verwendete Technik im Rahmen des 21-tägigen Gehirn-Detox-Plans umfasst das bewusste Setzen von Zielen, das Erreichen von unmittelbarem Feedback und die gleichermaßen starke Konzentration auf Prozess und Ergebnis. Der 21-tägige Gehirn-Detox-Plan funktioniert am besten, wenn du dich bis knapp über deine Komfortzone hinaus herausforderst; dich einer Herausforderung zu stellen, ist gut für dich.[137] Wir sind als zutiefst intelligente Wesen konzipiert, und auf Herausforderungen reagieren Verstand und Gehirn, indem sie sich ihnen stellen. Dadurch werden beide sogar optimiert.

Du bist aus Gottes Vollkommenheit geschaffen, aber es liegt an dir, dein Leben sinnvoll auszugestalten. Gott gibt uns die Entwürfe, aber wir müssen uns dafür entscheiden, sie zu verwirklichen.

Entscheidend ist, dass du auf Sieg spielst und nicht aufgibst. »Das Ziel vor Augen, jage ich nach dem Siegespreis: der himmlischen Berufung Gottes in Christus Jesus« (Phil 3,14 EÜ). Während du den Prozess durchläufst, wirst du das erfüllen, wozu Gott uns in Römer 12,2 aufruft, nämlich unser Denken »zu erneuern«, und in Matthäus 5,48 (EÜ): »Seid also vollkommen, wie euer himmlischer Vater vollkommen ist.« In den nächsten fünf Kapiteln werde ich jeden der fünf Schritte meiner Technik, mit der du dein Gehirn anschalten wirst, erklären. Du musst unbedingt ein tiefes Verständnis für jeden dieser Schritte erlangen, damit du sie im Alltag richtig anwenden kannst. Wenn du einen Schritt überspringst oder ihn nur halbherzig ausführst, werden die von dir geschaffenen Veränderungen auch nur »halbherzig« und weitgehend wirkungslos sein.

Du wirst in den Text eingestreute Fragen sehen – bitte nimm dir jeweils einen Moment Zeit, um die Fragen zu beantworten, denn sie werden dir helfen, den Lernprozess viel intensiver zu erleben und gründlicher zu verstehen. Das wird dir die Umsetzung des 21-tägigen Gehirn-Detox-Plans erleichtern. Die Fragen helfen dir, nach und nach zu verstehen, wie du die Denkweise annehmen kannst, die deine Erfolgschancen erhöht.

Kapitel 10: Zusammenfassung

1. Der 21-tägige Gehirn-Detox-Plan besteht in einer strikten, disziplinierten täglichen Routine, die zu einem Lebensstil der Erneuerung deines Verstandes wird.
2. Deine tägliche Routine wird etwa *sieben bis zehn* Minuten beanspruchen, manche nehmen sich aber auch gerne länger Zeit dafür.
3. Du kannst bis zu siebzehn Zyklen des 21-tägigen Gehirn-Detox-Plans pro Jahr durchführen.
4. Während der sieben bis zehn Minuten führst du jeden Tag mein 5-Tage-Lernprogramm »Der Schalter an deinem Gehirn« durch.
5. Im Zeitraum von 21 Tagen wirst du einen gesunden neuen Gedanken aufbauen, der den toxischen Gedanken ersetzt.
6. Es dauert 21 Tage, bis sich bestimmte Proteinveränderungen im Gehirn vollziehen, damit die neue Erinnerung selbsterhaltend wird. Genauso lange dauert es, bis die alte Erinnerung abgebaut ist.

7. Bis ungefähr Tag 7 hat die Proteinverbindung, die die Erinnerung aufrechterhält, die Form einer Auswölbung, bis etwa Tag 14 sieht sie wie ein Lolli aus und bis Tag 21 wie ein Pilz.
8. Du musst den 21-Tage-Zyklus bis zu dreimal wiederholen, damit der Automatisierungsprozess erfolgreich abgeschlossen wird.
9. *Automatisierung* bedeutet, dass der Gedanke im nichtbewussten Teil deines Verstandes dein bewusstes Denken kontrolliert, das dem, was du tust, vorausgeht.

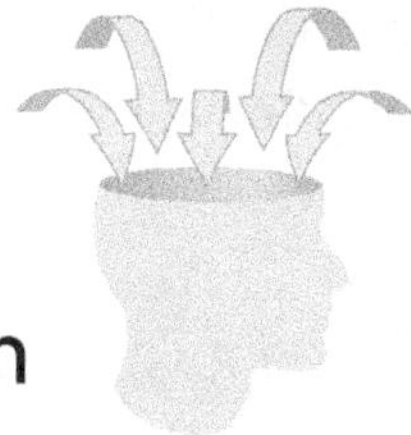

Kapitel 11

Schritt 1: Sammeln

Du musst ein diszipliniertes Gedankenleben entwickeln, und dazu gehört auch, dass du stärker darauf achtest, was du in deinen Kopf hineinlässt. Bei dem Schritt des *Sammelns* geht es also darum, dir aller Signale bewusst zu werden, die von der Außenwelt über die fünf Sinne in dein Gehirn fließen, sowie zu verstehen, wie das Innenleben deines Verstandes funktioniert. Während du also die Fragen in diesem Abschnitt beantwortest, konzentriere dich darauf, *Achtsamkeit* zu entwickeln, was bedeutet, dass du den Prozess startest, bei dem du fehlgeleitete Gedanken gefangen nimmst.

Die Signale kommen aus zwei Quellen

Diese Signale kommen aus zwei Quellen: Die einen kommen von außen über die fünf Sinne als elektromagnetische und Quantensignale, die anderen kommen von den Gedanken tief im nichtbewussten metakognitiven Teil deines Verstandes (deine Erinnerungen).

Lass mich erklären, was ich meine. Vielleicht läuft beim Lesen dieser Zeilen deine Lieblingsmusik im Hintergrund. Möglicherweise sitzt du in einem bequemen Sessel, hast das Aroma einer Duftkerze in der Nase und genießt gleichzeitig ein Stück Obst. Falls du dich in einer solchen wohligen Atmosphäre befindest, agieren alle fünf Sinne – Sehen, Hören, Riechen, Tasten und Schmecken – als Bindeglied zwischen der Außenwelt und der inneren Welt deines Geistes.

FRAGE: Was empfindest du mit deinen fünf Sinnen, während du dies liest? Sei bei deiner Beschreibung so detailliert wie möglich. Dies ist eine einfache Übung, die dir helfen soll, das, was du mit deinen Sinnen erfasst, bewusst wahrzunehmen. Dein Bewusstsein, das jetzt diese simplen Dinge erfasst, kann sich so weit entwickeln, dass du lernst, keinen Gedanken unkontrolliert durch deinen Verstand gehen zu lassen.

In diesem Abschnitt kommen noch jede Menge Informationen über das Gehirn. Lass dir Zeit und freue dich einfach darüber, wie kunstvoll und komplex Gott dich gestaltet hat. Und bitte denke daran, dass du talentiert und intelligent bist und absolut in der Lage, die Dinge zu verstehen, weil du nach seinem Bild geschaffen bist (1Mo 1,26).

Im Inneren des Gehirns

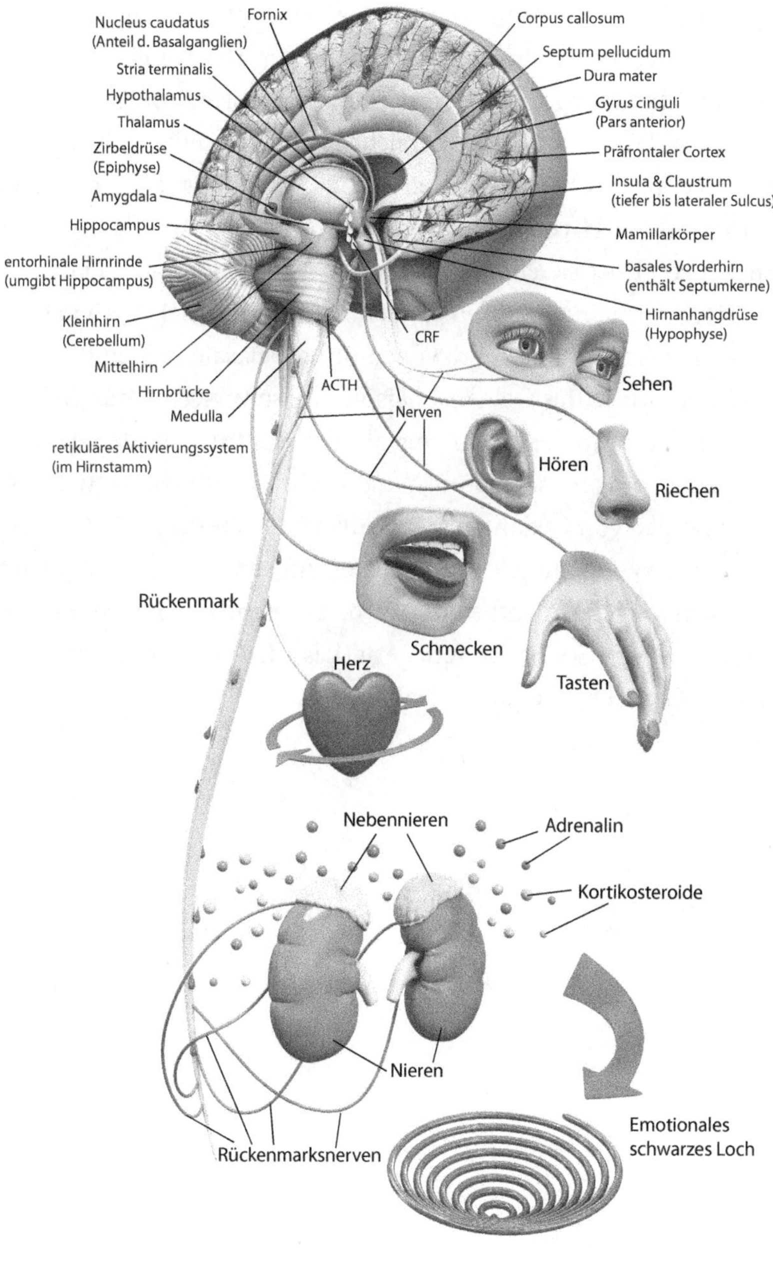

Die Signale gelangen in das Gehirn

Die eingehende Information wandert jetzt durch einige erstaunliche Gehirnstrukturen (zu denen auch der Thalamus, die Insula und die Basalganglien gehören), die die Informationen auf dem gesamten Weg verfeinern, anreichern und verteilen. Du denkst mit Gruppen von Hirnarealen (Schaltkreise und Säulen), nicht mit einzelnen Hirnarealen. Sobald die Information also ins Gehirn gelangt, ist sie ein Signal, das eine starke kaskadierende, intrinsische (im Inneren deines Gehirns befindliche) Aktivität erzeugt. Die Schaltkreise und Säulen um die Basalganglien (tief unten in der Mitte des Gehirns) beispielsweise versetzen das Gehirn in einen Zustand der Erwartung als Vorbereitung auf den Aufbau der neuen, eingehenden Information. Ein Teil dieser Aktivität ist das Bewegen von Gedanken (vorhandene Erinnerungen), die in irgendeiner Weise mit der eingehenden Information verknüpft sind und sich von der nichtbewussten metakognitiven Ebene auf die bewusste kognitive Ebene verlagern (lies zur Erinnerung das Konzept in Kapitel 8 ruhig noch mal nach).

»Magische Bäume des Verstandes«,
Gewebeschnitt mit Golgi-Färbung

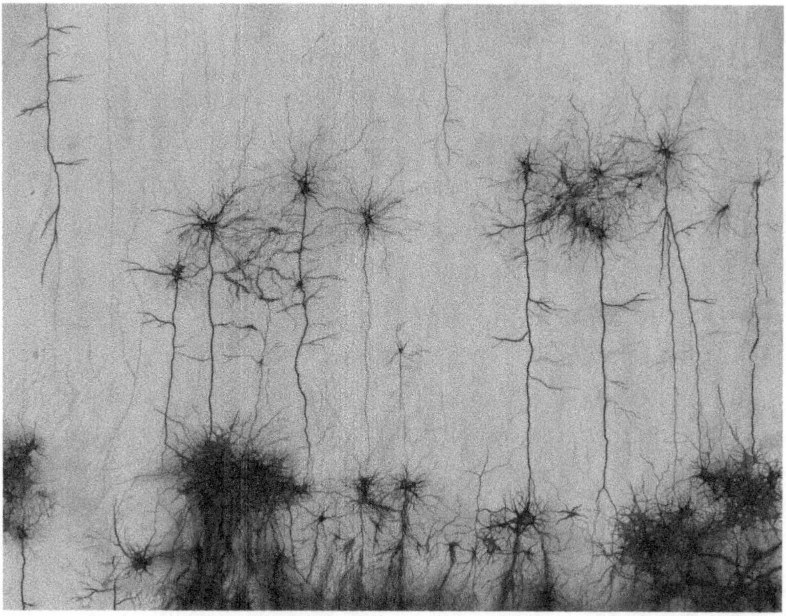

Diese Gedanken in deinem Gehirn sehen aus wie Bäume in einem Wald. Und wenn die Signale wie ein Wind durch diese Bäume streichen, aktivieren sie laut Untersuchungen etwa vier bis sieben[138] Gedankenbäume (Erinnerungen), die dann ins Bewusstsein gelangen, sodass du sie wahrnehmen kannst (siehe Kap. 8). Ich nenne dies die »Brise zwischen den Bäumen«.

FRAGE: Welche Gedanken sprudeln genau in diesem Moment in deinem Bewusstsein hoch? Fokussiere dich auf sie und schau, wie viele es sind.

Gedanken haben eine emotionale Komponente

Beim Denken *fühlst* du gleichzeitig etwas. Das liegt daran, dass die Gedanken zusätzlich zu den Informationen oder dem, was die eigentliche Erinnerung ausmacht, eine emotionale Komponente haben. Das bedeutet, wenn du einen Gedanken ins Bewusstsein rufst, bringst du auch die damit verbundene Emotion zum Vorschein. Wenn der Gedanke zusammen mit seinen Emotionen in das Bewusstsein aufsteigt, dann *fühlst* du auch die dazugehörigen Emotionen.

Es gibt demnach einen Unterschied zwischen Emotionen und Gefühlen; jeder Gedanke enthält *Emotionen* als Teil seiner Struktur, und diese werden im nichtbewussten Teil des Verstandes gespeichert. Wenn die Gedanken in das Bewusstsein gelangen, *fühlen* wir die Emotionen dieser Gedanken.

Die innere Einstellung

Die innere Einstellung ist ein *Geisteszustand* – ein Gedanke und die mit ihm verbundenen Emotionen – und beeinflusst das, was du sagst und tust.

Ist die aktivierte Einstellung negativ, wird die emotionale Reaktion naturgemäß ein negatives oder stressgeladenes Gefühl sein. Ist die Einstellung positiv, ist das Gefühl friedvoll. Die Wahrheit ist, dass deine innere Einstellung sich offenbart, egal, wie sehr du sie zu verbergen versuchst.

FRAGE: Kannst du die Einstellung der Gedanken bestimmen, die sich gerade durch dein Bewusstsein bewegen? Versuche, dich auf die Gefühle zu konzentrieren, die sie hervorrufen, und beschreibe diese so detailliert wie möglich. Wie fühlt sich dein Verstand an? Wie fühlt sich dein Körper?

Gedanken lassen sich nicht verbergen; Einstellungen sind nicht harmlos

Deine innere Einstellung – ob positiv oder negativ – lässt sich nicht nur nicht vor anderen verbergen, sondern hat auch einen tiefgreifenden Einfluss auf dein eigenes Gehirn und deinen Körper. Wie das funktioniert, kannst du in Kapitel 7 nachlesen.

Wenn ein Gedanke mit seinen Emotionen (Einstellungen) in das Bewusstsein gelangt, erzeugt er ein Signal. Der Hypothalamus (siehe Abbildung), der viele erstaunliche Dinge leistet – eines davon ist die Reaktion auf unseren emotionalen Geisteszustand bzw. unsere Einstellung –, reagiert auf dieses Signal.

Wie der Hypothalamus reagiert

Ein Teil der Aufgabe des Hypothalamus besteht darin, das restliche Gehirn zu alarmieren, damit chemische Stoffe wie Serotonin und Glutamat freigesetzt werden, um den Aufbauprozess einer neuen Erinnerung zu unterstützen. Das endokrine System ist eine Ansammlung von Drüsen und Organen, die hauptsächlich deine Hormone produzieren und regulieren. Und der Hypothalamus wird oft als das »Gehirn« des endokrinen Systems bezeichnet, weil er Dinge wie Durst, Hunger, Körpertemperatur und die Reaktion des Körpers auf dein Gefühlsleben steuert. Der Hypothalamus ist außerdem wie ein pulsierendes Herz, das auf deine Emotionen und dein Gedankenleben reagiert, was einen großen Einfluss darauf hat, wie du emotional und intellektuell funktionierst.

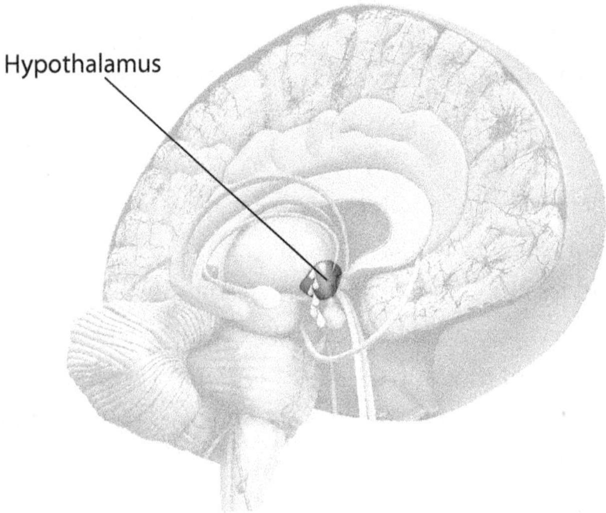

Das bedeutet, wenn du wegen irgendetwas angespannt oder besorgt bist, reagiert der Hypothalamus, indem er mehr chemische Stoffe freisetzt, als er sollte. Dies wiederum führt dazu, dass die Hypophyse ebenfalls zu viele chemische Stoffe freisetzt, und das Ergebnis ist ein neurochemisches Chaos. Anstatt also in unserem Denken konzentriert zu sein, ist unser Verstand chaotisch und vernebelt.

Das endokrine System sondert die Hormone ab, die dafür verantwortlich sind, die Billionen von Zellen in deinem Körper so zu organisieren, dass Konzentration und Lernen möglich sind. Negative, toxische Gedanken haben die gegenteilige Wirkung, indem sie den Fokus deines Körpers auf Schutz und Überleben verlagern und so deine Fähigkeit, beim Verarbeiten oder Denken Weisheit einzusetzen oder gesunde Gedanken zu entwickeln, verringern.

Wenn du jedoch deine Einstellung änderst und dich dazu entschließt, Gottes exzellentem Rat zu folgen und dir keine Sorgen zu machen, wird der Hypothalamus die Ausschüttung chemischer Stoffe bewirken, die ein Gefühl des Friedens begünstigen, und das übrige Gehirn wird darauf reagieren, indem es die richtige Zusammensetzung von Neurotransmittern ausschüttet – chemische Stoffe, die elektrische Impulse für den Aufbau von Gedanken und klarem Denken übermitteln.

FRAGE: Vermitteln dir die Gedanken in deinem Bewusstsein in diesem Moment ein Gefühl von Frieden oder ein Gefühl der Sorge? Achte darauf, wie dein Körper sich fühlt. Sind deine Schultern angespannt? Geht ein Adrenalinschub durch deinen Körper?

Auch wenn du nicht immer in der Lage bist, dein Lebensumfeld zu kontrollieren, so kannst du doch kontrollieren, wie es sich auf dein Gehirn auswirkt.

Du kannst kontrollieren, wie die Signale auf dein Gehirn wirken

Wie? Die ankommende Information befindet sich noch in einem temporären Zustand. Sie hat sich noch nicht in dein Gedächtnis eingeprägt und ist noch nicht Teil deines Geistes geworden, der definiert, wer du bist. Du kannst dich dafür entscheiden, die gegenwärtig aktivierten Gedanken und die ankommende Information abzulehnen, oder du kannst diese Information in deinen Verstand, deine Seele und deinen Geist eindringen lassen, bis sie schließlich in den nichtbewussten Teil deines Verstandes einsinkt und automatisiert wird, um dein wahres Ich zu dominieren. Auch wenn du deine Umstände nicht immer unter Kontrolle hast, kannst du grundlegende Entscheidungen treffen, die dir helfen, deine Reaktion auf die jeweiligen Umstände zu kontrollieren und toxischen Input aus deinem Gehirn zu verbannen.

FRAGE: Diese Gedanken, die dir aufgrund der externen und internen Signale gerade durch den Kopf schwirren – fühlst du dich ihnen hilflos ausgeliefert? Oder empfindest du sie als etwas, das du kontrollieren und besiegen kannst?

Hirnstrukturen und Schaltkreise, die dir helfen, gute Entscheidungen zu treffen

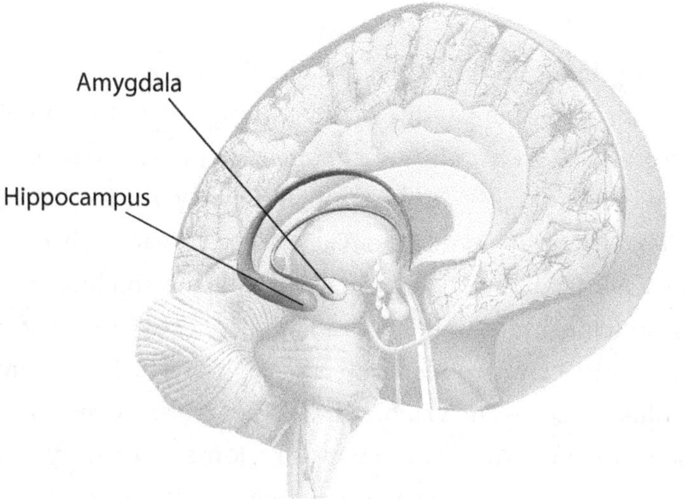

Die Amygdala und der Hippocampus und die damit verbundenen Schaltkreise können dabei helfen, gute Entscheidungen zu treffen. Die Amygdala verarbeitet die emotionalen Reaktionen, die mit ankommenden sowie mit bereits in deinem Kopf vorhandenen Gedanken verbunden sind. Der Hippocampus ist für Gedächtnis und Motivation zuständig.

Hier betrittst nun du bewusst die Bühne; du musst wählen und entscheiden, ob diese ankommenden Gedanken Teil deiner Person werden sollen oder nicht. Werfen wir einen genaueren Blick darauf, wie du diese Entscheidung, Informationen anzunehmen oder abzulehnen, kontrollierst.

FRAGE: Wusstest du, dass du in der Lage bist, die Gedanken, die dir durch den Kopf gehen, zuzulassen oder abzulehnen?

Die Amygdala: Bibliothek der Wahrnehmungen

Die Amygdala, eine paarige mandelförmige Struktur in deinem Gehirn, soll dich emotional wachhalten. Wenn du in deinem Denken toxisch wirst, tritt sie in Aktion, um dich vor jeder Bedrohung für deinen Körper und deinen Geist zu schützen – wie etwa vor Gefahr oder Stress. Sie versieht die Gedächtnisbildung mit der nötigen Schlagkraft, indem sie eine andere Struktur, die für die Bildung von Erinnerungen sehr wichtig ist, den Hippocampus, beeinflusst und es dir ermöglicht, deinen vorhandenen Erinnerungen gezieltere Aufmerksamkeit zu widmen. Die Amygdala ist im Grunde genommen dazu gedacht, mit positiven, auf Liebe basierenden Emotionen wie Freude und Glück umzugehen, aber sie funktioniert nicht so gut, wenn du dich in einem negativen Gemütszustand befindest.

Der Thalamus verhält sich wie eine Sendestation

Der Thalamus (tief in der Mitte des Gehirns) funktioniert wie eine Sendestation und alarmiert die Amygdala über jede eingehende Information aus den fünf Sinnen. Wie läuft das ab?

Die Amygdala funktioniert wie eine Bibliothek, in der die emotionalen Wahrnehmungen gespeichert werden, die bei jedem Aufbau eines Gedankens auftreten. Mit anderen Worten: Jedes Mal, wenn du eine Erinnerung aufbaust, aktivierst du Emotionen. Das endokrine System im Gehirn muss die richtigen chemischen Stoffe – die Moleküle der Emotionen und Informationen – freisetzen, die für den Aufbau gesunder oder toxischer Erinnerungen notwendig sind. Da die Amygdala in ständiger Kommunikation mit dem Hypothalamus steht, der als Reaktion auf dein Gedankenleben Hormone ausschüttet, kannst du die Reaktion deines Körpers auf deine Gedanken spüren. Diese physischen Reaktionen – schneller Herzschlag und Adrenalinschub – zwingen dich zu einer Entscheidung darüber, ob du die Informationen annimmst oder ablehnst, wobei deine Entscheidung davon abhängt, wie du dich physisch fühlst.

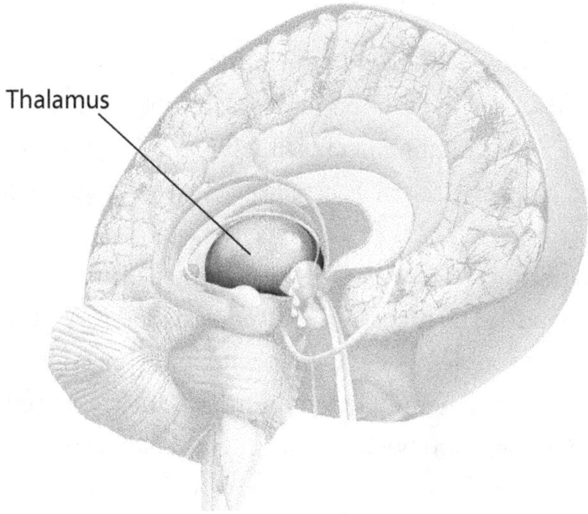

Um dich noch besser zu unterstützen, verfügt die Amygdala über Kommunikationsleitungen, die mit dem Frontallappen verbunden sind, der das Denken, die Entscheidungsfindung, die Analyse und die Strategiebildung steuert – alles Funktionen der Exekutivebene. Diese Verbindung ermöglicht es dir, die Emotionen, die du physisch in deinem Körper erfährst, auszugleichen und vernünftig zu reagieren. Hier ist der spannende Teil: In diesem Moment kannst du dich dafür entscheiden, *nicht* mehr über das Problem nachzudenken, und diese temporären Gedanken werden sich auflösen.

FRAGE: Man muss sich nicht von seiner Wahrnehmungsbibliothek – also von seinen Emotionen – beherrschen lassen. Fühlst du dich von deinen Gefühlen beherrscht, die aus den in deinem Verstand aktiven Gedanken hervorgegangen sind?

Der Hippocampus als Gedankenwandler

Wenn du jedoch nicht aufhörst, über das Problem nachzudenken, werden alle Informationen, einschließlich der geweckten toxischen oder nicht-toxischen Einstellung, in eine seepferdchenförmige Struktur namens Hippocampus fließen.

Der Hippocampus ist eine Art Clearingstelle für Gedanken. Er stuft eingehende Informationen entweder als kurz- oder langfristig wichtig ein und legt sie entsprechend ab, wobei er temporäre Gedanken in permanente Gedanken umwandelt, die Teil deiner Persönlichkeit werden (vieles davon geschieht nachts, während du schläfst). Dazu muss der Hippocampus als zentrale Schaltstelle mit anderen Teilen des limbischen Systems interagieren – einer Gruppe von Strukturen mit Schaltkreisen, die alle aktivierten Erinnerungen integrieren und mit dem Hippocampus zusammenarbeiten, um Informationen ins Langzeitgedächtnis zu übertragen.

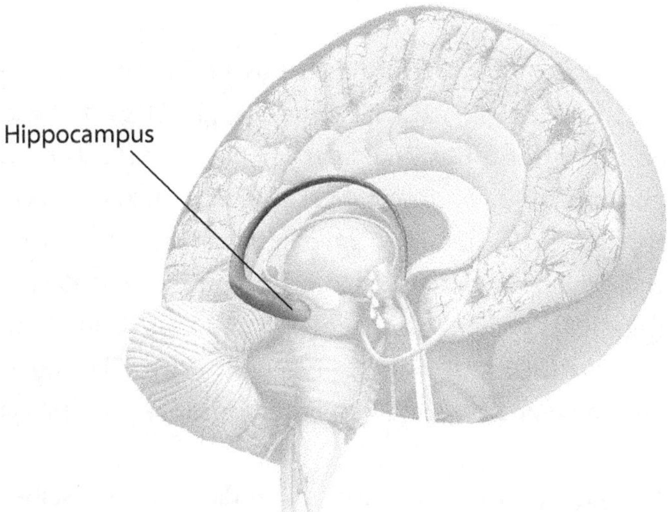

An diesem Punkt beginnst du, ernsthaft nachzudenken, um einige lebensverändernde Entscheidungen zu treffen.

FRAGE: »Möchte ich, dass diese Information ein Teil von mir wird?« – das ist die Frage, die du dir stellen solltest.

Stress

Man sollte nicht vergessen, dass toxische Erinnerungen die negativen Phasen 2 und 3 von Stress erzeugen. Die erste Phase von Stress ist gut und hält dich wach und konzentriert. Die Phasen 2 und 3 sind normaler Stress, der außer Kontrolle geraten ist.

Der Hippocampus ist extrem anfällig für Stress, da er reich an Stresshormonrezeptoren ist, die normalerweise zur Verstärkung von Erinnerungen genutzt werden. Diese Rezeptoren sind wie winzige Türchen auf Zellen, die chemische Informationen empfangen. Für diese Gehirnzellen ist übermäßiger Stress fast wie eine Explosion, die dazu führt, dass der Hippocampus Zellen verliert und schrumpft. Dies beeinträchtigt die Kommunikation zwischen dem Hippocampus und den zentralen Schaltkreisen des Gehirns, wodurch der Hippocampus keine neuen, guten Gedanken (Erinnerungen) aufbauen kann. Außerdem kommt es dadurch zu Gedächtnisverlust. Dies ist häufig bei Depressionen, Alzheimer, Demenz und anderen neuropsychiatrischen Störungen zu beobachten.

FRAGE: Toxische Gedanken sind das Ergebnis schlechter Entscheidungen. Die Stressphasen 2 und 3 sind die Reaktion deines Körpers auf toxische Gedanken. Kannst du diese Stressreaktion – Herzklopfen, Adrenalinschub oder Muskelverspannungen – in deinem Körper wahrnehmen?

Kapitel 11: Zusammenfassung

1. Sensorische Informationen fließen über die fünf Sinne in das Gehirn.
2. Vorhandene Erinnerungen im nichtbewussten Teil deines Verstandes werden aktiviert.
3. Die aktivierten Erinnerungen wandern von dem nichtbewussten Teil in den bewussten Teil deines Verstandes und vorhandene Verhaltensweisen werden aufgerufen.
4. Der Hypothalamus reagiert auf dieses Verhalten, indem er chemische Stoffe freisetzt, die für den Gedächtnisaufbau und die Emotionen benötigt werden.
5. Dadurch wird die Amygdala aktiviert, um verknüpfte emotionale Wahrnehmungen wachzurufen und mit dem Aufbau neuer emotionaler Wahrnehmungen zu beginnen.
6. Diese gesamten Informationen gelangen in den Hippocampus, der an der Umwandlung von Kurzzeiterinnerungen zu Langzeiterinnerungen beteiligt ist.
7. All diese elektromagnetische, chemische und quantenphysikalische Aktivität verlagert sich in den vorderen Teil des Gehirns.

Gehen wir nun zur Reflexionsphase über und sehen wir uns an, wie der Hippocampus beim Aufbau von Gedanken mit den zentralen Schaltkreis-Knotenpunkten des Gehirns zusammenarbeitet.

KAPITEL 12

Schritt 2: Fokussiert reflektieren

Es macht immer wieder Spaß zu sehen, wie die Wissenschaft den Anschluss an die Bibel findet, was wir in Teil 1 bereits erörtert haben. Ein Beispiel hierfür ist die fokussierte Reflexion. Sie ist ein altes biblisches Prinzip, das die meisten von uns kennen. Gleichzeitig ist sie aber auch der aktuelle Trend in der Neurowissenschaft, und es gibt Hunderte von Studien mit Schlagzeilen wie:

»Achtsamkeitsmeditation kann chronische Entzündungen lindern«[139]

»Gesundheitlicher Nutzen von ›achtsamkeitsbasierten‹ Praktiken bescheinigt«[140]

»Brustkrebs-Überlebende profitieren von Übungen zum achtsamkeitsbasierten Stressabbau«[141]

»Don't Worry, Be Happy: Achtsamkeitsmeditation richtig verstehen«[142]

»Achtsamkeits-Meditationstraining verändert die Gehirnstruktur innerhalb von acht Wochen«[143]

Ich denke, du verstehst, was ich meine.

Es läuft immer auf eine Sache hinaus

Obwohl in vielen dieser Studien über fernöstliche Meditationstechniken gesprochen wird, läuft es jedes Mal auf eine Sache hinaus. Durch tiefes, geistiges, diszipliniertes Denken, die Steuerung der Aufmerksamkeit, eine bewusste Körperwahrnehmung, Emotionsregulation und ein Selbstgefühl, das das Gehirn positiv verändert, sollen die Menschen Gesundheit, Glück und Frieden erlangen – das entspricht genau der Unterweisung in Philipper 4,8 und der daraus zu erwartenden Konsequenz: »Und nun, liebe Freunde, lasst mich zum Schluss noch etwas sagen: Konzentriert euch auf das, was wahr und anständig und gerecht ist. Denkt über das nach, was rein und liebenswert und bewunderungswürdig ist, über Dinge, die Auszeichnung und Lob verdienen.« Tatsächlich werden wir im gesamten Buch der Sprüche dazu angehalten, Weisheit zu erlangen und über Erkenntnisse zu meditieren, bis wir wirklich verstehen.

Die Blockade des toxischen Denkens auflösen

Wenn du durch toxisches Denken blockiert bist und diese Blockade auflösen willst, erreichst du das nur durch Denken, Verstehen und die Anwendung der erlangten Weisheit.[144]

Glücklicherweise stehen dir dafür alle nötigen Strukturen und physiologischen Prozesse zur Verfügung. Neuroplastizität (der Schlüssel in Kap. 3) und Quantenphysik (der Schlüssel in Kap. 7) sind zu deinem Nutzen und können dir helfen, jeden deiner Tage zu genießen. Vergiss nicht, dass du als Neuroplastiker deine Gehirnoperationen selbst durchführen kannst. Das bedeutet, dass kein Gedanke dich jemals kontrollieren darf (siehe Kap. 1 und 2).

Sobald du also den gesamten Schritt der Bewusstseinsbildung durchlaufen hast – wobei du darauf zu achten lernst, was in dein Gehirn Einlass findet und was von innen herauskommt –, musst du in die Tiefe gehen und deine Betrachtungen fokussieren. Wenn du die Schlüssel in Kapitel 4 und 5 bei diesem Schritt anwendest (deine Gedanken einfängst und in eine gezielte Ruhe eintrittst), vollzieht sich eine unglaubliche Veränderung in deinem Gehirn. Sehen wir uns ein paar der technischen Aspekte an. Diese sind mit einigen zielgerichteten Fragen durchsetzt, die dir beim Verständnis der dahinterstehenden Wissenschaft helfen sollen.

Nur eine kurze Erinnerung an dieser Stelle: Jeder dieser fünf Schritte, die du 21 Tage lang täglich ausführst, ist im Grunde sehr simpel, aber in deinem Gehirn geschehen parallel und simultan tiefgreifende neurophysiologische Dinge, die so staunenswert sind, dass du nicht anders kannst, als einer zu sein, der »Gottes Werk bewundert«, wie Thomas More es ausdrückte. Lass dich daher nicht von der Wissenschaft dahinter überwältigen, sondern betrachte sie mit Faszination und mit Bewunderung für unseren gnädigen Gott. Die Wissenschaft ist der reine Beweis seiner Gnade.

Der Ansturm auf den vorderen Teil des Gehirns

Nach dem Vorgang des Sammelns rasen die elektromagnetischen Signale – dein Denken und die vorhandenen Erinnerungen, die ins Bewusstsein zurückgeholt wurden – durch den Hippocampus zur Vorderseite des Gehirns, dem basalen Vorderhirn und dem orbitofrontalen Cortex, die sich hinter den inneren Augenwinkeln bzw. über den Augenbrauen befinden. Die Informationen fließen vierundzwanzig bis achtundvierzig Stunden lang durch den Hippocampus und werden, vorne angekommen, bei jedem Zyklus weiter amplifiziert (verstärkt).

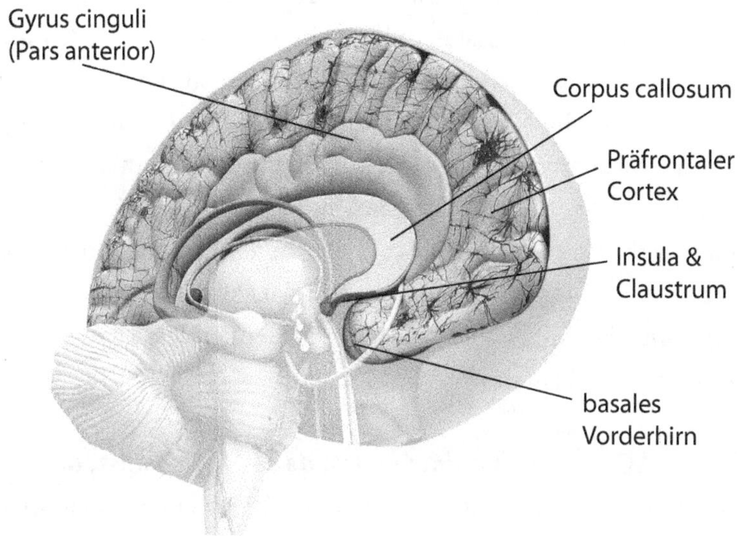

Der freie Wille

Diese Amplifikation setzt eine wunderbare Reihe von Ereignissen in Gang, die so grandios sind, dass sie nur das Werk deines Schöpfers widerspiegeln können. Diese Kette von Ereignissen ist dein freier Wille und deine Entscheidungsfähigkeit, ein wahres Geschenk. (Bevor du fortfährst, sieh dir bitte noch einmal die Zusammenfassungen der Kapitel 1, 2, 3 und 7 an.)

Der Gedanke wird empfänglich für Veränderungen

Der Amplifikationsprozess bedeutet, dass der Gedanke bewusst ist und »labil« wird, was heißt, er ist instabil und veränderbar. Er muss sich sogar verändern (siehe Kap. 3). Die Wissenschaft des Denkens verlangt, dass Veränderung erfolgen muss, entweder durch eine Verstärkung des Gedankens in seinem Istzustand oder indem er teilweise bzw. in seiner Gesamtheit verändert wird.

Die Erinnerung kann nicht als Teil deiner inneren Einstellung in den nichtbewussten Teil deines Verstandes zurücksinken, ohne in irgendeiner Weise verändert worden zu sein. Das ist eine ganz wundervolle Nachricht für dich, aber sie unterstreicht auch die Verantwortung, die du für dein Gedankenleben übernehmen musst. Kein Gedanke ist harmlos, noch bleibt er gleich – er verändert sich ständig. Wie ich in Teil 1 bereits erläutert habe, veränderst du die Landschaft deines Gehirns ständig und zwar von Augenblick zu Augenblick. Du bist ein denkendes, kreatives Wesen – geradezu brillant.

FRAGE: Kannst du dich jetzt, da dir bewusst ist, dass Gedanken instabil und veränderbar sind, wenn sie sich im bewussten kognitiven Teil deines Verstandes befinden, mal auf einen bestimmten Gedanken konzentrieren und ausprobieren, wie du ihn verändern kannst?

Du denkst und veränderst dich dabei

Diese konstante Veränderung bedeutet, dass du umso mehr Veränderungen vornehmen kannst, je tiefer du denkst. Diese Veränderung ist real und geschieht über elektromagnetische und quantenphysikalische Einflüsse sowie durch Neurotransmitter, die die Genexpression und die Proteinsynthese aktivieren (siehe Kap. 2 und 3).

Zur Erinnerung: Proteine werden hergestellt und verwendet, um neue Äste zu bilden, die deine Gedanken speichern. Wenn du also den Gedanken nicht loswirst, verstärkst du ihn. Das ist phänomenal, denn die Wissenschaft bestätigt, dass man mit seinem freien Willen entscheiden kann, in die Genexpression, also die Proteinsynthese, einzugreifen (Kap. 2). Wenn du sagst, du kannst oder willst nicht, wird diese Entscheidung tatsächlich eine Proteinsynthese in Gang setzen und dein Gehirn hin zu einer »Ich kann nicht«- oder »Ich will nicht«-Haltung verändern. Merke dir immer, dass der Geist die Materie kontrolliert (Kap. 1). Mit einem Mal wird es noch viel wichtiger, »jeden Gedanken gefangen zu nehmen« (2Kor 10,5). Die Gedanken werden durch die »Erneuerung des Denkens« (Röm 12,2 EÜ) ständig umgestaltet.

FRAGE: Du musst eine Entscheidung treffen. Willst du aus diesen neuen Informationen, die dir in den Sinn kommen, Erinnerungen aufbauen?

Wenn du dies tust, veränderst du, wie du in Kapitel 2 und 3 gesehen hast, dank seiner Neuroplastizität tatsächlich die physische Struktur deines Gehirns. Das liegt daran, dass das Denken wichtige Neurotransmitter – also Botenstoffe im Gehirn, die elektrische Impulse übertragen – zum Fließen bringt. Diese Neurotransmitter sowie die elektromagnetische und quantenphysikalische Aktivität verursachen Veränderungen tief im Inneren der Zelle, die, wie ich bereits beschrieben habe, die Genexpression und die Proteinsynthese beeinflussen.

Aufbau physischer Gedanken mithilfe von Vorstellungskraft

Die Forschung hat gezeigt, dass mentale Übungen – Imagination, Visualisierung, tiefes Denken und Reflektieren – dieselben physischen Veränderungen im Gehirn hervorrufen, die auch durch die tatsächliche Ausführung der entsprechenden Vorgänge bewirkt würden. Wir sehen dieses Prinzip in der Bibel: »Nichts, was sie als machbar ansehen, wäre ihnen noch unmöglich« (1Mo 11,6 AMP). Hirnscans zeigen, dass die durch eine Handlung aktivierten Bereiche des Gehirns dieselben sind, die durch bloßes Nachdenken über eine Handlung aktiviert werden. Dies führt zu einem ganz neuen, tieferen Verständnis dieses Bibelverses: »Der Glaube ist die Substanz dessen, was man erhofft, ein Beleg für die Dinge, die man nicht sieht« (Hebr 11,1 KJV).

Dinge mental zu wiederholen zeigt sich im Alltag als großartiges Beispiel dafür, wie man über tägliche Handlungen bewusster und tiefer nachdenken kann und so mit jedem Mal, wenn man das tut, das eigene Gedächtnis verändert. Wenn ein Chirurg beispielsweise eine Operation durchführen will, übt er zunächst jeden einzelnen Schritt mental ein, so wie es auch ein Sportler vor einem Spiel oder ein Student vor einer Prüfung tut. Während des gedanklichen Durchgehens wird die neu aufgebaute Erinnerung immer stabiler und beginnt verstärkt, Verbindungen zu benachbarten Nervenzellen aufzubauen und diesen Gedanken in andere Gedankenmuster zu integrieren. Dies führt zu einer Automatisierung, über die ich in Kapitel 8 gesprochen habe.

FRAGE: Hast du schon einmal tagelang etwas geistig wiederholt ablaufen lassen, fast so, als bekämst du es nicht aus dem Kopf? Wie hast du dich dabei gefühlt?

Ein gesunder Gedanke und ein schädlicher Gedanke können beide durch mentale Wiederholung aufgebaut werden. Aber man kann toxische Gedankenfestungen niederreißen, indem man beschließt, den Gedanken zur Analyse ins Bewusstsein zu bringen und ihn dann durch Umkehr und Vergebung – was die Proteinsynthese auslöst – zu verändern und ihn, wo nötig, durch die richtige Information zu ersetzen, wobei Philipper 4,8 oder eine vergleichbare Bibelstelle als Leitfaden verwendet werden kann.

FRAGE: Wie reißt du die schädliche Gedankenfestung ein?

Der Beitrag des Herzens

Wenn man über Denken, freien Willen und Verständnis spricht, muss man auch den faszinierenden Beitrag des Herzens zum Denken und zur Entscheidungsfindung berücksichtigen. Dein Herz ist nicht bloß eine Pumpe; es unterstützt dich bei der Entscheidungsfindung und bei deinen Erwägungen und wirkt wie eine Kontrollstation für sämtliche Emotionen, die durch den Fluss der Botenstoffe aus den Gedanken erzeugt werden. Tatsächlich ist jede einzelne Zelle mit dem Herzen verbunden, und da dein Herz auf dein Gehirn reagiert und von diesem gesteuert wird, wird jede einzelne Zelle in deinem Körper von deinen Gedanken beeinflusst.

Dein Herz steht in ständiger Kommunikation mit deinem Gehirn und dem Rest deines Körpers und überprüft die Richtigkeit und Intaktheit deines Gedankenlebens. Wenn du dabei bist, eine Entscheidung zu treffen, meldet sich dein Herz mit einem leisen Ratschlag zu Wort. Es lohnt sich, auf diesen Rat zu hören, denn wenn du auf dein Herz hörst, schüttet es das ANP (atriales natriuretisches Peptid) aus – ein vom Herzen produziertes Hormon, das den Blutdruck reguliert und dir ein Gefühl des Friedens geben kann.

FRAGE: Welche Rolle spielt das Herz beim fokussierten Reflektieren?

Sachkompetenz

Wenn man tief nachdenkt, um zu verstehen, geht man über die reine Speicherung von Fakten und Antworten hinaus und speichert Schlüsselkonzepte und Strategien, die einem helfen können, zu eigenen Antworten zu finden. Solche Gedanken wurden ausreichend gefestigt und stabilisiert, sodass du unmittelbaren Zugang zu ihnen hast. Wenn dies geschieht, hast du einen bestimmten Grad an Sachkompetenz erreicht. Aber dies kann sowohl in negativer als auch in positiver Richtung geschehen, mit allen damit verbundenen Auswirkungen.

Du solltest dir das zum Ziel setzen, wofür du von Natur aus konzipiert bist – für tiefes, geistiges, nicht-toxisches Denken (Mt 5,48). Fokussiertes Reflektieren hilft bei diesem Prozess, aber damit die Proteinsynthese sich konsolidieren, stabilisieren und zu einem Teil von dir werden kann, sind Wiederholungen und Übungen in häufigen, zeitlich aufeinander folgenden Intervallen notwendig. Die nächsten drei Schritte zur Gedankenbildung – aufschreiben, erneut betrachten, aktiv ergreifen – zeigen dir, wie du dir das zunutze machen kannst, um deine Proteinsynthese zu stabilisieren oder deine Erinnerung wieder wachzurufen, damit du sie umschreiben oder verändern kannst.

Im Inneren des Gehirns

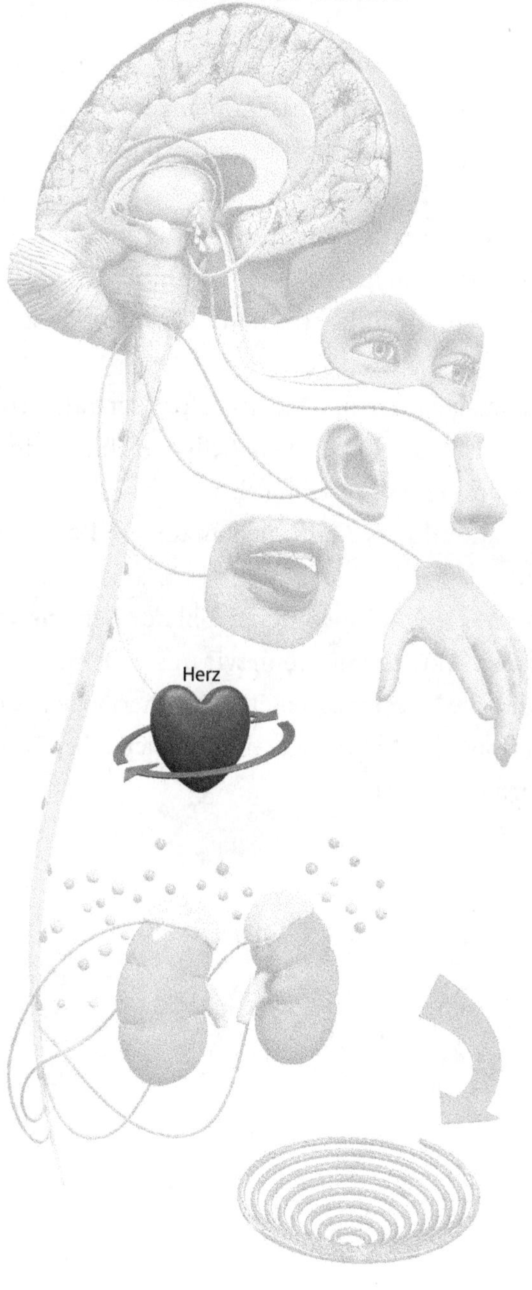

Kapitel 12: Zusammenfassung

1. Fokussiertes Denken konzentriert sich gezielt auf einen Gedanken mit all seinen Zusammenhängen.
2. Es ist ein geordneter und tiefer geistiger Prozess.
3. Diese disziplinierte Art des Denkens weist als Elemente eine bewusste Steuerung der Aufmerksamkeit, eine Vermeidung von Überreaktionen und die Verhinderung chaotischer Gedanken auf, die unkontrolliert durch den Verstand gehen wollen.
4. Mit dazu gehören eine bewusste Körperwahrnehmung, Emotionsregulation und ein Selbstgefühl, das im Gehirn zu positiven Veränderungen führt.
5. Die Schlüssel 1 bis 8 kommen an diesem Punkt richtig zum Tragen.
6. In der Mitte und im vorderen Teil des Gehirns kommt es zu enormen Aktivitäten, wenn wir unser Denken fokussieren.
7. Jetzt ist die Neuroplastizität das vorherrschende Merkmal, denn sobald du dein Denken fokussierst, beginnst du, dein Gehirn neu zu gestalten.

Kapitel 13

Schritt 3: Aufschreiben

Dein Gehirn schreibt mittels Genexpression. Wenn du also Dinge zu Papier bringst oder in deinen Computer oder iPad oder sonstige Geräte eingibst, spiegelst du damit diesen Prozess wider. Das Aufschreiben deiner Gedanken ist wichtig bei der Technik, die du hier erlernst, denn der konkrete Vorgang des Schreibens verfestigt den Gedanken und bringt Klarheit in das, worüber du nachgedacht hast. Es hilft dir, den Bereich, der entgiftet werden muss, besser zu sehen, indem es dir ermöglicht, deine nichtbewussten und deine bewussten Gedanken auf visuelle Weise zu betrachten. Es ist fast so, als würdest du dein Gehirn auf dem Papier abbilden.

FRAGE: Inwiefern fördert das Aufschreiben deine Entgiftung?

An diesem Prozess sind die Basalganglien, das Kleinhirn und der motorische Cortex beteiligt. Lass uns als Erstes über die Basalganglien sprechen.

Die fleißigen Basalganglien

Zwischen der Großhirnrinde (an der Außenseite des Gehirns) und dem Mittelhirn (sowohl in der linken als auch in der rechten Hemisphäre) befindet sich eine komplexe Gruppe neurologischer Netzwerke, die mit der Großhirnrinde verbunden sind. Diese aus mehreren Kernen bestehende Gruppe sind die Basalganglien. Die Basalganglien prägen neben anderen Aufgaben den Denk- und Lernprozess, indem sie dem Hippocampus, dem Frontallappen und dem Corpus callosum helfen, Gedanken und Emotionen in unmittelbare Handlungen umzusetzen.

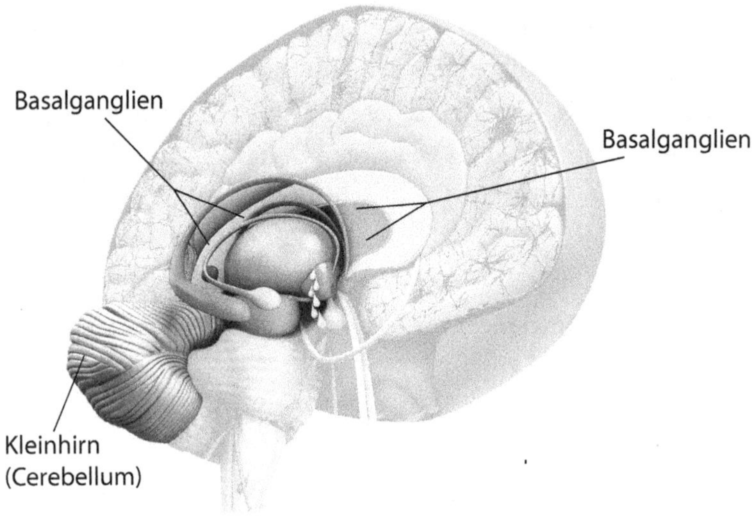

Wir erinnern uns, dass alle Teile des Gehirns harmonisch zusammenarbeiten; der Prozess involviert nie nur eine Struktur allein. Die Basalganglien tun dies, indem sie dazu beitragen, dass die Erinnerungen in die Bäume der Großhirnrinde eingefügt werden.

Sie regulieren auch die Feinmotorik und bestimmen die Ruherate bei Angstzuständen. Zusammen mit dem motorischen Cortex des Gehirns hilft dir das Kleinhirn, die soeben erfasste Information aufzuschreiben. Das Kleinhirn unterstützt auch die kognitive Flüssigkeit; es bestimmt also die Leichtigkeit, mit der du Denkprozesse beim Einschätzen von Optionen durchläufst.

Deine Gehirnstrukturen zeigen sich intensiv in den Schreibprozess eingebunden, denn Schreiben ist ein komplexer kognitiver und metakognitiver Vorgang, der tiefes Denken erfordert. Zum Beispiel werden die Strukturen im Frontallappen beim Denk- und Entscheidungsanteil des Schreibvorgangs sehr aktiv; der Temporallappen und der Hippocampus werden in das Abrufen vorhandener Erinnerungen einbezogen; die emotionalen Komponenten jedes aktivierten Gedankens erzeugen Gefühle; und die Strukturen in der Mitte des Gehirns, die für die emotionalen Wahrnehmungen zuständig sind, bringen erhöhte Leistung, um nur einige Dinge zu nennen. Die Komplexität, die Gott hier erschaffen hat, ist einfach atemberaubend.

FRAGE: Wobei helfen die Basalganglien dir?

Wie du deine Gedanken am besten aufschreibst

Die Art und Weise, wie du deine Gedanken aufschreibst, ist sehr wichtig. Manche Vorgehensweisen beim Festhalten von Informationen wirken effektiver mit den Prozessen in deinem Gehirn zusammen als die traditionelle lineare Erfassung von Notizen mit nur einer Stiftfarbe. Das Arbeitsbuch und die DVD-Reihe aus meinem »Schalte dein Gehirn an«-Programm[145] bietet Ideen zu hirngerechten Schreibmethoden.

Ich rege jeden, der ein Gedankentagebuch führt, dazu an, kreativ mit seinen Eintragungen umzugehen. Und jeden, der den Prozess der Gedankenentgiftung durchläuft, ermutige ich zu einem spielerischen Umgang mit seinem Journal. Man sollte sich nicht darauf beschränken, nur in geraden Linien zu schreiben. Wenn es Wortassoziationen oder -gruppierungen gibt, die dir bei deiner Konzentration auf Informationen natürlich erscheinen, gruppiere sie auf einer Seite. Zeichne ein Bild oder ein Diagramm, das zu diesem gedanklichen Ausdruck passt. Füge Farbe oder Textur hinzu. Lass die Eindrücke in deinem Kopf auf das Blatt fließen.

Das Metakog

Wenn ich Schülern helfe, ihre Lern- und Merkfähigkeit zu entwickeln, bringe ich ihnen eine von mir entwickelte Methode namens *Metakog* bei. Der Name mag ein wenig seltsam klingen, aber der Prozess an sich ist faszinierend.

Die Methode ist simpel: Gruppiere Strukturen, die von einem zentralen Punkt ausgehen. Jede Struktur, die mit dem zentralen Punkt verbunden ist, erzeugt einen Ast. Dann entwickelst du die einzelnen Äste weiter, indem du immer detailliertere Strukturen mit ihnen verknüpfst. Dieser Verästelungsvorgang kann fortgesetzt werden, bis du jede Nuance deines Gedankens ergründet hast.

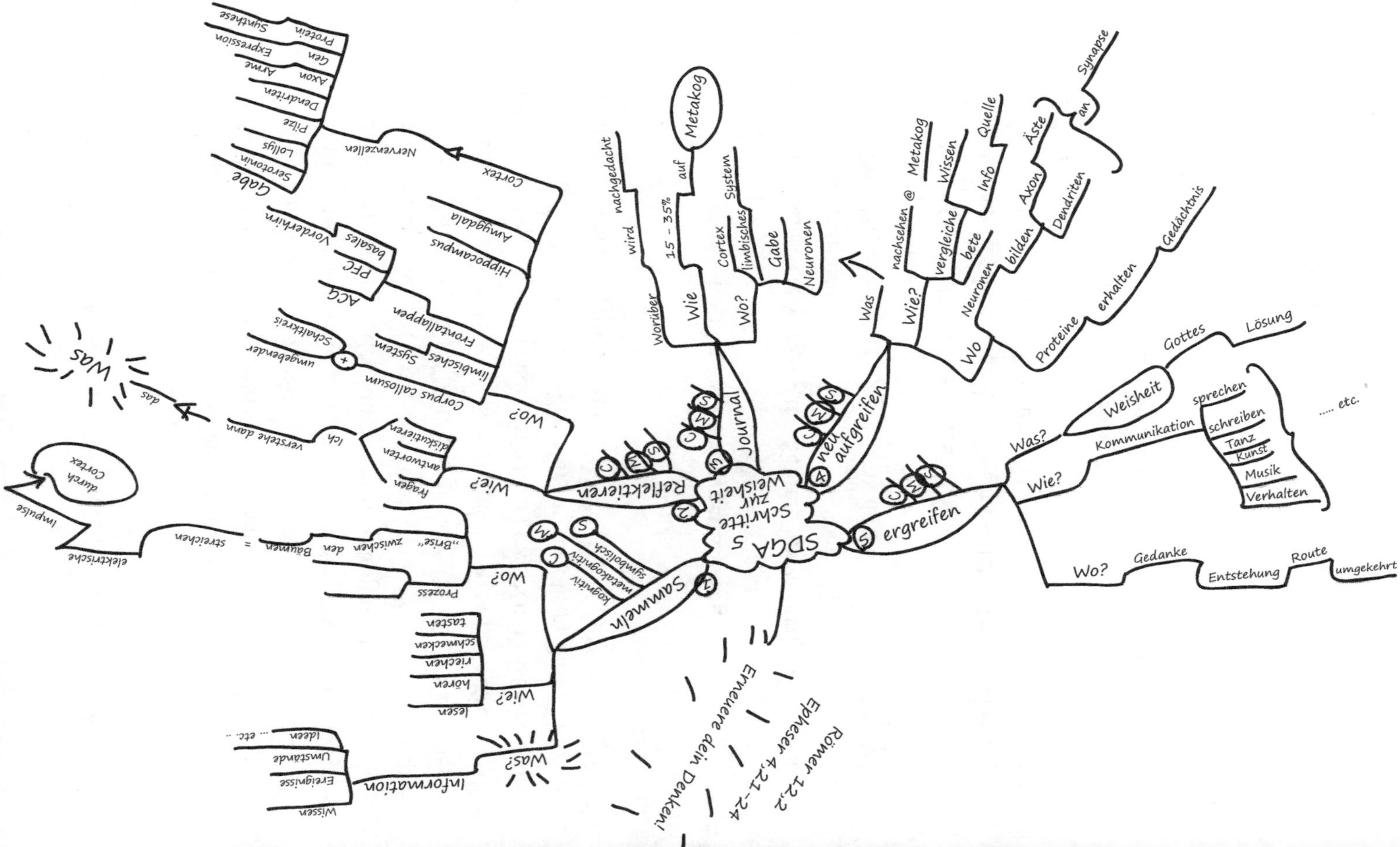
SDGA 5 Schritte zur Weisheit
Erneuere dein Denken!
Epheser 4,21-24
Römer 12,2
1 Sammeln
kognitiv
metakognitiv
symbolisch
C
M
S
Was?
Information
Wissen
Ereignisse
Umstände
Ideen
... etc. ..
Wie?
lesen
hören
riechen
schmecken
tasten
Wo?
Prozess
„Brise“ zwischen den Bäumen = streichen
elektrische
Impulse
durch Cortex
2 Reflektieren
Wie?
fragen
antworten
diskutieren
Ich verstehe dann das
Was
Wo?
Corpus callosum
umgebender
Schaltkreis
limbisches System
Frontallappen
ACG
PFC
basales Vorderhirn
Hippocampus
Amygdala
Cortex
Nervenzellen
Gabe
Serotonin
Lollys
Pilze
Dendriten
Axon
Arme
Gen
Expression
Protein
Synthese
3 Journal
Worüber wird nachgedacht
Wie 15 - 35% auf Metakog
Wo?
Cortex
limbisches System
Gabe
Neuronen
4 neu aufgreifen
Was
Wie?
nachsehen @ Metakog
vergleiche Wissen
bete
Info
Quelle
Wo
Neuronen
bilden
Axon
Äste
Dendriten
an
Synapse
Proteine
erhalten
Gedächtnis
5 ergreifen
Was?
Weisheit
Gottes
Lösung
Wie?
Kommunikation
sprechen
schreiben
Tanz
Kunst
Musik
Verhalten
..... etc.
Wo?
Gedanke
Entstehung
Route
umgekehrt

Diese Methode, deine Gedanken frei fließen zu lassen, regt beide Gehirnhälften dazu an, zusammenzuarbeiten, um die zwei verschiedenen Perspektiven des Denkens miteinander zu verbinden – die linke Seite des Gehirns erfasst Informationen im Detail und arbeitet sich zum Gesamtbild vor, die rechte Seite des Gehirns hingegen erfasst das Gesamtbild und zoomt von dort in die Details.

Damit etwas vollständig erfasst und verstanden werden kann – was die Umwandlung der Kurzzeiterinnerung in eine Langzeiterinnerung zur Folge hat – müssen beide Denkperspektiven zusammenkommen. Ein solches Metakog gibt dir die Möglichkeit, deine Gedanken auf dem Papier zu sehen und die Art und Weise, wie du denkst und worüber du nachdenkst, zu bewerten. Es ist eine großartige Methode, deine Denkmuster zu verfolgen, damit du dein Gedankenleben entgiften kannst.

Kapitel 13: Zusammenfassung

1. Der konkrete Vorgang des Schreibens verfestigt Gedanken (die Erinnerung).
2. Das Aufschreiben bringt Klarheit in das, worüber du nachgedacht hast.
3. Schreiben hilft dir, den Bereich, der entgiftet werden muss, besser zu sehen, indem es dir ermöglicht, deine nichtbewussten und deine bewussten Gedanken auf visuelle Weise zu betrachten.
4. Führe ein Gedankentagebuch.
5. Lass deine Gedanken frei fließen und ordne sie erst im nächsten Schritt – bei der erneuten Betrachtung.

Kapitel 14

Schritt 4: Erneut betrachten

Deine Einträge erneut zu betrachten, wird für dich eine aufschlussreiche Auseinandersetzung. Diese Erfahrung ist auch deshalb spannend, weil sie einen progressiven »Schritt nach vorn« darstellt – du schaust, wo du stehst, und überlegst, wie du Veränderungen herbeiführen kannst.

Nachdem du alles bewusst erfasst und es fokussiert reflektiert hast und auch deine Gedanken dazu notiert sind, werden die neuroplastischen Aktivitäten, die du damit stimuliert hast, erheblich sein. Sie werden dein Gehirn in einen hochaktiven und dynamischen Zustand versetzt haben, sodass es nun bereit ist für fantastische positive Veränderungen. Dies ist der perfekte Zustand für eine Neuvernetzung.

In diesem Schritt geht es darum, dass du die gewünschten Veränderungen einbaust. Du kannst nun deinen neuen, gesunden Gedanken entwickeln, um den toxischen Gedanken, den du loswerden willst, zu ersetzen. Es geht darum, den betreffenden Gedanken, an dem du gerade arbeitest, umzugestalten, anders zu strukturieren und neu aufzubauen.

Gedanken werden plastisch genug für eine Umgestaltung

Wie ich bereits erklärt habe, nehmen die Gedanken, wenn sie aktiviert und in das Bewusstsein gedrängt werden, einen labilen Zustand an, was bedeutet, dass sie verändert werden können. Wenn sich eine Erinnerung in diesem plastischen Zustand befindet, kann sie modifiziert, abgeschwächt oder umgeschrieben und neu konzeptualisiert werden, indem man in die Proteinsynthese eingreift – ein wichtiger molekularer Prozess bei der Gedankenbildung. An dieser Stelle führst du einige schwerwiegende Eingriffe an deinem Gehirn durch (siehe Kap. 3).

Bildliche Darstellung eines gesunden Gedächtnisses

Bildliche Darstellung eines toxischen Gedächtnisses

Das ist wirklich spannend, denn wenn der Gedanke nach dem Sammeln, der fokussierten Betrachtung und dem schriftlichen Festhalten erst einmal im Bewusstsein ist, kann man den Gedanken umgestalten und ihn damit verändern, oder man übernimmt ihn unverändert und verstärkt ihn. Du hast die Wahl. Falls du den 21-tägigen Gehirn-Detox-Plan durchführen solltest, hast du dich offensichtlich dafür entschieden, die negativen, toxischen Gedanken zu verändern.

Gott bereichert die Wissenschaft des Denkens um diese erstaunliche Fähigkeit, den Verstand zu erneuern und dadurch wiederum das Gehirn neu zu vernetzen. Du kannst also jedes Mal, wenn ein Gedanke dein Bewusstsein beherrscht, etwas mit ihm machen. Du bist kein Opfer deiner Biologie; du kannst deine Reaktionen auf Ereignisse und Umstände kontrollieren. Du kannst wählen, ob dein Denken bleiben soll, wie es ist, oder ob du es veränderst. So oder so findet die Proteinsynthese statt. Die toxische Erinnerung wird entweder verändert oder verstärkt. Dieser Prozess spielt die Hauptrolle bei dem Schritt der erneuten Betrachtung.

FRAGE: Wie können Gedanken umgestaltet werden?

Wie man Gedanken umgestaltet

Bei der erneuten Betrachtung wertest du aus, was du aufgeschrieben hast, und überlegst dir, wie der gesunde, neue Gedanke, den du aufbauen willst, aussehen soll. Du arbeitest den weiteren Weg aus, ein Stück nach dem anderen. Denk daran, dass du dafür 21 Tage Zeit hast, also versuche nicht, alles an einem Tag zu erledigen. Stell dir vor, wie das Endergebnis aussehen soll, aber lass dir 21 Tage Zeit, um es zu erreichen.

Du hast nicht nur Gelegenheit, deine zu Papier gebrachten Gedanken zu untersuchen, sondern kannst im Verlauf auch deine Reaktion auf diese Informationen überdenken – dabei beurteilst du, wie toxisch der Gedanke ist, und schreibst ihn dann wieder zu einem gesunden und starken Teil deiner Erinnerungsbibliothek um.

Indem du dir dein Gedankenleben bewusst machst, schreibst du deine zugrundeliegenden neuronalen Netzwerke um und veränderst sie. Du musst die toxischen Gedanken aufdecken, die in deinem Verstand derart heftige Konflikte schaffen und potenziell solch radikale elektrochemische Ungleichgewichte verursachen, dass diese im Extremfall dazu führen, dass Teile von dir vom Rest deiner Person abgeschnitten werden. Während das Sammeln, das fokussierte Reflektieren und das schriftliche Festhalten bei diesem Prozess des Umschreibens und Neuvernetzens eine große Rolle spielen, ist das erneute Betrachten ein selbstreflektierender Vorgang (siehe Kap. 5), der den Zweck hat, sich von den inneren Konflikten mithilfe einer positiven Planung des Auswegs zu befreien. Es ist ein konstruktiver Schritt, der dich durch das Problem führt und kumulativ ist. Das bedeutet, dass du tief denken und alle Schlüssel anwenden musst. Es braucht 21 Tage, um beim Denken die Art von Tiefe zu erreichen, die tatsächlich zu einer Veränderung führt. Du musst also nicht alles am ersten Tag lösen – das zu versuchen, wäre sogar sehr unklug.

FRAGE: Was ist der Hauptzweck dieser Selbstbetrachtung?

Bei der erneuten Betrachtung geht es nicht nur darum, dir anzusehen, wie du mit deinen Umständen umgehst, sondern du überdenkst auch nochmals deine Reaktionen, wobei du ihr Toxizitätslevel einschätzt und sie gegebenenfalls erneut umschreibst. Dies ist ein positiver, lösungsorientierter Schritt. Er fühlt sich sicher an, weil du den Weg nach vorn ausarbeitest.

Hierbei bietet sich die Bibel als perfekter Leitfaden an, weil sie alle korrekten Prinzipien für den Umgang mit Toxizität darlegt. Wenn du bei diesem Schritt der erneuten Betrachtung entdeckst, dass du ein Mensch bist, der sich ständig Sorgen macht, dann ist Matthäus 6,25, wo uns die Bibel anweist, uns nicht um den morgigen Tag zu sorgen, ein guter Vers für dich, den du anwenden solltest.

Wenn du dich also bei deiner erneuten Betrachtung an den Prinzipien aus Gottes Wort statt an der weltlichen Psychologie orientierst, hast du eine narrensichere Methode, mit der du das Richtige tust.

Kapitel 14: Zusammenfassung

1. Der Schritt der erneuten Betrachtung ist ein Schritt nach vorn, bei dem du Lösungen und Möglichkeiten zur Bewältigung deiner Situation erarbeitest.
2. Dabei untersuchst du, wo du stehst, und schätzt ein, wo es für dich hingeht.
3. Darüber hinaus hast du Gelegenheit, deine Reaktionen noch einmal zu überdenken, ihr Toxizitätslevel einzuschätzen und die betreffenden Gedanken anders zu strukturieren, umzugestalten und erneut umzuschreiben.

Kapitel 15

Schritt 5: Aktiv ergreifen

Das aktive Ergreifen ist der herausfordernde, aber spannende Teil dieses Lernprogramms. Es geht dabei um Maßnahmen und Übungen, die du im Laufe des Tages und des Abends durch Sprechen und/oder Handeln durchführst. Im Wesentlichen übst du die Nutzung des neuen, gesunden Gedankens so lange ein, bis er automatisiert wird wie eine gute Gewohnheit (siehe Kap. 8). Du entscheidest, wie diese Akte des aktiven Ergreifens in den Schritten 4 und 5 jeden Tag aussehen sollen. Am jeweils darauffolgenden Tag überprüfst und bewertest du sie und änderst sie gegebenenfalls. So gehst du während des gesamten 21tägigen Gehirn-Detox-Plans vor.

Handeln liefert Ergebnisse

Das *Handeln* als Wesensmerkmal des aktiven Ergreifens führt dazu, dass die Äste aus deinen Gedankenbäumen *herausgelöst* werden. Die Schritte 1 bis 4 haben die Äste gelockert und geschwächt, aber Schritt 5 zerstört die Äste regelrecht. Und jetzt erfährst du, wie das funktioniert und warum das aktive Ergreifen so wichtig ist.

Im Inneren des Gehirns

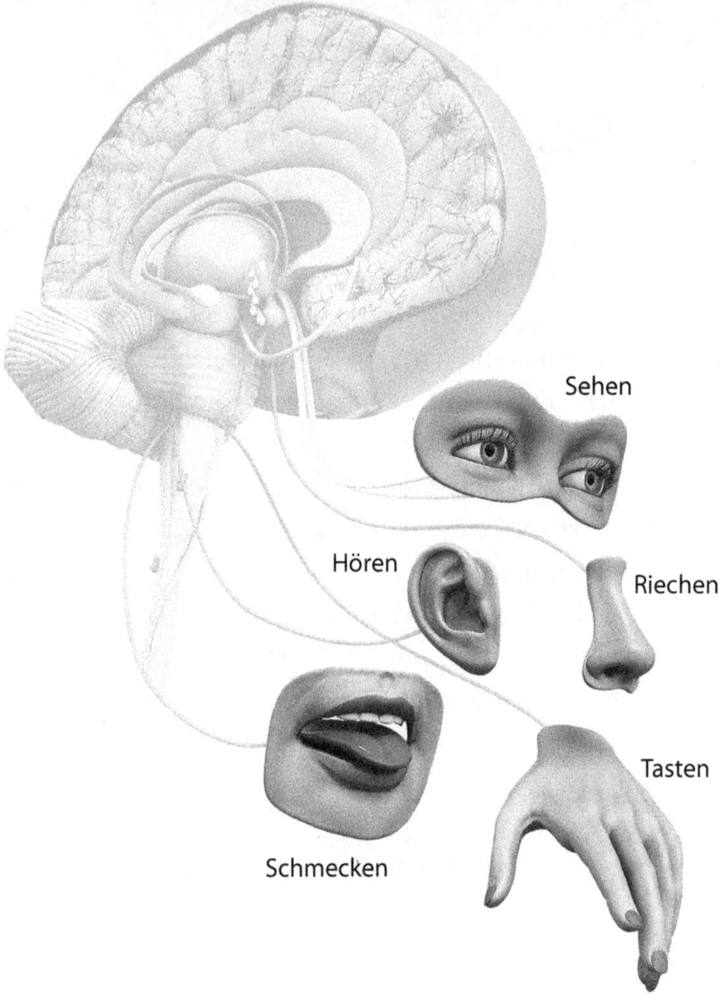

Die Äste mit allen Erinnerungen und Emotionen sind mit einem klebstoffartigen Protein am Zellkörper befestigt – wie Äste, die aus einem Baumstamm wachsen. An den Ästen, die am häufigsten benutzt werden, befindet sich mehr Klebstoff, sodass drei Dinge geschehen, wenn du deine Aufmerksamkeit vom negativen, toxischen Gedanken auf den positiven, gesunden, neuen Ersatzgedanken verlagerst.

1. Die elektromagnetischen und quantenphysikalischen Signale aus deinem Entschluss zur Veränderung greifen die Äste der toxischen Gedanken an und schwächen sie, weil diese Signale stärker sind als die negativen Gedanken.
2. Dies führt zu einer Ausschüttung von neurochemischen Stoffen wie Oxytocin, das umformend wirkt, Dopamin, das die Motivation und Konzentration erhöht, und Serotonin, das dir ein Wohlgefühl vermittelt. Diese Substanzen schwächen zudem die toxischen Äste.
3. Der »Klebstoff« beginnt, vom toxischen Baum zu dem gesunden Baum zu wandern.

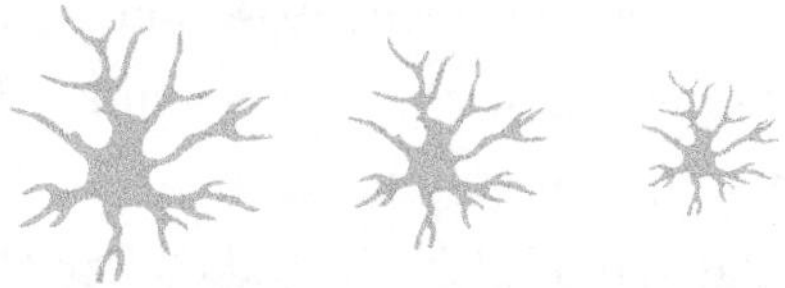

FRAGE: Worin liegt die Kraft des Handelns bei diesem Schritt des aktiven Ergreifens?

Dein Glaube manifestiert sich

Das aktive Ergreifen ist der Schritt, bei dem du dich über das toxische Denken hinaus ausstreckst, indem du das Prinzip »Glaube ohne Werke ist tot« (Jak 2,20) anwendest. Hier manifestiert sich dein Glaube und du fängst jetzt an, die bis hierhin erfolgte Entgiftung tatsächlich zu nutzen – du streckst dich aus. Es ist der letzte Schritt in dem Prozess, bei dem das Gehirn angeschaltet und entgiftet wird. Aber ohne die in den vorangegangenen Schritten geschaffene Grundlage kannst du dich nicht erfolgreich ausstrecken und Dinge aktiv ergreifen. Erst wenn du alle diese Schritte durchlaufen und den Prozess abgeschlossen hast, kannst du weitergehen, und zwar vorwärts, in eine positive Richtung.

Ein aktives Ergreifen ist nicht nur die Entscheidung, zu vergeben; es ist das tatsächliche Vergeben. Es ist nicht nur die Entscheidung, daran glauben zu wollen, dass Gott heilt; es ist der tatsächliche Glaube. Es ist nicht nur der Entschluss, sich nicht mehr um die eigenen Kinder zu sorgen und stattdessen darauf zu vertrauen, dass sie die richtigen Entscheidungen treffen werden, weil Gott über sie wacht; es ist das tatsächliche Aufgeben aller Sorgen. Es ist nicht nur das Bekenntnis, dass Gott sich um deine Bedürfnisse kümmern wird, sondern die feste Überzeugung davon. Es ist nicht nur der Entschluss, Gewicht zu verlieren; es ist der tatsächliche Wechsel zu einem gewichtsreduzierenden Lebensstil. Es ist nicht nur die Entscheidung, nicht mehr in der Vergangenheit zu verweilen; es ist das tatsächliche Begraben der Vergangenheit. Es ist nicht nur die Entscheidung, nicht negativ zu reden; es ist das tatsächliche Vermeiden von negativem Reden, ganz egal, wie sehr man dazu versucht ist. So sieht es aus, wenn man sich über seine Grenzen hinaus ausstreckt.

Das Durchlaufen der Sequenz

Wenn du die 5-Schritte-Sequenz – sammeln, reflektieren, aufschreiben, erneut betrachten, aktiv ergreifen – durchlaufen hast, um deine Gedanken zu entgiften und gleichzeitig gesundes Denken aufzubauen, wirst du eine sichere Grundlage für Veränderung, Gesundheit und ganzheitliches Wohlbefinden geschaffen haben.

Das wird jedoch nicht funktionieren, wenn du lediglich ein positives Lippenbekenntnis abgibst, ohne eine solide Grundlage zu haben. Dadurch entsteht das, was die Wissenschaft »kognitive Dissonanz« nennt.

Der Aufbau einer auf Veränderung zielenden Struktur auf einer fehlerhaften Grundlage wird niemals dauerhafte Gedankenmuster in deinem Gehirn erzeugen, die dir Frieden bringen. Stattdessen wird sie in sich zusammenfallen, wenn der sprichwörtliche Wolf (Schwierigkeiten) dein Haus aus Stroh (grundlagenlose Bekenntnisse) umbläst.

Integrität im Gehirn

Auf das Gehirn bezogen, nennt man den Aufbau eines Fundaments Integrität schaffen. Man benutzt dabei seine Worte und Taten, um den Gedanken mit den dazugehörenden Überzeugungen und Gefühlen in Einklang zu bringen. Neurowissenschaftlich gesehen verläuft die Entwicklung folgendermaßen:

- die Amygdala beliefert den Verstand mit Input über die Emotionen – *sammeln*
- der Thalamus und der Hypothalamus geben Input über die Motivation, und die Erinnerungsnetzwerke liefern Informationen über die vorhandenen Erinnerungen – *reflektieren*
- in den zentralen Knotenpunkten des Gehirns werden diese Informationen kombiniert und verknüpft – *aufschreiben*
- das Herz fungiert als Kontrollstation und du triffst die Entscheidung – *erneut betrachten*

Man kann dir alle guten Gründe, sämtliche logischen Argumente und wissenschaftlichen Beweise der Welt vorlegen oder auch einfach nur gesunden Menschenverstand ins Feld führen, aber du wirst nichts davon für wahr halten, es sei denn, das limbische System deines Gehirns – der zentrale Ort deiner Emotionen – erlaubt dir zu fühlen, dass es wahr ist. Du kannst dir also nicht etwas vorstellen und bestimmte Dinge dabei fühlen – dein Gehirn strukturell verändern – und gleichzeitig etwas völlig anderes sagen, denn wenn du das tust, wird in deinem Gehirn ein Mangel an Integrität herrschen, der bei dir das überwältigende Gefühl hinterlässt, außer Kontrolle zu sein.

Aktives Ergreifen lässt dich spüren, was die Wahrheit ist

Das aktive Ergreifen hilft dir zu spüren, ob etwas wahr ist oder nicht. Es hilft dir, den Gedanken (die Vorstellung) mit dem Bekenntnis (Worte, die aus deinem Mund kommen) und dem Handeln in Einklang zu bringen. Es ist also klar, dass »Bekenne mit deinem Mund, dass Jesus der Herr ist *und* glaube in deinem Herzen« (siehe Röm 10,9) zum hier wirkenden Prinzip wird.

Hier ist ein Beispiel für aktives Ergreifen: Du arbeitest an dem toxischen Gedanken, der dich – laut oder in deinem Kopf – eine Menge Äußerungen machen lässt, in denen die Wörter »hätte«, »sollte«, »könnte« und »wenn« vorkommen. Der Schritt des aktiven Ergreifens besteht für dich darin, dass du sagst: »Ich werde das nicht sagen, ich lasse die Vergangenheit hinter mir.« Du kannst dir auch vorstellen, wie die Situation, das Ereignis oder das Problem in einer Rauchwolke verpufft. Oder du zitierst einen passenden Vers. Du kannst auch etwas Erheiterndes tun wie lächeln, herzhaft gähnen oder mit dem Fuß einen Takt klopfen.

Ein zweites Beispiel: Wenn der toxische Gedanke darin besteht, dass du immer wieder die Vergangenheit zu ändern versuchst, indem du dein Kopfkino abspielst und denkst, wenn du *das* getan hättest, dann wäre *jenes* geschehen und sicherlich *dieses* die Folge gewesen, woraufhin du nicht … Aktives Ergreifen lässt dich an dieser Stelle sagen: »Ich entscheide mich dafür, diesen Film nicht mehr abzuspielen« oder »Ich schalte diesen Film jetzt aus«, wobei du einen passenden Bibelvers zitierst oder ein Gebet betest, das du für diese Situation verfasst hast.

Und noch ein drittes Beispiel: Der toxische Gedanke ergibt sich daraus, dass es dir schwerfällt, etwas als aus, vorbei und vergangen zu akzeptieren, und du es deshalb nicht loslassen willst. Das aktive Ergreifen besteht darin, dir vorzustellen, wie die Mauern von Jericho einstürzen, und diese Mauern als diese vergangene Erfahrung zu sehen. Dir selbst »Ich kann nicht« zu sagen, ist eine Entscheidung, aber das gilt auch für »Ich kann« – entscheide dich für »Ich kann« oder zitiere einen Bibelvers.

Du kannst Gott nicht austricksen und du kannst auch dich selbst nicht austricksen. Schließlich bist du nach seinem Bild geschaffen und somit außerordentlich intelligent. Nun benutze deine außerordentliche Intelligenz und sieh dir die nachstehende kurze Zusammenfassung an, die dir zeigt, wie du den 21-tägigen Gehirn-Detox-Plan durchführen kannst, und beginne, dein Denken zu erneuern und dein Gehirn neu zu vernetzen.

Zusammenfassung des 21-tägigen Gehirn-Detox-Plans

1. Das 5-Schritte-Lernprogramm »Schalte dein Gehirn an« wendest du 21 Tage lang auf einen bestimmten toxischen Gedanken an.
2. Du brauchst sieben bis zehn Minuten, um dich durch die fünf Schritte durchzuarbeiten, und dann machst du mindestens sieben Mal am Tag deine Übung des aktiven Ergreifens. Schritt 5 hat mit dem aktiven Ergreifen also eine Handlungskomponente, die du den ganzen Tag über *ausführst*. Durch die aus den Schritten 1 bis 4 gewonnenen Erkenntnisse weißt du, worauf dein aktives Ergreifen sich ausrichten muss.
3. Ein Gehirnentgiftungszyklus dauert 21 Tage.
4. Du kannst so viele 21-Tage-Zyklen auf denselben toxischen Gedanken anwenden, wie du brauchst, um alles neu zu vernetzen, aber meistens reicht ein Zyklus aus.
5. Du baust den toxischen Gedanken ab und baust gleichzeitig einen gesunden Gedanken auf.
6. Du musst dich darin üben, den neuen, gesunden Baum zu automatisieren, indem du für mindestens zwei weitere 21-Tage-Zyklen bewusst Gebrauch von diesem Gedankenbaum machst.

Hier folgt nun ein Leitfaden, der dir hilft, die 21-tägige Gehirnentgiftung zu meistern.

So baust du den toxischen Gedanken ab

1. Sammeln (1 bis 2 Minuten)
   - Zweck: Damit bringst du den Gedanken ins Bewusstsein.
   - Beispiel: Du machst dir Sorgen wegen deiner Finanzen.
   - Vergiss nicht, es ist der Heilige Geist, der dich »in alle Wahrheit leiten« wird (Joh 16,13), also lass ihn – und nicht dich selbst oder jemand anderes – die Entscheidung darüber treffen, was du erneuern musst.
   - Aktivität: Geh zu Kapitel 11, wo du Anleitung zu allen Fragen über das Sammeln in Schritt 1 findest.

2. Fokussiertes Reflektieren (1 bis 2 Minuten)
   - Zweck: Damit lockerst du die Äste.
   - Aktivität: Nimm dir Kapitel 12 nochmal vor.

3. Aufschreiben (1 bis 2 Minuten)
   - Zweck: Beginne mit dem Schütteln der Äste, um den Kleber zu lösen.
   - Aktivität: Nimm dir Kapitel 13 nochmal vor.

4. Erneutes Betrachten (1 bis 2 Minuten)
   - Zweck: Übertrage den Kleber auf den neuen, gesunden Gedanken.
   - Aktivität: Nimm dir Kapitel 14 nochmal vor.

5. Aktives Ergreifen (1 bis 2 Minuten)
   - Zweck: Fange damit an, die Äste wegzuschmelzen.
   - Aktivität: Nimm dir Kapitel 15 nochmal vor.

So baust du den gesunden Gedanken auf

Schauen wir uns nun den parallelen Aufbauprozess an, den du gleichzeitig mit dem Abbauprozess durchführst, um das Negative mit dem Positiven auszugleichen. Du willst schließlich nicht im Negativen – in der Toxizität – steckenbleiben, also bringst du sofort einen Ausgleich in die Situation.

1. **Sammeln**
   - Sobald du den toxischen Gedanken während des Abbauprozesses identifiziert hast, denkst du sofort, betend und bewusst, an den Gedanken, der diesen ersetzen soll. Zum Beispiel: »Und mein Gott wird euch aus seinem großen Reichtum, den wir in Christus Jesus haben, alles geben, was ihr braucht« (Phil 4,19). (Siehe Kap. 11.)

2. **Fokussiertes Reflektieren**
   - Lass gesunde Äste entstehen und integriere sie fest, indem du über das Positive nachdenkst und dich nicht ausschließlich mit dem Negativen beschäftigst. (Siehe Kap. 12.)

3. **Aufschreiben**
   - Füge weitere Informationen und zusätzliche Verbindungen mit anderen Ästen hinzu, indem du das Positive zusammen mit dem Negativen aufschreibst. (Siehe Kap. 13.)

4. **Erneutes Betrachten**
   - Du machst beim Aufbau das gleiche wie beim Abbau. Die Schritte beider Prozesse überschneiden sich, weil du hier die Lösung planst, die das Problem ersetzen soll. Dabei werden die Äste stabilisiert, damit die »Klebestellen« sich verfestigen können. (Siehe Kap. 14.)

5. **Aktives Ergreifen**
   - Dies ist der gleiche Schritt wie beim Abbauprozess, nur dass du hier das aktive Ergreifen tatsächlich *auszuführen* beginnst. Das stärkt die neuen Gedankenäste. (Siehe Kap. 15.)

Die tägliche Wiederholung der Schritte 1 bis 5 über etwa sieben Minuten eliminiert schließlich den toxischen Baum und festigt den gesunden Baum. Wie die Bibel in Markus 11,22–23 sagt: »Ich versichere euch: Wenn ihr zu diesem Berg sagt: ›Hebe dich in die Höhe und wirf dich ins Meer‹, wird es geschehen.«

Nachwort

Als ich mich hinsetzte, um dies hier zu schreiben, fragte ich mich, warum bestimmte Dinge im Gehirn haften bleiben. Dann dachte ich: *Warum stellt der Typ, der ein Nachwort für ein Buch verfasst, in dem es um die Funktionsweise des Gehirns geht, Fragen über die Funktionsweise des Gehirns? Warum lese ich nicht einfach das Buch und bekomme meine Antworten?* Caroline hat mit diesem Buch das Rätsel definitiv aufgelöst.

Für mich selbst, um mal kurz abzuschweifen, sind einige der »haftengebliebenen« Erinnerungen Ereignisse, Orte, Gerüche, Gefühle, Visionen und Träume. Manches davon ist gut, anderes nicht so sehr. Dieselabgase sind bei mir als blanker Horror abgespeichert; mir wird bei dem Gedanken daran fast sofort übel. (Als Teenager war ich mehrmals in Israel und reiste mit dieselbetriebenen Bussen durch das Heilige Land.) Wenn mir extrem kalt ist, denke ich an Football (ich habe mal in einem Hotel in Detroit Barry Sanders, dem legendären Hall-of-Fame-Footballspieler der Lions, beim Betreten die Tür aufgehalten).

Die Definition in der Geometrie »zwei Geraden liegen parallel zueinander, wenn sie von einer Transversalen geschnitten werden und die diagonal gegenüberliegenden Innenwinkel kongruent sind« ist in mein Gehirn eingebrannt. (Ich wurde ziemlich grob aus einem fantastischen Tagtraum geweckt und dann von einem Mathelehrer traumatisiert, der mich an die Tafel rief, wo ich vor meiner gesamten Klasse eine Mathe-Gleichung lösen musste, die von einem anderen Planeten zu sein schien.)

Wenn Laurie, meine Frau seit mittlerweile fast dreißig Jahren, ihren Kopf auf eine bestimmte Weise anhebt, um mir in die Augen zu sehen, spüre ich so viel LIEBE in mir, dass ich ihr am liebsten nochmal den Ring überstreifen, mit ihr zum Altar rennen und sie heiraten würde. Ich werde in solchen Momenten in den Herbst 1984 zurückversetzt und stehe wieder in Pastor Don Prices Kirche, wo ich sie zum ersten Mal umarmt habe, sofort verliebt war, sie ein bisschen länger und fester drückte als angebracht und mich dabei fragte, wie viele Leute wohl dachten: »*Ähm … ist so viel Körperkontakt in der Kirche erlaubt?*« Nach diesem schicksalhaften Abend waren wir kaum je einmal getrennt und heirateten ein paar Monate später.

Wenn ich einer Person namens Tom vorgestellt werde oder manchmal auch nur den Namen Tom höre, möchte ich kichern, ganz im Ernst! In meinem Gehirn läuft dann ein Film ab, in dem Laurie in meine Richtung blickt und mit weit aufgerissenen Augen über meine Schulter starrt, als würde sie dort einen Geist sehen! (Wir waren bei einer Freundin in Los Angeles zu einer Dinnerparty eingeladen, und ohne dass es mir bewusst war, stand der zweifache Oscar-Preisträger Tom Hanks hinter mir und wartete darauf, unsere Gastgeberin zu begrüßen, aber ich erzählte ihr gerade eine weitschweifende Geschichte und fand kein Ende, und Laurie versuchte verzweifelt, mir mit ihren »Lucy Ricardo«-Augenbewegungen zu bedeuten, ich solle die Klappe halten und mich umdrehen! Schließlich tat ich es, und Tom sagte: »Hallo, ich bin Tom.« Und ich sagte: »Ja, ich weiß.«)

Wenn ich die Werbung eines bestimmten globalen Technologiekonzerns sehe, der Telefonsysteme herstellt, kann es sein, dass mir Tränen in die Augen steigen. Als ich 1991 den Telefonhörer abhob, drang mir vom anderen Ende der Leitung ein Schluchzen ins Ohr. (Laurie quetschte weinend die Nachricht hervor, dass sie unser zweites Kind verloren hatte.) Ich weiß noch, wo ich war, als ich von dem Schuss auf Präsident Reagan erfuhr, von der Challenger-Katastrophe, dem 11. September 2001. Ich kann mich an die Geburt meiner beiden Jungs Caylan und Cody erinnern, an ihre ersten Schritte, an die ins Gesicht gedrückten Geburtstagstorten und so vieles mehr.

Ich hoffe, du weißt, was ich meine. Ich bete, dass du in der Lage bist, so manche deiner eigenen Erinnerungen wachzurufen, die guten und die weniger guten, und dass du die gleichen Fragen stellst wie ich. Warum werden diese Ereignisse zum Teil unserer Persönlichkeit, warum formen sie uns? Warum gerade *diese* Erinnerungen? Was lässt sie in unseren Köpfen »haften«?

Dieses Buch ist eine Bedienungsanleitung, die uns die Funktionsweise unseres Gehirns erläutert. Lies regelmäßig darin. Caroline Leafs erster Auftritt in der TBN-Sendung *Praise The Lord* mit Laurie und mir ist auch eine dieser »festhaftenden« Erinnerungen in meinem Gehirn. Ich weiß noch, wie ich währenddessen dachte, dass ich hier nicht die Ansichten eines Arztes darüber hörte, wie Gott unser Gehirn geschaffen hat, sondern dass ich eine echte Offenbarung hörte, die göttlich inspiriert war. Ich erinnere mich lebhaft daran, dass ich sagte: »Lassen Sie mich wiederholen, was Sie meiner Auffassung nach soeben gesagt haben. Unsere Gedanken sind eigentlich ›Proteine‹, die die Art und Weise formen, wie unser Gehirn künftig tatsächlich über die Dinge denken wird? Wenn die Bibel sagt: ›Wie ein Mensch denkt, so ist er‹, bedeutet das also wirklich: ›Wie ein Mensch denkt, so ist er‹? Wow! Die Wissenschaft findet also tatsächlich den Anschluss an die Bibel!«

Das war Carolines erste Sendung mit uns. Sie hat uns im Laufe der Jahre noch viele weitere Wahrheiten vermittelt und befindet sich jetzt in der Produktion einer ganzen Fernsehserie, die für die nächsten Jahre auf TBN ausgestrahlt wird!

Die Seiten dieses Buches enthalten nicht einfach nur Informationen – sie sind eine Offenbarung. Und was Caroline hier enthüllt hat, wird deine Denkweise völlig verändern.

Wortwörtlich!

Matthew Crouch,
Trinity Broadcasting Family of Networks (TBN-Sendegruppe)

Haftungsausschluss

Die in diesem Buch präsentierten Informationen und Lösungen sind das Ergebnis jahrelanger Forschung, praktischer Anwendung und klinischer Arbeit. Das vermittelte Wissen soll als Leitfaden für den Umgang mit toxischen, körperschädigenden Gedanken und Emotionen dienen und nicht als Ersatz für professionelle medizinische Beratung oder Therapie. Spezifische Symptome und allgemeine Krankheitsbilder sollten durch eine medizinische Fachkraft abgeklärt werden. Die Verwendung der vorliegenden Informationen liegt ganz im Ermessen des Nutzers. *Switch On Your Brain LLC,* die Autorin und der *Grace today Verlag* geben keine Zusicherungen oder Garantien ab, dass irgendeine Person ein bestimmtes Ergebnis erzielen wird. Alle ausdrücklichen oder stillschweigenden Gewährleistungen, einschließlich der Gewährleistung der Marktgängigkeit und der Eignung für einen bestimmten Zweck, sind ausgeschlossen. *Switch On Your Brain LLC*, die Autorin und der *Grace today Verlag* lehnen ausdrücklich jegliche Haftung ab, die sich direkt oder indirekt aus der Nutzung oder Anwendung der in diesem Buch enthaltenen Informationen ergibt.

Anmerkungen

1. Eric R. Kandel, *In Search of Memory: The Emergence of a New Science of Mind* (New York: Norton, 2006).
2. Sigmund Freud, zitiert in D. Church, *The Genie in Your Genes* (Fulton, CA: Energy Psychology Press, 2008).
3. Norman Doidge, *The Brain That Changes Itself: Stories of Personal Triumph from the Frontiers of Brain Science* (New York: Penguin Books, 2007); Joe Dispenza, *Evolve Your Brain: The Science of Changing Your Brain* (Deerfield Beach, FL: Health Communications, 2007); Henry Markram, Direktor des Brain and Mind Institute der *Ecole Polytechnique Fédérale de Lausanne,* Gründerin des Blue Brain Project, das Verbindungen zwischen Neuronen genau vorhersagt, *Science Daily,* 17. September 2012, www.sciencedaily.com/releases/2012/09/120917152043.htm?utm_source=feedburner&utm_medium=email&utm_campaign=Feed%3A+sciencedaily%2Fmind_brain%2Fneuroscience+%28ScienceDaily%3A+Mind+%26+Brain+News+—+Neuroscience%29; und Allan Jones, http://www.ted.com/speakers/allan_jones.html.
4. 98 Prozent der psychischen und physischen Krankheiten kommen aus unserem Gedankenleben: www.stress.org/americas.htm; www.naturalwellnesscare.com/stress-statistics.html; Harvard Medical School's Mind-Body Institute, www.massgeneral.org/bhi/research/; Church, *Genie in Your Genes.* Das Institute of HeartMath diskutiert ein Experiment mit dem Titel: »Local and Nonlocal Effects of Coherent Heart Frequencies on Conformational Changes of DNA«. http://appreciativeinquiry.case.edu/practice/organizationDetail.cfm?coid=852&sector=21. Eine Studie der American Medical Association ergab, dass Stress bei 75 Prozent aller Krankheiten und Leiden, an denen Menschen heute leiden, eine Rolle spielt. Die Wahrscheinlichkeit, dass Stress zu Krankheit führt, liegt bei kolossalen 85 Prozent, Brian Luke Seaward, www.brianlukeseaward.net/articles/SuperStress-WELCOA-Seaward.pdf.
   »Cancer Statistics and Views of Causes,« *Science News* 115, no. 2 (13. Januar 1979): 23; H. F. Nijhout »Metaphors and the Role of Genes and Development,« *BioEssays* 12 (1990): 444–46; W. C. Willett, »Balancing Lifestyle and Genomics Research for Disease Prevention,« *Science* 296 (2002): 695–98; C. B. Pert, *Molecules of Emotion: Why You Feel the Way You Feel* (New York: Simon and Schuster, 1997); B. Lipton, *The Biology of Belief: Unleashing the Power of Consciousness, Matter and Miracles* (Santa Cruz, CA: Mountain of Love Productions, 2008).
5. C. M. Leaf, *The Gift in You: Discover New Life through Gifts Hidden in Your Mind* (Nashville: Thomas Nelson, 2009).
6. Church, *Genie in Your Genes.*

7. https://www.bensonhenryinstitute.org/about-us-dr-herbert-benson/
8. Glen Rein and Rollin McCraty, »Local and Nonlocal Effects of Coherent Heart Frequencies on Conformational Changes of DNA,« Proceedings of the Joint USPA/IAPR Psychotronics Conference, Milwaukee, Wisconsin, 1993, http://www.heartmath.org/templates/ihm/e-newsletter/publication/2012/winter/emotions-can-change-your-dna.php; Rollin McCraty et al., »Modulation of DNA Conformation By Heart-focused Intention.« HeartMath Research Center, Institute of HeartMath, publications no. 03–08, Boulder Creek, CA, 2003.
9. »Stress,« Your Dictionary, http://www.yourdictionary.com/stress.
10. Sheldon Cohen et al., »Psychological Stress and Disease,« *JAMA* 14 (2007): 1685, http://www.bbc.com/future/story/20120619-how-stress-could-cause-illness; http://www.stress.org/stress-and-heart-disease/.
11. Brian Luke Seaward, *Managing Stress: Principles and Strategies for Health and Wellbeing* (London: Jones and Bartlett Learning, 2006).
12. »Cancer Statistics and Views of Causes,« *Science News* 115, no. 2 (13. Januar 1979): 23.
13. Lipton, *The Biology of Belief.*
14. Nijhout, »Metaphors and the Role of Genes and Development.«
15. Willett, »Balancing Lifestyle and Genomics Research for Disease Prevention.«
16. »Stress and Heart Disease,« http://www.stress.org/stress-and-heart-disease/.
17. Jeffery Rosen, »The Brain on the Stand,« *New York Times*, 11. März 2007, www.nytimes.com/2007/03/11/magazine/11Neurolaw.t.html.
18. Francis Crick, zitiert in John Tierneys Artikel: »Do You Have Free Will? Yes, It's the Only Choice,« *New York Times*, 21. März 2011, www.nytimes.com/2011/03/22/science/22tier.html?pagewanted=all&_r=0.
19. Benjamin Libet, »Unconscious Cerebral Initiative and the Role of Conscious Will in Voluntary Action,« *Behavioral and Brain Sciences* 8 (1985): 529–66; John Dylan-Haynes et al., »Unconscious Determinants of Free Decisions in the Human Brain,« *Nature Neuroscience* 11 (2008): 543–45.
20. Hagop Sarkissian et al., »Is Belief in Free Will a Cultural Universal?« *Mind and Language* 25 (2010): 346–58.
21. Kathleen D. Vohs und Jonathan W. Schooler, »The Value of Believing in Free Will: Encouraging a Belief in Determinism Increases Cheating,« www.csom.umn.edu/assets/91974.pdf.
22. Artikel in *Science* and *NewScientist* haben kürzlich x-phi-Arbeiten über den freien Willen von Autoren wie Eddy Nahmias und Dylan Murray diskutiert: »Experimental Philosophy on Free Will: An Error Theory for Incompatibilist Intuitions,« in *New Waves in Philosophy of Action*, ed. Jess Aguilar, Andrei Buckareff, and Keith Frankish (Basingstoke, Hampshire, UK: Palgrave-Macmillan, 2011); und Eddy Nahmias, Stephen G. Morris, Thomas Nadelhoffer, und Jason Turner »Is Incompatibilism Intuitive?« *Philosophy and Phenomenological Research* 73, no. 1 (2006): 28–53.
23. H. S. Mayberg, »Defining the Neural Circuitry of Depression: Toward a New Nosology with Therapeutic Implications,« *Biological Psychiatry* 61, no. 6 (März 2007): 729–30.

24. Church, *Genie in Your Genes*; »Epigenetics: A Web Tour,« *Science*, www.sciencemag.org/feature/plus/sfg/resources/res_epigenetics.dtl.; Ethan Watters, »DNA Is Not Destiny: The New Science of Epigenetics Rewrites the Rules of Disease, Heredity, and Identity,« *Discover*, November 2006, http://discovermagazine.com/2006/nov/cover.
25. Elizabeth Pennisi, »Behind the Scenes of Gene Expression,« *Science* 293, no. 553 (2001): 1064–67.
26. Ebd.
27. Ken Richardson, *The Making of Intelligence* (New York: Columbia University Press, 2000).
28. Eric R. Kandel, James H. Schwartz, und Thomas M. Jessell, eds. *Essentials of Neural Science and Behavior* (New York: Appleton and Lange, 1995); Eric R. Kandel, »Molecular Biology of Memory: A Dialogue between Genes and Synapses,« http://www.nobelprize.org/mediaplayer/index.php?id=1447; Eric. R. Kandel, »A New Intellectual Framework for Psychiatry,« *American Journal of Psychiatry* 155, no. 4 (1998): 457–69.
29. Ebd.
30. Dorothy Nelkin, *The DNA Mystique* (New York: Norton, 1995), 15.
31. Lipton, *Biology of Belief.* B. Lipton, K. G. Bensch, und M. A. Karasek, »Microvessel Endothelial Cell Transdifferentiation: Phenotypic Characterization,« *Differentiation* 46 (1991): 117–33.
32. Gail Ironson et al., »An Increase in Religiousness/Spirituality Occurs after HIV Diagnosis and Predicts Slower Disease Progression over Four Years in People with HIV,« *Journal of General Internal Medicine* 21 (2006): 62–68.
33. Wie in Church, *Genie in Your Genes,* 65, zitiert.
34. Watters, »DNA Is Not Destiny.«
35. John Cloud, »Why Your DNA Isn't Your Destiny,« *Time*, www.time.com/time/magazine/article/0,9171,1952313-2,00.html.
36. Robert Weinhold, »Epigenetics: The Science of Change,« *Environmental Health Perspectives* 114, no. 3 (März 2006).
37. »Learning Without Learning,« *The Economist*, 21. September 2006, 89.
38. www.cajal.csic.es/ingles/index.html.
39. In Teil 2 erkläre ich, wie das erreicht werden kann.
40. Jeffrey M. Schwartz and Sharon Begley, *The Mind and the Brain* (New York: Harper Perennial, 2002); Jeffrey M. Schwartz and Rebecca Gladding, *You Are Not Your Brain* (New York: Avery, 2012).
41. Caroline M. Leaf, »The Mind Mapping Approach: A Model and Framework for Geodesic Learning« (unpublished doctoral dissertation, University of Pretoria, Pretoria, South Africa, 1997); Caroline M. Leaf, Brenda Louw, and Isabel Uys, »The Development of a Model for Geodesic Learning: The Geodesic Information Processing Model,« *The South African Journal of Communication Disorders* 44 (1997): 53–70; Leaf, »The Move from Institution Based Rehabilitation (IBR) to Community Based Rehabilitation (CBR): A Paradigm Shift,« *Therapy Africa* 1, no. 1 (August 1997): 4; Leaf, »An Altered Perception of Learning: Geodesic Learning,« *Therapy Africa* 1, no. 2 (Oktober 1997): 7.

42. Doidge, *Brain That Changes Itself.*
43. Barbara Arrowsmith und Norman Doidge, *The Woman Who Changed Her Brain: And Other Inspiring Stories of Pioneering Brain Transformation* (New York: Free Press, 2012).
44. Caroline M. Leaf, *The Switch On Your Brain 5-Step Learning Process* (Dallas: Switch On Your Brain, 2008).
45. Arrowsmith und Doidge, *Woman Who Changed Her Brain*; Church, *Genie in Your Genes*; Doidge, *Brain That Changes Itself*; Dispenza, *Evolve Your Brain*; Leaf, »Mind Mapping Approach«; Leaf, *Switch On Your Brain 5-Step Learning Process*; Caroline M. Leaf, *Who Switched Off My Brain? Controlling Toxic Thoughts and Emotions* (Dallas: Switch on Your Brain, 2007) und DVD series (Johannesburg, South Africa: Switch on Your Brain, 2007); C. M. Leaf, M. Copeland, and J. Maccaro, »Your Body His Temple: God's Plan for Achieving Emotional Wholeness,« DVD series (Dallas: Life Outreach International, 2007).
46. Joe Dispenza, *Breaking the Habit of Being Yourself* (New York: Hay House, 2012).
47. Richard Wiseman, »Self Help: Forget Positive Thinking, Try Positive Action,« *The Observer*, 30. Juni 2012, http://www.guardian.co.uk/science/2012/jun/30/self-help-positive-thinking; Jim Taylor, »Is the Self-help Industry a Fraud?« 18. April 2011, http://blog.ctnews.com/taylor/2011/04/18/is-the-self-help-industry-a-fraud/#.UVedEdRXVA4.email; Michael Shermer, »SHAM Scam: The Self-Help and Actualization Movement Has Become an $8.5-Billion-a-Year Business. Does It Work?« 23. April 2006, http://www.scientificamerican.com/article.cfm?id=sham-scam.
48. »The Problem with Self-Help Books: Study Shows the Negative Side to Positive Self-Statements,« *e! Science News*, 2. Juli 2009, http://esciencenews.com/articles/2009/07/02/the.problem.with.self.help.books.study.shows.negative.side.positive.self.statements.
49. Schwartz und Begley, *Mind and the Brain*; Schwartz und Gladding, *You Are Not Your Brain.*
50. Ellen Langer und Mihnea Moldoveanu, »The Construct of Mindfulness,« *Journal of Social Issues* 56, no. 1 (2000): 1–9; Leaf, *Who Switched Off My Brain?*; Leaf, *The Gift in You.*
51. Caroline M. Leaf, Isabel C. Uys, und Brenda Louw, »An Alternative Non-Traditional Approach to Learning: The Metacognitive-Mapping Approach.« *The South African Journal of Communication Disorders* 45 (1998): 87–102.
52. Sissa Medialab, »The Good Side of the Prion: A Molecule That Is Not Only Dangerous, but Can Help the Brain Grow,« *Science Daily*, 14. Februar 2013, www.sciencedaily.com/releases/2013/02/130214075437.htm?utm_source=feedburner&utm_medium=-email&utm_campaign=Feed%3A+sciencedaily%2Fmind_brain+%28ScienceDaily%3A+Mind+%26+Brain+News%29.
53. Loyola University Health System, »New Evidence for Link between Depression and Heart Disease,« *Science Daily*, 18. Februar 2013.
54. »Brain Signs of Schizophrenia Found in Babies,« *Science Daily*, 9. Juni 2010, http://www.sciencedaily.com/releases/2010/06/100621111240.htm; »Alterations in Brain Activity in Children at Risk of Schizophrenia Predate Onset of Symptoms,« *Science Daily*, 22. März 2013, http://www.sciencedaily.com/releases/2013/03/130322174343.htm.

55. Leaf, *Who Switched Off My Brain?*; Maria Konnikova, *Mastermind: How to Think Like Sherlock Holmes* (New York: Viking Penguin, 2013); Maria Konnikova, »The Power of Concentration,« *New York Times Sunday Review*, 15. Dezember 2012, http://www.nytimes.com/2012/12/16/opinion/sunday/the-power-of-concentration.html?pagewanted=1&_r=2&ref=general&src=me&.

56. Schwartz and Begley, *Mind and the Brain*; Schwartz and Gladding, *You Are Not Your Brain*; Dispenza, *Evolve Your Brain*; Dispenza, *Breaking the Habit of Being Yourself*; Allan Jones, www.ted.com/speakers/allan_jones.html.

57. Richard J. Davidson et al., »Alterations in Brain and Immune Function Produced by Mindfulness Meditation,« *Psychosomatic Medicine* 65 (2003): 564–70.

58. Marcus E. Raichle et al., »A Default Mode of Brain Function: A Brief History of an Evolving Idea« *Neuroimage* 37 (2007): 1083–90.

59. Matthew R. Brier et al., »Loss of Intranetwork and Internetwork Resting State Functional Connections with Alzheimer's Disease Progression,« *Journal of Neuroscience* 32, no. 26 (2012): 8890–99; Christian F. Beckmann et al., »Investigations into Resting-State Connectivity Using Independent Component Analysis,« *Philos Trans R Soc Lond, B, Biol Sci* 360 (2005): 1001–13.

60. Marcus E. Raichle, »The Brain's Dark Energy,« *Scientific American*, 20. März 2012, 44–49, www.hboorcca.com/pdf/brain/The%20Brain's%20Dark%20Energy%20Scientific%20American%20March%202010.pdf; Raichle et al., »A Default Mode of Brain Function,« 1083–90.

61. Yvette I. Sheline et al., »The Default Mode Network and Self-Referential Processes in Depression,« *Proceedings of the National Academy of Sciences USA* 106, no. 6 (26. Januar 2009): 1942–47; Washington University School of Medicine research zitiert in »Alzheimer's Breaks Brain Networks' Coordination,« *Science Daily*, 17. September 2012, www.sciencedaily.com/releases/2012/09/120918090812.htm.

62. Raichle, »The Brain's Dark Energy«; Raichle et al., »A Default Mode of Brain Function.«

63. Konnikova, »The Power of Concentration.«

64. Brier et al., »Loss of Intranetwork and Internetwork Resting State Functional Connections with Alzheimer's Disease Progression.«

65. J. Paul Hamilton et al., »Default Mode and Task Positive Network Activity in Major Depressive Disorder: Implications for Adaptive and Maladaptive Rumination,« *Biological Psychiatry* 70, no. 4 (2011): 327–33.

66. Caroline M. Leaf, »Mind Mapping: A Therapeutic Technique for Closed Head Injury,« unpublished master's dissertation (University of Pretoria, Pretoria, South Africa), 1990.

67. »Activity in Brain Networks Related to Features of Depression,« *Science Daily*, 3. April 2012, www.sciencedaily.com/releases/2012/04/120403111954.htm#.T4HbzAjE61c.mailto.

68. Xueling Zhu et al., »Evidence of a Dissociation Pattern in Resting-State Default Mode Network Connectivity in First-Episode, Treatment-Naive Major Depression Patients,« *Biological Psychiatry* 71, no. 7 (2012): 611.

69. Norman A. S. Farb et al., »Mood-Linked Responses in Medial Prefrontal Cortex Predict Relapse in Patients with Recurrent Unipolar Depression,« *Biological Psychiatry* 70, no. 4 (15. August 2011): 366–72.

70. Leaf, »The Mind Mapping Approach«; Hamilton et al., »Default Mode and Task Positive Network Activity in Major Depressive Disorder.«

71. Sophie Green et al., »Guilt-Selective Functional Disconnection of Anterior Temporal and Subgenual Cortices in Major Depressive Disorder,« *Archives of General Psychiatry* 69, no. 10 (2012): 1014–21, http://archpsyc.jamanetwork.com/article.aspx?articleID=1171078.

72. Ebd.

73. Schwartz und Begley, *Mind and the Brain*; Schwartz und Gladding, *You Are Not Your Brain*.

74. Michael M. Merzenich et al., »Prophylactic Reduction and Remediation of Schizophrenic Impairments through Interactive Behavioral Training,« 2001, http://www.google.com/patents?hl=en&lr=&vid=USPAT6231344&id=3BQIAAAAEBAJ&oi=fnd&dq=Merzenich+schizophrenia+research&printsec=abstract#v=onepage&q=Merzenich%20schizophrenia%20research&f=false; Melissa Fisher et al., »Neuroplasticity-Based Cognitive Training in Schizophrenia: An Interim Report on the Effects 6 Months Later,« *Schizophrenia Bulletin*, 5. März 2009, http://schizophreniabulletin.oxfordjournals.org/content/36/4/869; »Thread: New Therapy Available Now for Cognitive problems in Schizophrenia,« http://www.schizophrenia.com:8080/jiveforums/thread.jspa?threadID=16719; Sophia Vinogradov, »What's New in Schizophrenia Research,« 28. November 2007, http://www.thomastthomas.com/Schizophrenia%20Research,Vinogradov,112807.pdf.

75. Sarah J. Hart et al., »Altered fronto-limbic activity in children and adolescents with familial high risk for schizophrenia,« *Psychiatry Research* 212, no. 1 (2013): 19; Sebastien Parnaudeau et al., »Inhibition of Mediodorsal Thalamus Disrupts Thalamofrontal Connectivity and Cognition,« *Neuron* 77, no. 6 (2013): 1151.

76. »Women Abused as Children More Likely to Have Children With Autism,« *Science Daily*, 20. März 2013, http://www.sciencedaily.com/releases/2013/03/130320212818.htm#.UVCuOUPuaJE.email.

77. Brian A. Primack et al., »Association Between Media Use in Adolescence and Depression in Young Adulthood,« *Archives of General Psychiatry* 66, no. 2 (2009): 181–88, http://archpsyc.jamanetwork.com/article.aspx?articleid=210196.

78. Mark W. Becker, Reem Alzahabi und Christopher J. Hopwood, »Media Multitasking Is Associated with Symptoms of Depression and Social Anxiety,« *Cyberpsychology, Behavior, and Social Networking* 16, no. 2 (2012): 132–35.

79. »Are You a Facebook Addict?« *Science Daily*, 7. Mai 2012, www.sciencedaily.com/releases/2012/05/120507102054.htm.

80. Bericht der University of Edinburgh Business School, »More Facebook Friends Means More Stress, Says Report,« *Science Daily*, 26. November 2012, www.sciencedaily.com/releases/2012/11/121126131218.htm.

81. Keith Wilcox und Andrew T. Stephen, »Are Close Friends the Enemy? Online Social Networks, Self-Esteem, and Self-Control,« *Social Science Research Network*, 22. September 2012, http://ssrn.com/abstract=2155864.

82. David M. Levy et al., »The Effects of Mindfulness Meditation Training on Multitasking in a High-Stress Information Environment,« *Proceedings of Graphics Interface*, Mai 2012; University of Washington research referenced in »Mindful Multitasking: Meditation First Can Calm Stress, Aid Concentration,« *Science Daily*, 13. Juni 2012, www.sciencedaily.com/releases/2012/06/120614094118.htm.

83. Leaf, »Mind Mapping: A Therapeutic Technique for Closed Head Injury«; Leaf, »The Mind Mapping Approach.«

84. Studie der Universität von Washington wie von Konnikova in »The Power of Concentration« zitiert.

85. Studien der Universität Washington und der Emory Universität, auf die in Konnikovas »The Power of Concentration« Bezug genommen wird; Michael Merzenich, zitiert von Schwartz und Begley, *Mind and the Brain; Gaëlle Desbordes et al., »Effects of Mindful-Attention and Compassion Meditation Training on Amygdala Response to Emotional Stimuli in an Ordinary, Non-Meditative State,«* Frontiers in Human Neuroscience, 1. November 2012, www.frontiersin.org/human_neuroscience/10.3389/fnhum.2012.00292/abstract.

86. Michael Merzenich zitiert von Schwartz und Begley, *Mind and the Brain.*
Desbordes et al., »Effects of Mindful-Attention and Compassion Meditation Training on Amygdala Response to Emotional Stimuli in an Ordinary, Non-Meditative State«; Massachusetts General Hospital, Boston University, »Meditation Appears to Produce Enduring Changes in Emotional Processing in the Brain,« *Science Daily*, www.sciencedaily.com/releases/2012/11/121112150339.htm.

87. Leaf, »Mind Mapping: A Therapeutic Technique for Closed Head Injury.«

88. Eileen Luders et al., »The Unique Brain Anatomy of Meditation Practitioners: Alterations in Cortical Gyrification,« *Frontiers in Human Neuroscience*, 29. Februar 2012, www.frontiersin.org/Human_Neuroscience/10.3389/fnhum.2012.00034/abstract.

89. Eileen Luders et al., »Enhanced Brain Connectivity in Long-Term Meditation Practitioners,« *NeuroImage* 4 (15. August 2011): 1308–16.

90. Untersuchung der Universität von Kalifornien, Los Angeles, zitiert in »Meditation May Increase Gray Matter,« *Science Daily*, 13. Mai 2009, www.sciencedaily.com/releases/2009/05/090512134655.htm.

91. Max-Planck-Zitate: www.goodreads.com/author/quotes/107032.Max_Planck.

92. Schwartz und Begley, *Mind and the Brain*; Schwartz und Gladding, *You Are Not Your Brain*; Jeffrey Schwartz, Henry Stapp und Mario Beauregard, »Quantum Physics in Neuroscience and Psychology: A Neurophysical Model of Mind/Brain Interaction,« www.physics.lbl.gov/~stapp/PTB6.pdf.

93. Dieser intentionale mentale Akt und seine Unvorhersehbarkeit kann mathematisch durch eine Gleichung dargestellt werden, die eine der Schlüsselkomponenten der Quantentheorie ist. Es würde den Rahmen dieses Buches sprengen, die Gleichung tiefer zu erforschen, aber wenn du daran interessiert bist, kannst du hier mehr darüber lesen: »Quantum Physics in Neuroscience and Psychology: A Neurophysical Model of Mind/Brain Interaction,« by Jeffrey M. Schwartz, Henry P. Stapp und Mario Beauregard, http://www.scribd.com/doc/94124369/Quantum-Physics-in-Neuroscience-by-Jeffrey-M-Schwartz-Henry-P-Stapp-Mario-Beuregard.
94. James Higgo, »A Lazy Layman's Guide to Quantum Physics,« 1999, www.higgo.com/quantum/laymans.htm.
95. Schwartz, Stapp und Beauregard, »Quantum Physics in Neuroscience and Psychology.«
96. Schwartz und Begley, *Mind and the Brain; Schwartz und Gladding, You Are Not Your Brain; Schwartz, Stapp und Beauregard, »Quantum Physics in Neuroscience and Psychology.«*
97. Caroline Leaf, »The Mind Mapping Approach: A Model and Framework for Geodesic Learning,« unveröffentlichte DPhil-Dissertation, Universität von Pretoria, Südafrika, 1997; Caroline Leaf, »The Mind Mapping Approach: A Technique for Closed Head Injury,« unveröffentlichte Masterarbeit, Universität von Pretoria, Südafrika, 1990.
98. Carol Dweck, »Implicit Theories of Intelligence Predict Achievement Across Adolescent Transition: A Longitudinal Study and an Intervention,« *Child Development* 78 (2007): 246–63.
99. McCraty, »Modulation of DNA Conformation by Heart-Focused Intention,« 4.
100. Church, *Genie in Your Genes.*
101. Giacomo Rizzolatti und L. Craighero,»The Mirror-Neuron System,« *Annual Review of Neuroscience* 27 (2004): 169–92.
102. Caroline Leaf, *Who Switched Off Your Brain? Solving the Mystery of He Said/She Said* (Nashville: Thomas Nelson, 2011).
103. Dean Radin, »Testing Nonlocal Observation as a Source of Intuitive Knowledge,« *Explore* 4, no. 1 (2008): 25.
104. Thomas E. Oxman et al., »Lack of Social Participation or Religious Strength and Comfort as Risk Factors for Death after Cardiac Surgery in the Elderly,« *Psychosomatic Medicine* 57 (1995): 5.
105. Linda H. Powell et al., »Religion and Spirituality: Linkages to Physical Health,« *American Psychologist* 58, no. 1 (2003): 36.
106. Larry Dossey, *Prayer Is Good Medicine* (San Francisco: HarperOne, 1997).
107. John A. Astin et al., »The Efficacy of ›Distant Healing‹: A Systematic Review of Randomized Trials,« *Annals of Internal Medicine* 12 (2000): 903; Wayne B. Jonas, »The Middle Way: Realistic Randomized Controlled Trials for the Evaluation of Spiritual Healing,« *The Journal of Alternative and Complementary Medicine* 7, no. 1 (2001): 5–7.
108. David Levy und Joel Kilpatrick, *Gray Matter: A Neurosurgeon Discovers the Power of Prayer ... One Patient at a Time* (Wheaton, IL: Tyndale, 2012); Matt Donnelly, »Faith Boosts Cognitive Management of HIV and Cancer,« *Science & Theology News* (2006): 16.

109. Levy und Kilpatrick, *Gray Matter*, 19.

110. Sundance Bilson-Thompson, Fotini Markopoulou und Lee Smolin, »Quantum Gravity and the Standard Model,« *Classical and Quantum Gravity* 24, no. 16 (2007): 3975–93.

111. Don Lincoln, »The Universe Is a Complex and Intricate Place,« *Scientific American*, November 2012, 38–43.

112. Dies ist die Terminologie des Heisenberg-Prinzips – die Quantenphysik ist bekannt für ihre seltsamen Formulierungen und fast schon widersprüchlichen Aussagen.

113. Henry Stapp, »Philosophy of Mind and the Problem of Free Will in the Light of Quantum Mechanics,« www-physics.lbl.gov/~stapp/Philosophy.pdf; Henry Stapp, *Mindful Universe: Quantum Mechanics and the Participating Observer* (London: Springer, 2007).

114. Don Lincoln, »The Inner Life of Quarks,« *Scientific American*, November 2012, 38.

115. Leaf, »Mind Mapping«; Leaf, »Mind Mapping Approach«; Leaf, Louw, and Uys, »Development of a Model for Geodesic Learning,« 44, 53–70.

116. Thomas More, *Utopia*, updated edition (London: Penguin Classics, 2003), 81.

117. Leaf, *Switch On Your Brain 5-Step Learning Process*; Leaf, *Who Switched Off My Brain?*; Caroline M. Leaf, »Who Switched Off My Brain? Controlling Toxic Thoughts and Emotions,« DVD series (Johannesburg, South Africa: Switch On Your Brain, 2007).

118. Schwartz und Begley, *Mind and the Brain*.

119. Andrew Newberg, Eugene D'Aquili und Vince Rause, *Why God Won't Go Away: Brain Science and the Biology of Belief* (New York: Ballantine, 2001).

120. Schwartz und Begley, *Mind and the Brain*; Schwartz und Gladding, *You Are Not Your Brain*; Schwartz, Stapp, und Beauregard, »Quantum Physics in Neuroscience and Psychology.«

121. Leaf, »Mind Mapping«; Leaf, »The Mind Mapping Approach«; Leaf, Louw, and Uys, »Development of a Model for Geodesic Learning,« 44, 53–70.

122. Ebd.

123. »Blue Brain Project Accurately Predicts Connections between Neurons,« *Science Daily*, 17. September 2012, www.sciencedaily.com/releases/2012/09/120917152043.htm.

124. Leaf, »Mind Mapping«; Leaf, »The Mind Mapping Approach«; Leaf, Louw und Uys, »Development of a Model for Geodesic Learning,« 44, 53–70.

125. Leaf, »Mind Mapping Approach: Technique for Closed Head Injury.«

126. Karim Nader, http://blogs.mcgill.ca/science/2009/04/30/karim-nader-on-memory-reconsolidation; Karim Nader, Glenn E. Schafe, and Joseph E. Le Doux, »Fear Memories Require Protein Synthesis in the Amygdala for Reconsolidation after Retrieval,« *Nature* 406, no. 6797 (2000): 722–26; A. H. Maslow, *Motivation and Personality* (New York: Harper & Row, 1970).

127. Shawn Achor, *The Happiness Advantage* (New York: Crown Business, 2010).

128. *Harvard Crimson poll*, 2004, zitiert in ebd.

129. Das sind 365 Tage im Jahr geteilt durch 21 Tage in einem Zyklus, was 17 Zyklen pro Jahr ergibt.

130. Kandel, *In Search of Memory*.

131. Church, *Genie in Your Genes.*

132. Ebd.

133. Rodolfo Llinas, »Rodolfo Llinas's Fearless Approach to Neurophysiology Has Redefined Our Thinking about Individual Neurons and How They Create Movement and Consciousness,« U. S. Columbian Medical Association, http://uscma.org/2010/09/12/rodolfo-llinas's-fearless-approach-to-neurophysiology-has-redefined-our-thinking-about-individual-neurons-and-how-they-create-movement-and-consciousness; Rodolfo Llinas, *I of the Vortex* (Cambridge, MA: MIT Press, 2002).

134. Michael Merzenich, wie von Doidge in *Brain That Changes Itself* zitiert.

135. Phillippa Lally et al., »How Are Habits Formed: Modelling Habit Formation in the Real World,« *European Journal of Social Psychology* 40, no. 6 (2010): 998–1009.

136. Ebd.

137. Siehe K. Anders Ericsson, Michael J. Prietula und Edward T. Cokely, »The Making of an Expert,« *Harvard Business Review*, Juli 2007, http://hbr.org/2007/07/the-making-of-an-expert/ar/1.

138. Jennifer Wiley und Andrew F. Jarosz, »Working Memory Capacity, Attentional Focus, and Problem Solving,« *Current Directions in Psychological Science* 21, no. 4 (2012): 258. Siehe auch »Greater Working Memory Benefits Analytic, Not Creative, Problem-Solving,« *Science Daily*, 7. August 2012, www.sciencedaily.com/releases/2012/08/120807132209.htm.

139. »Mindfulness Meditation May Relieve Chronic Inflammation,« *Science Daily*, 16. Januar 2013, http://www.sciencedaily.com/releases/2013/01/130116163536.htm.

140. »Evidence Supports Health Benefits of ›Mindfulness-Based Practices,‹« *Science Daily*, 11. Juli 2012, http://www.sciencedaily.com/releases/2012/07/120711104811.htm.

141. »Breast Cancer Survivors Benefit from Practicing Mindfulness-Based Stress Reduction,« *Science Daily*, 29. Dezember 2011, http://www.sciencedaily.com/releases/2011/12/111229203000.htm.

142. »Don't Worry, Be Happy: Understanding Mindfulness Meditation,« *Science Daily*, 1. November 2011, http://www.sciencedaily.com/releases/2011/10/111031154134.htm.

143. »Mindfulness Meditation Training Changes Brain Structure in Eight Weeks,« *Science Daily*, 21. Januar 2011, http://www.sciencedaily.com/releases/2011/01/110121144007.htm.

144. Ich erkläre dies ausführlich in Kapitel 5 (Schlüssel 5) und Kapitel 6 (Schlüssel 6). Es lohnt sich, an dieser Stelle noch einmal einen Blick auf diese Kapitel zu werfen.

145. Caroline Leaf, *The Switch On Your Brain 5-Step Learning Process DVD/Workbook* (Dallas: Switch On Your Brain, 2009).

Leseempfehlungen

Die Konzepte, die ich in diesem Buch vorstelle, decken ein breites Spektrum ab. Die Grundlage dafür hat sich aus jahrelanger Lektüre und Recherche sowie meiner Forschung und der Arbeit mit Privatpatienten sowie mit Klienten in Schulen und Unternehmen gebildet. Wenn ich die Quellen aller Zitate und Anregungen komplett auflisten müsste, um den Ursprung jedes einzelnen Fakts für eine vollständige wissenschaftliche Untersuchung zu dokumentieren, wären die Quellenangaben insgesamt fast so umfangreich wie das Buch selbst. Deshalb habe ich mir eine gewisse Flexibilität erlaubt, mit dem Ziel, das Buch allgemeinverständlich zu formulieren und meine Botschaft möglichst effektiv zu vermitteln. Es gibt nur einige wenige, allgemein gehaltene Zitate im eigentlichen Text, ergänzt durch die nachfolgende Liste mit einer Auswahl von hervorragenden Büchern und wissenschaftlichen Artikeln, die ich in meiner Forschung verwendet habe.

Achor, S. *The Happiness Advantage*. New York: Crown Business, 2010.

Adams, H. B. und B. Wallace. »A Model for Curriculum Development: TASC.« *Gifted Education International* 7 (1991): 194–213.

»Aging Brains Lose Less than Thought.« *Harvard University Gazette*. www.news.harvard.edu/gazette/1996/10.03/AgingBrainsLose.html.

Alavi, A. und L. J. Hirsch. »Studies of Central Nervous System Disorders with Single Photon Emission Computed Tomography and Positron Emission Tomography: Evolution Over the Past 2 Decades.« *Seminars in Nuclear Medicine* 21, no. 1 (Januar 1991): 51–58.

Alesandrini, K. L. »Imagery: Eliciting Strategies and Meaningful Learning.« In *Journal of Educational Psychology* 62 (1982): 526–30.

Allen D. und P. Amua-Quarshie et al. »Mental Health at Work« (White Paper). Pecan Ltd., Peckham, London, UK. 2004.

Allport, D. A. »Patterns and Actions: Cognitive Mechanisms and Content Specific.« In *Cognitive Psychology: New Directions.* Edited by G. L. Claxton. London: Routledge and Kegan Paul, 1980.

Amen, D. G. *Change Your Brain, Change Your Life.* New York: Three Rivers Press, 1998.

———. *Magnificent Mind at Any Age.* New York: Harmony Books, 2008.

Amend, A. E. »Defining and Demystifying Baroque, Classic and Romantic Music.« In *Journal of the Society for Accelerative Learning and Teaching* 14, no. 2 (1989): 91–112.

Amua-Quarshie, P. »Basalo-Cortical Interactions: The Role of the Basal Forebrain in Attention and Alzheimer's Disease.« Unpublished master's thesis. Rutgers University, 2008.

Anastasi, M. W. und A. B. Newberg. »A Preliminary Study of the Acute Effects of Religious Ritual on Anxiety.« *The Journal of Liberal and Complementary Medicine* 14, no. 2 (März 2008). www.liebertonline.com/doi/abs/10.1089/acm.2007.0675.

Anderson, J. R. *Cognitive Psychology and Its Complications.* 2nd ed. New York: Freeman, 1985.

Arnheim, R. »Visual Thinking in Education.« *The Potential of Fantasy and Imagination.* Edited by A. Sheikll und J. Shaffer. New York: Brandon House, 1979, 215–25.

Arrowsmith, B., N. Doidge. *The Woman Who Changed Her Brain: And Other Inspiring Stories of Pioneering Brain Transformation.* New York: Free Press, 2012.

Atkins, R. C. *Dr. Atkins' Health Revolution.* Boston: Houghton Mifflin, 1990.

———. *Dr. Atkins' New Diet Revolution.* London: Ebury Press, 2003.

»Babies Born to Stressed Mothers More Likely to Be Bullied at School.« *Science Daily.* 14. November 2012. http://www.sciencedaily.com/releases/2012/11/121114083821.htm?utm_source=feedburner&utm_medium=email&utm_campaign=Feed%3A+sciencedaily%2Fmind_brain+%28ScienceDaily%3A+Mind+%26+Brain+News%29.

Bach-y-Rita, P., C. C. Collins, F. Saunders, B. White und B. Scadden. »Vision Substitution by Tactile Image Projection.« *Nature* 221, no. 5184 (1969): 963–64.

Barker, J. A. *Discovering the Future: A Question of Paradigms.* Johannesburg, Südafrika: Charterhouse Productions, South African Breweries, 1987.

Bartlett, F. C. *Remembering: A Study in Experimental and Social Psychology.* Cambridge, UK: Cambridge University Press, 1932.

»Basic and Translational Neuroscience. 30th Annual Postgraduate Review Course, Topics and Speakers.« 1. Dezember 2007–8. März 2008. http://cumc.columbia.edu/dept/cme/neuroscience/neuro/speakers.html.

Baxter, R., S. B. Cohen und M. Ylvisaker. »Comprehensive Cognitive Assessment.« *Head Injury Rehabilitation: Children and Adolescents.* Edited by M. Ylvisaker. San Diego: College-Hill Press, 1984, 247–75.

Beauregard, M. und D. O'Leary. *The Spiritual Brain.* New York: Harper Collins, 2007.

Bereiter, L. »Toward a Solution of the Learning Paradox.« *Review of Educational Research* 55 (1985): 201–25.

Berninger, V., A. Chen und R. Abbot. »A Test of the Multiple Connections Model of Reading Acquisition.« *International Journal of Neuroscience* 42 (1988): 283–95.

Bishop, J. H. »Why the Apathy in American High Schools?« *Educational Researcher* 18, no. 1 (1989): 6–10.

Block, N. und G. Dworkin. *The I.Q. Controversy*. New York: Pantheon, 1976.

Bloom, B. S. »The Z Sigma Problem: The Search for Methods of Group Instruction as Effective as One-to-One Tutoring.« *Educational Researcher* 13, no. 6 (1984): 4–16.

Bloom, F. E., M. F. Beal und D. J. Kupfer, eds. *The Dana Guide to Brain Health: A Practical Family Guide from Medical Experts*. New York: Dana Press, 2003.

Boller, K. und C. Rovee-Collier. »Contextual Coding and Recording of Infants' Memories.« *Journal of Experimental Child Psychology* 53, no. 1 (1992): 1–23.

Borkowski, J. G., W. Schneider und M. Pressley. »The Challenges of Teaching Good Information Processing to the Learning Disabled Student.« *International Journal of Disability, Development and Education* 3, no. 3 (1989): 169–85.

Botha, L. »SALT in Practice: A Report on Progress.« *Journal of the Society for Accelerative Learning and Teaching* 10, no. 3 (1985): 197–99.

Botkin, J. W., M. Elmandjra und M. Malitza. *No Limits to Learning: Bridging the Human Gap: A Report of the Club of Rome*. Oxford: Pergammon Press, 1979.

Boyle, P. »Having a Higher Purpose in Life Reduces Risk of Death among Older Adults.« *Science Daily*, 18. Juni 2009. http://www.sciencedaily.com/releases/2009/06/090615144207.htm.

Brain and Mind Symposium. Columbia University. 13.–14. Mai 2004. http://c250.columbia.edu/c250_events/symposia/brain_mind/brain_mind_vid_archive.htm.

Bransford, J. D. *Human Cognition*. Belmont, CA: Wadsworth, 1979.

Braten, I. »Vygotsky as Precursor to Metacognitive Theory, II: Vygotsky as Metacognitivist.« *Scandinavian Journal of Educational Research* 35, no. 4 (1991): 305–20.

Briggs, M. H. »Team Talk: Communication Skills for Early Intervention Teams.« *Journal of Childhood Communication Disorders* 15, no. 1 (1993): 33–40.

Broadbent, D. E. *Perception and Communication*. London: Pergammon Press, 1958.

Brown, A. L. »Knowing When, Where and How to Remember: A Problem of Meta-Cognition.« In *Advances in Instructional Psychology*. Edited by R. Glaser. Hillsdale, NJ: Melbourne, 1978.

Bunker, V. J., W. M. McBurnett und D. L. Fenimore. »Integrating Language Intervention throughout the School Community.« *Journal of Childhood Communication Disorders* 11, no. 1 (1987): 185–92.

Buzan, T. *Head First*. London: Thorsons, 2000.

———. *Use Both Sides of Your Brain*. New York: Plume, 1991.

Buzan, T. und R. Keene. *The Age Heresy*. London: Ebury Press, 1996.

Bynum, J. *Matters of the Heart*. Lake Mary, FL: Charisma House, 2002.

Byron, R. *Behaviour in Organisations: Understanding and Managing the Human Side of Work*. 2nd ed. Boston: Allyn and Bacon, 1986.

Byron, R. und D. Byrne. *Social Psychology: Understanding Human Interaction*. 4th ed. Boston: Allyn and Bacon, 1984.

Calvin, W. und G. Ojemann. *Conversations with Neil's Brain*. Reading, MA: Addison-Wesley, 1994.

Campbell, B., L. Campbell und D. Dickinson. *Teaching and Learning through Multiple Intelligences*. Seattle: New Horizons for Learning, 1992.

Campione, J. C., A. L. Brown und N. R. Bryant. »Individual Differences in Learning and Memory.« In *Human Abilities: An Information Processing Approach.* Edited by R. J. Sternberg. New York: West Freeman, 1984, 103–26.

Cantor, C. »Rutgers-Newark Program Aims to Combat Alzheimer's Disease in Black Communities.« *Rutgers Focus. 26. März 2008. http://news.rutgers.edu/focus/issue.2008-03-26.6300207636/article.2008-03-26.8293146433.*

Capra, F. »The Turning Point: A New Vision of Reality.« *The Futurist* 16 no. 6 (1982): 19–24.

Caskey, O. »Accelerating Concept Formation.« *Journal of the Society for Accelerative Learning and Teaching* 11, no. 3 (1986): 137–45.

Chi, M. »Interactive Roles of Knowledge and Strategies in the Development of Organized Sorting and Recall.« In *Thinking and Learning Skills*, vol. 2. Edited by S. F. Chipman, J. W. Segal und R. Glaser. Hillsdale, NJ: Lawrence Erlbaum, 1985.

Childre, D. und H. Martin. *The Heartmath Solution.* San Francisco: Harper-Collins, 1999.

Church, D. *The Genie in Your Genes.* Fulton, CA: Energy Psychology Press, 2008.

Clancey, W. »Why Today's Computers Don't Learn the Way People Do.« Paper presented at the Annual Meeting of the American Educational Research Association, Boston, 1990.

Clark, A. J. »Forgiveness: A Neurological Model.« *Medical Hypotheses* 65 (2005): 649–54.

Colbert, D. *The Bible Cure for Memory Loss.* Lake Mary, FL: Siloam Press, 2001.

———. *Deadly Emotions: Understand the Mind-Body-Spirit Connection That Can Heal or Destroy You.* Nashville: Thomas Nelson, 2003.

Cook, N. D. »Collosal Inhibition: The Key to the Brain Code.« *Behavioral Science* 29 (1984): 98–110.

Costa, A. L. »Mediating the Metacognitive.« *Educational Leadership* 42, no. 3 (1984): 57–62.

Cousins, N. *Anatomy of an Illness as Perceived by the Patient.* New York: Bantam, 1981.

———. »Anatomy of an Illness as Perceived by the Patient.« *New England Journal of Medicine* 295 (1976): 1458–63.

Crick, F. *The Astonishing Hypothesis: The Scientific Search for the Soul.* New York: Scribner, 1995.

———. »Thinking about the Brain.« *Scientific American* 241, no. 3 (1981): 228.

Cromie, W. J. »Childhood Abuse Hurts the Brain.« *Harvard University Gazette.* http://news.harvard.edu/gazette/2003/05.22/01-brain.html.

———. »Research Links Sleep, Dreams und Learning.« *Harvard University Gazette.* www.news.harvard.edu/gazette/1996/02.08/ResearchLinksSl.html.

Damasio, A. R. *The Feeling of What Happens: Body and Motion in the Making of Consciousness.* New York: Harcourt, Brace, 1999.

Damico, J. S. »Addressing Language Concerns in the Schools: The SLP as Consultant.« *Journal of Childhood Communication Disorders* 11, no. 1 (1987): 17–40.

Dartigues, J. F. »Use It or Lose It.« *Omni*, Februar 1994, 34.

De Andrade, L. M. »Intelligence's Secret: The Limbic System and How to Mobilize It through Suggestopedy.« *Journal of the Society for Accelerative Learning and Teaching* 11, no. 2 (1986): 103–13.

De Capdevielle, B. »An Overview of Project Intelligence.« *Per Linguam* 2, no. 2 (1986): 31–38.

Decety, J. und J. Grezes. »Neural Mechanisms Subserving the Perception of Human Actions.« *Trends in Cognitive Sciences* 3, no. 5 (Mai 1999): 172–78. http://condor.depaul.edu/dallbrit/extra/psy588/Decety-Grezes.pdf.

———. »The Power of Simulation: Imagining One's Own and Other's Behavior.« *Brain Research* 1079 (2006): 4–14.

Decety, J. und P. L. Jackson. »A Social Neuroscience Perspective of Empathy.« *Current Directions in Psychological Science* 15 (2006): 54–58.

Derry, S. J. »Remediating Academic Difficulties through Strategy Training: The Acquisition of Useful Knowledge.« *Remedial and Special Education* 11, no. 6 (1990): 19–31.

Dhority, L. *The ACT Approach: The Artful Use of Suggestion for Integrative Learning.* Bremen, Germany: PLS Verlag, 1991.

Diamond, M. *Enriching Heredity: The Impact of the Environment on the Brain.* New York: Free Press, 1988.

Diamond, M. und J. Hopson. *Magic Trees of the Mind: How to Nurture Your Child's Intelligence, Creativity, and Healthy Emotions from Birth through Adolescence.* New York: Penguin, 1999.

Diamond, S. und J. Beaumont, eds. *Hemisphere Function of the Human Brain.* London: Elek, 1974, 264–78.

Dienstbier, R. »Periodic Adrenalin Arousal Boosts Health Coping.« *Brain-Mind Bulletin* 14, no. 9a (1989).

Dispenza, J. *Breaking the Habit of Being Yourself.* New York: Hay House, 2012.

———. *Evolve Your Brain: The Science of Changing Your Brain.* Deerfield Beach, FL: Health Communications, 2007.

Dixon, T. und T. Buzan. *The Evolving Brain.* Exetar, UK: Wheaten, 1976.

Dobson, J. *The New Hide or Seek: Self-Confidence in Your Child.* Grand Rapids: Revell, 1999.

Doidge, N. *The Brain That Changes Itself: Stories of Personal Triumph from the Frontiers of Brain Science.* New York: Penguin Books, 2007.

Dukas, H. und B. Hoffman. *Albert Einstein, the Human Side: New Glimpses from His Archives.* Princeton, NJ: Princeton University Press, 1979.

»Dwelling On Stressful Events Can Create Inflammation in the Body, Study Finds.« *Science Daily.* 13. März 2013. http://www.sciencedaily.com/releases/2013/03/130313182255.htm?utm_source=feedburner&utm_medium=email&utm_campaign=Feed%3A+science-daily+%28ScienceDaily%3A+Latest+Science+News%29.

Edelman, G. M. und V. B. Mountcastle, eds. *The Mindful Brain.* Cambridge, MA: MIT Press, 1982.

Edelman, G. M. und G. Tononi. *A Universe of Consciousness: How Matter Becomes Imagination.* New York: Basic Books, 2000.

Edwards, B. *Drawing on the Right Side of the Brain.* Los Angeles: J. P. Torcher, 1979.

Ende, R. N. *Rene A. Spitz: Dialogues from Infancy.* Madison, CT: International Universities Press, 1984.

Entwistle, N. »Motivational Factors in Students' Approaches in Learning.« In *Learning Strategies and Learning Styles.* Edited by R. R. Schmeck. New York: Plenum, 1988, 21–51.

Entwistle, N. J. und P. Ramsdon. *Understanding Student Learning.* London: Croom Helm, 1983.

»Epigenetics: http://www.docstoc.com/docs/129237704/Introduction-to-Epigenetics.

Eriksen, C. W. und J. Botella. »Filtering versus Parallel Processing in RSVP Tasks.« *Perception and Psychophysics* 51, no. 4 (1992): 334–43.

Erskine, R. »A Suggestopedic Math Project Using Non-Learning Disabled Students.« *Journal of the Society for Accelerative Learning and Teaching* 11, no. 4 (1986): 225–47.

Farah, M. J., F. Peronnet, L. L. Weisberg und M. Monheit. »Brain Activity Underlying Visual Imagery: Event Related Potentials During Mental Image Generation.« *Journal of Cognitive Neuroscience* 1 (1990): 302–16.

Faure, C. *Learning to Be: The World of Education Today and Tomorrow*. Paris: UNESCO, 1972.

Feldman, D. *Beyond Universals in Cognitive Development*. Norwood, NJ: Ablex, 1980.

Feuerstein, R. *Instrumental Enrichment: An Intervention Programme for Cognitive Modifiability*. Baltimore: University Park Press, 1980.

Feuerstein, R., M. Jensen, S. Roniel und N. Shachor. »Learning Potential Assessment.« *Assessment of Exceptional Children*. Haworth Press, 1986.

»Five for 2005: Five Reasons to Forgive.« *Harvard Health Publications Newsletter* 2, no. 5 (15. Januar 2005). http://harvardhealth.staywell.com/viewNewsletter.aspx?N-LID=30&INC=yes.

Flavell, J. H. »Metacognitive Development.« In *Structural/Process Theories of Complete Human Behaviour*. Edited by J. M. Scandura and C. J. Brainerd. Alphen aan den Rijn, The Netherlands: Sijthoff and Noordoff, 1978.

Flavell, P. *The Developmental Psychology of Jean Piaget*. New York: Basic Books, 1963.

Fodor, J. *The Modularity of Mind*. Cambridge, MA: MIT/Bradford, 1983.

Fountain, D. *God, Medicine, and Miracles: The Spiritual Factors in Healing*. New York: Random House, 2000.

Frassinelli, L., K. Superior und J. Meyers. »A Consultation Model for Speech and Language Intervention.« *ASHA* 25 no. 4 (1983): 25–30.

Freeman, W. J. *Societies of Brains: A Study in the Neuroscience of Love and Hate*. Hillsdale, NJ: Lawrence Erlbaum Associates, 1995.

»Free Tools to Help You Cope with Stress.« *Harvard Health Publications*. Harvard Medical School. www.health.harvard.edu/topic/stress.

Galton, F. *Inquiries into Human Faculty and Its Development*. London: L. M. Dent, 1907.

Gardner, H. *Frames of Mind*. New York: Basic Books, 1985.

———. *The Quest for Mind: Piaget, Levi-Strauss, and the Structuralist Movement*. Chicago: University of Chicago Press, 1981.

Gardner, H. und D.P. Wolfe. »Waves and Streams of Symbolization.« In *The Acquisition of Symbolic Skills*. Edited by D. Rogers and J. A. Slabada. London: Plenum Press, 1983.

Gazzaniga, M. S. *Handbook of Neuropsychology*. New York: Plenum, 1977.

———, ed. *The New Cognitive Neurosciences*. Cambridge, MA: MIT/Bradford, 2004.

Gelb, M. *Present Yourself*. Los Angeles: Jalmar Press, 1988.

Gerber, A. »Collaboration between SLP's and Educators: A Continuity Education Process.« *Journal of Childhood Communication Disorders* 11, no. 1–2 (1987): 107–25.

»Ghost in Your Genes.« PBS NOVA. www.pbs.org/wgbh/nova/genes.

Glaser, R. *Adaptive Education: Individual Diversity and Learning.* New York: Holt, Rhinehart and Winston, 1977.

Glasser, M. D. *Control Theory in the Classroom.* New York: Harper & Row, 1986.

Goldberg, E. und L. D. Costa. »Hemisphere Differences in the Acquisition and Use of Descriptive Systems.« *Brain and Language* 14 (1981):144–73.

Golden, F. »Albert Einstein: Person of the Century.« *Time*, 31. Dezember 1999.

Gould, S. »Commission on Nontraditional Study.« *Diversity by Design.* San Francisco: Jossey-Bass, 1973.

———. *The Mismeasure of Man.* New York: Norton, 1981.

Griffiths, D. E. »Behavioural Science and Educational Administration.« In *63rd Yearbook of the National Society for the Study of Education.* Chicago: NSSE, 1964.

Gungor, E. *There Is More to the Secret.* Nashville: Thomas Nelson, 2007.

Guse, J. »How the Marx Brothers Brought Norman Cousins Back to Life.« *The Healing Power of Laughter.* http://thehealingpoweroflaughter.blogspot.com/2007/07/how-marx-brothers-brought-norman.html.

Guyton, A. C. und J. E. Halle. *Textbook of Medical Physiology.* 9th ed. Philadelphia: W. D. Saunders, 1996.

Haber, R. N. »The Power of Visual Perceiving.« *Journal of Mental Imagery* 5 (1981): 1–40.

Halpern, S. und L. Savary. *Sound Health: The Music and Sounds That Make Us Whole.* San Francisco: Harper & Row, 1985.

Hamilton, P. J., D. J. Furman, C. Chang, M. E. Thomason, E. Dennis und I. H. Gotlib. »Default-Mode and Task-Positive Network Activity in Major Depressive Disorder: Implications for Adaptive and Maladaptive Rumination.« *Biological Psychiatry* 70, no. 4 (2011): 327–33.

Hand, J. D. »The Brain and Accelerative Learning.« *Per Linguam 2, no. 2 (1986): 2–14.*

Hand, J. D. und B. L. Stein. »The Brain and Accelerative Learning, Part II: The Brain and Its Functions.« *Journal of the Society for Accelerative Learning and Teaching* 11, no. 3 (1986): 149–63.

Harlow, H. Databank Entry in »People and Discoveries: Harry Harlow.« *PBS: A Science Odyssey.* www.pbs.org/wgbh/aso/databank/entries/bhharl.html.

Harrell, K. D. *Attitude Is Everything: A Tune-Up to Enhance Your Life.* Dubuque, IA: Kendall Hunt, 1995.

Harrison, C. J. »Metacognition and Motivation.« *Reading Improvement* 28, no. 1 (1993): 35–39.

Hart, L. *Human Brain and Human Learning.* New York: Longman, 1983.

Hatfied, R. W. »Touch and Human Sexuality.« In *Human Sexuality: An Encyclopedia.* Edited by V. Bullough, B. Bullough und A. Stein. New York: Garland, 1994.

Hatton, G. I. »Function-Related Plasticity in the Hypothalamus.« *Annual Review of Neuroscience* 20 (1997): 375–97.

Hawkins, D. B. *When Life Makes You Nervous: New and Effective Treatments for Anxiety.* Colorado Springs: Cook, 2001.

Hayman, J. L. »Systems Theory and Human Organization.« In *A Systems Approach to Learning Environments*. Edited by S. D. Zalatimo and P. J. Steeman. Roselle, NJ: MEDED Projects, 1975.

»The Health Benefits of Laughter.« http://heyugly.org/LaughterOneSheet2.php.

Healy, J. »Why Kids Can't Think: Bottom Line.« *Personal* 13, no. 8 (1993): 1–3.

Hinton, G. E. und J. A. Anderson. *Parallel Models of Associative Memory*. Hillsdale, NJ: Erlbaum, 1981.

Hochberg, L. R., M. D. Serruya, G. M. Friehs, J. A. Mukand, M. Saleh, A. H. Caplan, A. Branner, D. Chen, R. D. Penn und J. P. Donoghue. »Neuronal Ensemble Control of Prosthetic Devices by a Human with Tetraplegia.« *Nature* 442, no. 7099 (18. Jul 2006): 164–71.

Holden, C. »Child Development: Small Refugees Suffer the Effects of Early Neglect.« *Science* 305 (1996):1076–77.

Holford, P. *How Children Fail*. New York: Pitman, 1964.

———. *The Optimum Nutrition Bible*. London: Piatkus, 1997.

———. *Optimum Nutrition for the Mind*. London: Piatkus, 2003.

———. *The 30-Day Fat Burner Diet*. London: Piatkus, 1999.

Hubel, D. H. »The Brain.« *Scientific American* 24, no. 13 (1979): 45–53.

Hunter, C., F. Hunter und F. Contreras. *Laugh Yourself Healthy—Keep the Doctor Away with a Giggle a Day*. Lake Mary, FL: Christian Life, 2008.

Hyden, H. »The Differentiation of Brain Cell Protein, Learning, and Memory.« *Biosystems* 8, no. 4 (1977): 22–30.

Hyman, S. E. »Addiction: A Disease of Learning and Memory.« *American Journal of Psychiatry* 162 (2005): 1414–22.

Iaccino, J. *Left Brain–Right Brain Differences: Inquiries, Evidence, and New Approaches*. Hillsdale, NJ: Erlbaum, 1993.

Institute of HeartMath. www.heartmath.org/research/science-of-the-heart.html.

Iran-Nejad, A. »Active and Dynamic Self-Regulation of Learning Processes.« *Review of Educational Research* 60, no. 4 (1990): 573–602.

———. »Associative and Nonassociative Schema Theories of Learning.« *Bulletin of the Psychonomic Society* 27 (1989): 1–4.

———. »The Schema: A Long-Term Memory Structure or a Transient Functional Pattern.« In *Understanding Reader's Understanding*. Edited by R. J. Teireny, P. L. Anders und J. N. Mitchell. Hillsdale, NJ: Erlbaum, 1987, 109–28.

Iran-Nejad, A. und B. Chissom. »Active and Dynamic Sources of Self-Regulation.« Paper presented at the Annual Meeting of the American Psychological Association, Atlanta, Georgia, 1988.

Iran-Nejad, A. und A. Ortony. »A Biofunctional Model of Distributed Mental Content, Mental Structures, Awareness and Attention.« *Journal of Mind and Behavior* 5 (1984): 171–210.

Iran-Nejad, A., A. Ortony und R. K. Rittenhouse. »The Comprehension of Metaphonical Uses of English by Deaf Children.« *American Speech-Language-Association* 24 (1989): 551–56.

Jacobs, B., M. Schall und A. B. Scheibel. »A Quantitative Dendritic Analysis of Wernickes Area in Humans: Gender, Hemispheric and Environmental Factors. *Journal of Comparative Neurology* 327, no. 1 (1993): 97–111.

Jensen, A. *Bias in Mental Testing*. New York: Free Press, 1980.

Jensen, E. *Brain-Based Learning and Teaching*. Johannesburg, South Africa: Process Graphix, 1995.

Johnson, D. W., R. T. Johnson und E. Holubec. *Circles of Learning: Cooperation in the Classroom*. Edina, MN: Interaction Books, 1986.

Johnson, J. M. »A Case History of Professional Evolution from SLP to Communication Instructor.« *Journal of Childhood Communication Disorders* 11, no. 4 (1987): 225–34.

Jorgensen, C. C. und W. Kintsch. »The Role of Imagery in the Evaluation of Sentences.« *Cognitive Psychology* 4 (1973): 110–16.

Kagan, A und M. M. Saling. *An Introduction to Luria's Aphasiology Theory and Application*. Johannesburg, South Africa: Witwatersrand University Press, 1988.

Kalivas, P. W. und N. Volkow. »The Neural Basis of Addiction: A Pathology of Motivation and Choice.« *American Journal of Psychiatry* 162 (2005): 1403–13.

Kandel, E. R. *In Search of Memory: The Emergence of a New Science of Mind*. New York: W. W. Norton, 2006.

———. »The Molecular Biology of Memory Storage: A Dialog between Genes and Synapses.« Nobel Lecture. 8. Dezember 2000. www.nobelprize.org/nobel_prizes/medicine/laureates/2000/kandel-lecture.pdf.

———. »A New Intellectual Framework for Psychiatry.« *American Journal of Psychiatry* 155, no. 4 (1998): 457–69.

Kandel, E. R, J. H. Schwartz und T. M. Jessell, eds. *Essentials of Neural Science and Behavior*. New York: Appleton and Lange, 1995.

———, eds. *Principles of Neural Science*. 4th ed. New York: McGraw-Hill, 2000.

Kaniels, S. und R. Feuerstein. »Special Needs of Children with Learning Difficulties.« *Oxford Review of Education* 15, no. 2 (1989): 165–79.

Kaplan-Solms, K. und M. Sloms. *Clinical Studies in Neuro-Psychoanalysis*. New York: Karnac, 2002.

Kazdin, A. E. »Covert Modelling, Imagery Assessment and Assertive Behaviour.« *Journal of Consulting and Clinical Psychology* 43 (1975): 716–24.

Kimara, D. »The Assymmetry of the Human Brain.« *Scientific American* 228, no. 3 (1973): 70–80.

———. »Sex Differences in the Brain.« *Scientific American* 267, no. 3 (September 1992): 119–25.

King, D. F. und K. S. Goodman. »Whole Language Learning, Cherishing Learners and their Language.« *Language, Speech and Hearing Sciences in Schools*, 21 (1990): 221–29.

Kintsch, W. »Learning from Text, Levels of Comprehension, or: Why Anyone Would Read a Story Anyway?« *Poetics* 9, 1980, 87–98.

Kline, P. *Everyday Genius*. Arlington, VA: Great Ocean Publishers, 1990.

Kluger, J. »The Biology of Belief.« *Time*, 12. Februar 2009. www.time.com/time/health/article/0,8599,1879016,00.html.

Knowles, M. *The Adult Learner: A Neglected Species*. Houston: Gulf Publishing, 1990.

Konnikova, M. *Mastermind*. New York: Viking, 2013.

———. »The Power of Concentration.« *New York Times Sunday Review*. 15. Dezember 2012. www.nytimes.com/2012/12/16/opinion/sunday/the-power-of-concentration.html?pagewanted=1&_r=2&ref=general&src=me&.

Kopp, M. S. und J. Rethelyi. »Where Psychology Meets Physiology: Chronic Stress and Premature Mortality: The Central–Eastern European Health Paradox.« *Brain Research Bulletin* 62 (2004): 351–67.

Kosslyn, S. M. und O. Koenig. *Wet Mind: The New Cognitive Neuroscience*. New York: Free Press, 1995.

Kubzansky, L. D., I. Kawachi, A. Spiro III, S. T. Weiss, P. S. Vokonas und D. Sparrow. »Is Worrying Bad for Your Heart? A Prospective Study of Worry and Coronary Heart Disease in the Normative Aging Study.« *Circulation* 94, no. 4. (1997): 818–24.

Lahaye, T. und D. Noebel. *Mind Siege: The Battle for Truth in the New Millennium*. Nashville: Word, 2000.

Lally, P., C. H. M. van Jaarsveld, H. W. W. Potts und J. Wardle. »How Are Habits Formed: Modelling Habit Formation in the Real World.« *European Journal of Social Psychology* 40, no. 6 (2009): 998–1009.

Langer, E. und M. Moldoveanu. »The Construct of Mindfulness.« *Journal of Social Issue* 56, no. 1 (2000): 1–9.

Larsson, G. und B. Starrin. »Effect of Relaxation Training on Verbal Ability, Sequential Thinking and Spatial Ability.« *Journal of the Society of Accelerative Learning and Teaching* 13, no. 2 (1988): 147–59.

Lazar, C. »A Review and Appraisal of Current Information on Speech/Language Alternative Service Delivery Models in Schools.« *Communiphon* 308 (1994): 8–11.

Lazar, S. W. und C. E. Kerr. »Meditation Experience Is Associated with Increased Cortical Thickness.« *NeuroReport* 16, no. 17 (2005): 189–97.

Lea, L. *Wisdom: Don't Live Life without It*. Guilford, Surrey, UK: Highland Books, 1980.

Leaf, C. M. »An Altered Perception of Learning: Geodesic Learning.« *Therapy Africa* 1, no. 2 (Oktober 1997): 7.

———. »An Altered Perception of Learning: Geodesic Learning: Part 2.« *Therapy Africa* 2, no. 1 (Januar/Februar 1998): 4.

———. »The Development of a Model for Geodesic Learning: The Geodesic Information Processing Model.« *The South African Journal of Communication Disorders* 44, (1997): 53–70.

———. »Evaluation and Remediation of High School Children's Problems Using the Mind Mapping Therapeutic Approach.« *Remedial Teaching* 7/8, University of South Africa (September 1992).

———. »The Mind Mapping Approach: A Model and Framework for Geodesic Learning.« Unpublished DPhil. dissertation, University of Pretoria, South Africa, 1997.

———. »The Mind Mapping Approach (MMA): Open the Door to Your Brain Power: Learn How to Learn.« *Transvaal Association of Educators Journal* (Dezember 1992).

———. »The Mind Mapping Approach: A Technique for Closed Head Injury.« Unpublished master's dissertation, University of Pretoria, South Africa.

———. »Mind Mapping as a Therapeutic Intervention Technique.« Unpublished workshop manual, 1985.

———. »Mind Mapping as a Therapeutic Technique.« *Communiphon* 296 (1989): 11–15. A publication of the South African Speech-Language-Hearing Association.

———. »The Move from Institution Based Rehabilitation (IBR) to Community Based Rehabilitation (CBR): A Paradigm Shift.« *Therapy Africa* 1, no. 1 (August 1997): 4.

———. *Switch On Your Brain 5-Step Learning Process.* Dallas: Switch on Your Brain, 2008.

———. *Switch On Your Brain: Understand Your Unique Intelligence Profile and Maximize Your Potential.* Cape Town, South Africa: Tafelberg, 2005.

———. *Switch On Your Brain with the Metacognitive-Mapping Approach.* Elkhart, IN: Truth Publishing, 2002.

———. »Teaching Children to Make the Most of Their Minds: Mind Mapping.« *Journal for Technical and Vocational Education in South Africa* 121 (1990): 11–13.

———. *Who Switched Off My Brain? Controlling Toxic Thoughts and Emotions.* Dallas: Switch on Your Brain, 2007.

———.»Who Switched Off My Brain? Controlling Toxic Thoughts and Emotions.« DVD series. Johannesburg, South Africa: Switch On Your Brain, 2007.

Leaf, C. M., M. Copeland und J. Maccaro. »Your Body His Temple: God's Plan for Achieving Emotional Wholeness.« DVD series. Dallas: Life Outreach International, 2007.

Leaf, C. M., I. C. Uys und B. Louw. »An Alternative Non-Traditional Approach to Learning: The Metacognitive-Mapping Approach.« *The South African Journal of Communication Disorders* 45 (1998): 87–102.

———. »The Development of a Model for Geodesic Learning: The Geodesic Information Processing Model.« *The South African Journal for Communication Disorders* 44 (1997).

———. »The Mind Mapping Approach (MMA): A Culture and Language-Free Technique.« *The South African Journal of Communication Disorders* 40 (1992): 35–43.

LeDoux, J. *Synaptic Self: How Our Brains Become Who We Are.* New York: Penguin, 2002.

Leedy, P. D. *Practical Research: Planning and Design.* New York: Macmillan, 1989.

Lehmann, E. L. *Non-Parametric: Statistical Methods Based on Ranks.* San Francisco: Holden-Day, 1975.

Leuchter, A. F., I. A. Cook, E. A. Witte, M. Morgan und M. Abrams. »Changes in Brain Function of Depressed Subjects During Treatment with Placebo.« *American Journal of Psychiatry* 159, no. 1 (2002): 122–29.

Levy, J. »Interview.« *Omni* 7, no. 4 (1985).

———. »Research Synthesis on Right and Left Hemispheres: We Think with Both Sides of the Brain.« *Educational Leadership* 40, no. 4 (1983): 66–71.

Lewis, R. »Report Back on the Workshop: Speech/Language/Hearing Therapy in Transition.« *Communiphon* 308 (1994): 6–7.

Liebertz, C. »Want Clear Thinking: Relax.« *Scientific American* (21. September 2005). www.scientificamerican.com/article.cfm?id=want-clear-thinking-relax.

Lipton, B. *The Biology of Belief: Unleashing the Power of Consciousness, Matter and Miracles.* Santa Cruz, CA: Mountain of Love Productions, 2008.

Lipton, B. H., K. G. Bensch und M. A. Karasek. »Microvessel Endothelial Cell Transdifferentiation: Phenotypic Characterization.« *Differentiation* 46, no. 2 (1991): 117–33.

Llinas, R. *I of the Vortex.* Cambridge, MA: MIT Press, 2002.

Lozanov, G. *Suggestology and Outlines of Suggestopedy.* New York: Gordon and Breach Science Publishers, 1978.

Lozanov, G. und G. Gateva. *The Foreign Language Educator's Suggestopaedic Manual.* New York: Gordon and Breach Science Publishers, 1989.

L. T. F. A. »Brain-Based Learning.« Unpublished lecture series. Johannesburg, South Africa: Lead the Field Africa, 1995.

Luria, A. R. *Higher Cortical Functions in Man.* 2nd ed. New York: Basic Books, 1980.

Lutz, K. A. und J. W. Rigney. *The Memory Book.* New York: Skin and Day, 1977.

MacLean, P. »A Mind of Three Minds: Educating the Triuine Brain.« *77th Yearbook of the National Society for the Study of Education.* Chicago: University of Chicago Press, 1978, 308–42.

Margulies, N. *Mapping Inner-Space.* Tucson, AZ: Zephyr Press, 1991.

Markram, H. »›Blue Brain‹ Project Accurately Predicts Connections between Neurons.« *ScienceDaily* (17. September 2012). Reprinted from materials provided by Ecole Polytechnique Fédérale de Lausanne. www.sciencedaily.com/releases/2012/09/120917152043.htm.

Marvin, C. A. »Consultation Services: Changing Roles for the SLP's.« *Journal of Childhood Communication Disorders* 11, no. 1 (1987): 1–15.

Maslow, A. H. *Motivation and Personality.* New York: Harper & Row, 1970.

Mastropieri, M. A. und J. P. Bakken. »Applications of Metacognition.« *Remedial and Special Education* 11, no. 6 (1990): 32–35.

Matheny, K. B. und J. McCarthy. *Prescription for Stress.* Oakland, CA: New Harbinger Publications, 2000.

McAllister, A. K. »Cellular and Molecular Mechanisms of Dendritic Growth.« *Cerebral Cortex* 10, no. 10 (2000): 963–73.

McEwan, B. S. »Stress and Hippocampal Plasticity.« *Annual Review of Neuroscience* 22 (1999): 105–22.

McEwan, B. S. und E. N. Lasley. *The End of Stress as We Know It.* Washington, DC: National Academies Press, 2002.

McEwan, B. S. und T. Seeman. »Protective and Damaging Effects of Mediators of Stress: Elaborating and Testing the Concepts of Allostasis and Allostatic Load.« *Annals of the New York Academy of Science* 896 (1999): 30–47.

McGaugh, J. L. und I. B. Intrioni-Collision. »Involvement of the Amygdaloidal Complex in Neuromodulatory Influences on Memory Storage.« *Neuroscience and Behavioural Reviews* 14, no. 4 (1990): 425–31.

»Meditation's Positive Residual Effects: Imaging Finds Different Forms of Meditation May Affect Brain Structure.« *Harvard Gazette.* http://news.harvard.edu/gazette/story/2012/11/meditations-positive-residual-effects.

Merzenich, M. M. »Cortical Plasticity Contributing to Childhood Development.« In *Mechanisms of Cognitive Development: Behavioral and Neural Perspectives.* Edited by J. L. McClelland and R. S. Siegler. Mahwah, NJ: Lawrence Erlbaum, 2001.

———. »Promising Results in Controlling Tinnitus with Brain Training.« http://merzenich.positscience.com.

Meyer, J. *The Battlefield of the Mind: Winning the Battle in Your Mind.* New York: Faith Words, 1995.

———. *Life without Strife: How God Can Heal and Restore Troubled Relationships.* Lake Mary, FL: Charisma House, 2000.

Miller, G. A. »The Magical Number Seven, Plus or Minus Two: Some Limits on Our Capacity for Processing Information.« *Psychological Review* 63 (1956): 81–97.

Miller, T. und D. Sabatino. »An Evaluation of the Educator Consultant Model as an Approach to Main Streaming.« *Exceptional Children* 45 (1978).

»Mind/Body Connection: How Emotions Affect Your Health.« FamilyDoctor.org. http://familydoctor.org/online/famdocen/home/healthy/mental/782.html.

Mogilner, A., J. A. Grossman, U. Ribary, M. Joliot, J. Volkmann, D. Rapaport, R. W. Beasley und R. R. Llinas. »Somatosensory Cortical Plasticity in Adult Humans Revealed by Magnetoencephalography.« *Proceedings of the National Academy of Sciences* 90, no. 8 (1993): 3593–97.

Montessori, M. *The Absorbent Mind.* Amsterdam: Clio Press, 1989.

Mountcastle, V. »An Organizing Principle for Cerebral Function: The Unit Module and the Distributed System.« In *The Mindful Brain.* Edited by G. M. Edelman and V. Mountcastle. Cambridge, MA: MIT Press, 1978.

Nader, K. »Manipulating Memory.« *MIT Technology Review.* www.technologyreview.com/video/413181/manipulating-memory.

Nader, K., G. E. Schafe und J. E. Le Doux. »Fear Memories Require Protein Synthesis in the Amygdala for Reconsolidation after Retrieval.« *Nature* 406, no. 6797 (2000): 722–26.

National Institute of Mental Health statistics. www.nimh.nih.gov/statistics/index.shtml.

Nelson, A. »Imagery's Physiological Base: The Limbic System: A Review Paper.« *Journal of the Society for Accelerative Learning and Teaching* 13, no. 4 (1988): 363–71.

Nelson, R., ed. *Metacognition Core Readings.* Boston: Allyn and Bacon, 1992.

Newberg, A., E. D'Aquili und V. Rause. *Why God Won't Go Away: Brain Science and the Biology of Belief.* New York: Ballantine, 2001.

Novak, J. D., B. Gowin und J. B. Kahle. *Learning How to Learn.* Cambridge, UK: Cambridge University Press, 1984.

Nummela, R. M. und T. M. Rosengren. »Orchestration of Internal Processing.« *Journal for the Society of Accelerated Learning and Teaching* 10, no. 2 (1985): 89–97.

Odendaal, M. S. »Needs Analysis of Higher Primary Educators in KwaZulu.« *Per Linguam,* special issue no. 1 (1985): 5–99.

Okebukola, P. A. »Attitudes of Educators Towards Concept Mapping and Vee-Diagramming as Metalearning Tools in Science and Mathematics.« *Educational Research* 34, no. 3 (1992): 201–12.

O'Keefe, J. und L. Nadel. *The Hippocampus as a Cognitive Map*. New York: Oxford University Press, 1978.

Olivier, C. *Let's Educate, Train and Learn Outcomes-Based: A 3D Experience in Creativity*. Pretoria, South Africa: Benedic, 1999.

Olsen, K. E. *Outcomes Based Education: An Experiment in Social Engineering*. Kranskop, South Africa: Christians for Truth. 1997.

O'Mathuna, D. und W. Larimore. *Alternative Medicine: The Christian Handbook*. Updated and expanded. Grand Rapids: Zondervan, 2007.

Ornstein, R. E. *The Psychology of Consciousness*. New York: Penguin Books, 1975.

Ornstein, R. *The Right Mind: Making Sense of the Hemispheres*. Orlando, FL: Harcourt, Brace, 1997.

Palincsar, A. S. und A. L. Brown. »Reciprocal Teaching of Comprehension Fostering and Monitoring Activities.« *Cognition and Instruction* 1 (1984): 117–75.

Palmer, L. L., M. Alexander und N. Ellis. »Elementary School Achievement Results Following In-Service Training of an Entire School Staff in Accelerative Learning and Teaching: An Interim Report.« *Journal of the Society for Accelerative Learning and Teaching* 14, no. 1 (1989): 55–79.

Paris, S. G. und P. Winograd. »Promoting Metacognition and Motivation of Exceptional Children.« *Remedial and Special Education* 11, no. 6 (1990): 7–15.

Pascuale-Leone, A. und R. Hamilton. »The Metamodal Organization of the Brain.« In *Progress in Brain Research*. Edited by C. Casanova and M. Ptito (2001), 134.

Paul-Brown, D. »Professional Practices Perspective on Alternative Service Delivery Models.« *ASHA Bulletin* 12 (1992).

Perlemutter, D. und C. Coleman. *The Better Brain Book*. New York: Penguin, 2004.

Pert, C. B. *Molecules of Emotion: Why You Feel the Way You Feel*. London: Simon and Schuster, 2004; New York: Simon and Schuster, 1999.

Pert, C., G. Pasternak und S. H. Snyder. »Opiate Agonists and Antagonists Discriminated by Receptor Binding in the Brain.« *Science* 182 (1973): 1359–61.

Peters, T. *Playing God? Genetic Determinism and Human Freedom*. 2nd ed. New York: Routledge, 2003.

Planck, M. »Max Planck Quotes.« www.goodreads.com/author/quotes/107032.Max_Planck.

»The Pleasure Centres Affected by Drugs.« *Canadian Institutes of Health Research*. http://thebrain.mcgill.ca/flash/i/i_03/i_03_cr/i_03_cr_par/i_03_cr_par.html.

Plotsky, P. M. und M.J. Meaney. »Early Postnatal Experience Alters Hypothalamic Corticotropin-Releasing Factor (CRF) mRNA, Median Eminence CRF Content and Stress-Induced Release in Adult Rats.« *Molecular Brain Research* 18, no. 3 (1993): 195–200.

»Positive Psychology: Harnessing the Power of Happiness, Mindfulness, and Personal Strength.« *Harvard Health Publications*. Harvard Medical School. www.health.harvard.edu/special_health_reports/positive-psychology-harnessing-the-power-of-happiness-personal-strength-and-mindfulness.

»Power of Forgiveness—Forgive Others.« *Harvard Health Publications*. Harvard Medical School. Dezember 2004. www.health.harvard.edu/press_releases/power_of_forgiveness.

»The Prevalence of Mental Illness Today.« *Harvard Health Publications*. Harvard Medical School. www.health.harvard.edu/newsweek/Prevalence-and-treatment-of-mental-illness-today.htm.

Pribram, K. H. *Languages of the Brain*. Monterey, CA: Brooks/Cole, 1971.

Pulvermuller, F. *The Neuroscience of Language: On Brain Circuits of Words and Serial Order*. Cambridge, UK: Cambridge University Press, 2002.

Raichle, M. E., A. M. MacLeod, A. Z. Snyder, W. J. Powers, D. A. Gusnard und G. L. Shulman. »A Default Mode of Brain Function: A Brief History of an Evolving Idea.« *Neuroimage* 37 (2007): 1083–90.

Rajechi, D. W. *Attitudes: Themes and Advances*. Sunderland, MA: Sinauer, 1982.

Ramachandran, V. S. und S. Blakeslee. *Phantoms in the Brain*. New York: William Morrow, 1998.

Redding, R. E. »Metacognitive Instruction: Trainers Teaching Thinking Skills.« *Performance Improvement Quarterly* 3, no. 1 (1990): 27–41.

Restak, K. *The Brain: The Last Frontier*. New York: Doubleday, 1979.

Restak, R. *Mysteries of the Mind*. Washington, DC: National Geographic, 2000.

———. *Think Smart: A Neuroscientist's Prescription for Improving Your Brain Performance*. New York: Riverhead Books, 2009.

»Revised National Curriculum Statement Grades R-9.« Policy document. Pretoria, South Africa: Department of Education, 2002.

Rizzolotti, G. und M. F. Destro. »Mirror Neurons.« *Scholarpedia* 3, no. 1 (2008): 2055. http://www.scholarpedia.org/article/Mirror_neurons.

Rogers, C. R. *Freedom to Learn*. Columbus, OH: Merrill, 1969.

Rosenfield, I. *The Invention of Memory*. New York: Basic Books, 1988.

Rosenzweig, E. S., C. A. Barnes und B. L. McNaughton. »Making Room for New Memories.« *Nature Neuroscience* 5, no. 1 (2002): 6–8.

Rosenzweig, M. R. und E. L. Bennet. *Neuronal Mechanisms of Learning and Memory*. Cambridge, MA: MIT Press, 1976.

Rozin, P. »The Evolution of Intelligence and Access to the Cognitive Unconscious.« *Progress in Psychobiology and Physiological Psychology* 6 (1975): 245–80.

Russell, P. *The Brain Book*. London: Routledge and Kegan Paul, 1986.

Rutherford, R. und K. Neethling. *Am I Clever or Am I Stupid?* Van-derbijlpark, South Africa: Carpe Diem Books, 2001.

Sagan, C. *The Dragons of Eden*. New York: Random House, 1977.

Saloman, G. *Interaction of Media, Cognition and Learning*. San Francisco: Jossey-Bass, 1979.

Samples, R. E. »Learning with the Whole Brain.« *Human Behaviour* 4 (1975): 16–23.

Sapolsky, R. M. »Why Stress Is Bad for Your Brain.« *Science* 273, no. 5276 (1996): 749–50.

Sarno, J. *The Mind-Body Prescription: Healing the Body, Healing the Pain*. New York: Werner Books, 1999.

Schallert, D. L. »The Significance of Knowledge: A Synthesis of Research Related to Schema Theory.« In *Reading Expository Material*. Edited by W. Otto and S. White. New York: Academic, 1982, 13–48.

Schneider, W. und R. M. Shiffrin. »Controlled and Automatic Information Processing: I. Detection, Search and Attention.« *Psychological Review* 88, no. 1 (1977): 1–66.

Schon, D. A. *Beyond the Stable State*. San Francisco: Jossey-Bass, 1971.

Schory, M. E. »Whole Language and the Speech Language Pathologists.« *Language, Speech, and Hearing Services in Schools* 21 (1990): 206–11.

Schuster, D. H. »A Critical Review of American Foreign Language Studies Using Suggestopaedia.« Paper delivered at the Aimav Linguistic Conference at the University of Nijmegen, the Netherlands, 1985.

Schwartz, J. M. und S. Begley. *The Mind and the Brain: Neuroplasticity and the Power of Mental Force*. New York: Regan Books/Harper Collins, 2002.

Schwartz, J. M. und R. Gladding. *You Are Not Your Brain*. New York: Avery, 2012.

Schwartz, J., H. Stapp, M. Beauregard. »Quantum Physics in Neuroscience and Psychology: A Neurophysical Model of Mind-Brain Interaction.« *Philosophical Transactions of the Royal Society*. www.physics.lbl.gov/~stapp/PTB6.pdf.

Scruggs, E. und J. Brigham. »The Challenges of Metacognitive Instruction.« *RASE* 11, no. 6 (1987): 16–18.

Seaward B. L. »Stress in America Today: Are Your Wellness Programs Prepared for the Super Stress Superstorm?« *Wellness Council of America News and Views*, 1996. www.brianlukeseaward.net/articles/SuperStress-WELCOA-Seaward.pdf.

Segerstrom, S. C. und G. E. Miller. »Psychological Stress and the Human Immune System: A Meta-Analytic Study of 30 Years of Inquiry.« *Psychological Bulletin* 130, no. 4 (2004): 601–30.

Shapiro, R. B., V. G. Champagne und D. De Costa »The Speech-Language Pathologist: Consultant to the Classroom Educator.« *Reading Improvement* 25, no. 1 (1988): 2–9.

Shepard, B. »The Plastic Brain: Part 2.« *UAB Magazine*. University of Alabama, Birmingham. www.uab.edu/uabmagazine/2009/may/plasticbrain2.

Sheth, B. R., D. Janvelyan und M. Kahn. »Practice Makes Imperfect: Restorative Effects of Sleep on Motor Learning.« *PLoS One* 3, no. 9 (2008): 3190.

Simon, C. S. »Out of the Broom Closet and into the Classroom: The Emerging SLP.« *Journal of Childhood Communication Disorders* 11, no. 1–2 (1987): 81–90.

Singer, T., cited in Daniel Kane. »How Your Brain Handles Love and Pain.« *NBC News: Science Mysteries*. www.msnbc.msn.com/id/4313263.

Sizer, T. R. *Horacel's Compromise: The Dilemma of the American High School*. Boston: Houghton Mifflin, 1984.

Slabbert, J. »Metalearning as the Most Essential Aim in Education for All.« Paper presented at University of Pretoria, Faculty of Education, 1989.

Slife, B. D., J. Weiss und T. Bell. »Separability of Metacognition and Cognition: Problem Solving in Learning Disabled and Regular Students.« *Journal of Educational Psychology* 77, no. 4 (1985): 437–45.

Smith, A. *Accelerated Learning in Practice*. Stafford, UK: Network Educational Press, 1999.

Solms, M. »Forebrain Mechanisms of Dreaming Are Activated from a Variety of Sources.« *Behavioral and Brain Sciences* 23, no. 6 (2000): 1035–40; 1083–1121.

Sperry, R. »Hemisphere Disconnection and Unity in Conscious Awareness.« *American Psychologist 23 (1968).*

Springer, S. P. und G. Deutsch. Left Brain, Right Brain. New York: Freeman, 1998.

Sprouse, E. »5 Notable Discoveries in Epigenetics Research.« http://dsc.discovery.com/tv-shows/curiosity/topics/5-discoveries-epigenetics-research.htm.

Stephan, K. M., G. R. Fink, R. E. Passingham, D. Silbersweig, A. O. Ceballos-Baumann, C. D. Firth und R. S. J. Frackowiak. »Functional Anatomy of Mental Representation of Upper Extremity Movements in Healthy Subjects.« *Journal of Neurophysiology* 73, no. 1 (1995): 373–86.

Sternberg, R. »The Nature of Mental Abilities.« *American Psychologist 34 (1979): 214–30.*

Stickgold, R., J. A. Hobson, R. Fosse und M. Fosse. »Sleep, Learning und Dreams: Off-Line Memory Reprocessing.« *Science* 294, no. 5554 (2001): 1052–57.

Stickgold, R. und P. Wehrwein. »Sleep Now, Remember Later.« *Newsweek*, 17. April 2009. www.newsweek.com/id/194650.

Sylwester, R. »Research on Memory: Major Discoveries, Major Educational Challenges.« *Educational Leadership* 42, no. 7 (1985): 69–75.

Tattershall, S. »Mission Impossible: Learning How a Classroom Works Before It's Too Late!« *Journal of Childhood Communication Disorders* 11, no. 1 (1987): 181–84.

Taub, E., G. Uswatte, M. Bowman, A. Delgado, C. Bryson, D. Morris und V. W. Mark. »Use of CI Therapy for Plegic Hands after Chronic Stroke.« Presentation at the Society for Neuroscience, Washington DC, 16. November 2005.

Taubes, G. *Good Calories, Bad Calories: Fats, Carbs and the Controversial Science of Diet and Health*. New York: Anchor Books, 2008.

Thembela, A. »Education for Blacks in South Africa: Issues, Problems and Perspectives.« *Journal of the Society for Accelerative Learning and Teaching* 15, no. 1–2 (1990): 45–57.

Thurman, S. K. und A. H. Widerstrom. *Infants and Young Children with Special Needs: A Developmental and Ecological Approach*. 2nd ed. Baltimore: Paul H. Brookes, 1990.

Tunajek, S. »The Attitude Factor.« Wellness Milestones. *AANA NewsBulletin*, April 2006. www.aana.com/resources2/health-wellness/Documents/nb_milestone_0406.pdf.

Uys, I. C. »Single Case Experimental Designs: An Essential Service in Communicatively Disabled Care.« *South African Journal of Communication Disorders* 36 (1989): 53–59.

Van derVyver, D. W. »SALT in South Africa: Needs and Parameters.« *Journal of the Society for Accelerative Learning and Teaching* 10, no. 3 (1985): 187–200.

Van derVyver, D. W. und B. de Capdeville. »Towards the Mountain: Characteristics and Implications of the South African UPPTRAIL Pilot Project.« *Journal of the Society for Accelerative Learning and Teaching* 15, no. 1–2 (1990): 59–74.

Van Praag, H., A. F. Schinder, B. R. Christie, N. Toni, T. D. Palmer und F. H. Gage. »Functional Neurogenesis in the Adult Hippocampus.« *Nature* 415, no. 6875 (2002): 1030–34.

Van Praag, H., B. L. Jacobs und F. Gage. »Depression and the Birth and Death of Brain Cells.« *American Scientist* 88, no. 4 (2000): 340–46.

Vaughan, S. C. *The Talking Cure: The Science Behind Psychotherapy*. New York: Grosset/Putnam, 1997.

Vaynman S. und E. Gomez-Pinilla. »License to Run: Exercise Impacts Functional Plasticity in the Intact and Injured Central Nervous System by Using Neurotrophins.« *Neurorehabilitation and Neural Repair* 19, no. 4 (2005): 283–95.

Von Bertalanaffy, L. *General Systems Theory*. New York: Braziller, 1968.

Vythilingam, M. und C. Heim. »Childhood Trauma Associated with Smaller Hippocampal Volume in Women with Major Depression.« *American Journal of Psychiatry* 159, no. 12 (2002): 2072–80.

Walker, M. P. und R. Stickgold. »Sleep, Memory and Plasticity.« *Annual Review of Psychology* 57 (2006): 139–66.

Wark, D. M. »Using Imagery to Teach Study Skills.« *Journal of the Society for Accelerative Learning and Teaching* 11, no. 3 (1986): 203–20.

Waterland, R. A. und R. L. Jirtle. »Transposable Elements: Targets for Early Nutritional Effects on Epigenetic Gene Regulation.« *Molecular and Cellular Biology* 23, no. 15 (2003): 5293–300.

Watters, Ethan. »DNA Is Not Destiny: The New Science of Epigenetics Rewrites the Rules of Disease, Heredity, and Identity.« *Discover: The Magazine of Science, Technology, and the Future*, November 2006. http://discovermagazine.com/2006/nov/cover.

Wenger, W. »An Example of Limbic Learning.« *Journal of the Society for Accelerative Learning and Teaching* 10, no. 1 (1985): 51–68.

Wertsch, J. V. *Culture, Communication and Cognitions*. Cambridge, MA: Cambridge University Press, 1985.

Whitelson, S. »The Brain Connection: The Corpus Callosum Is Larger in Left-Handers.« *Science* 229, no. 4714 (1985): 665–68.

Widener, C. *The Angel Inside: Michelangelo's Secrets for Following Your Passion and Finding the Work You Love*. New York: Crown Publishing, 2004.

Wiley, J. und A. F. Jarosz. »Working Memory Capacity, Attentional Focus, and Problem Solving.« *Current Directions in Psychological Science* 21, no. 4 (2012): 258.

Wilson, R. S., C. F. Mendes De Leon, L. L. Barnes, J. A. Schneider, J. L. Bienias, D. A. Evans und D. A. Bennett. »Participation in Cognitively Stimulating Activities and Risk of Incident Alzheimer Disease.« *JAMA* 287, no. 6 (2002): 742–48.

Wright, N. H. *Finding Freedom from Your Fears*. Grand Rapids: Revell, 2005.

Wurtman, J. *Managing Your Mind and Mood through Food*. New York: HarperCollins, 1986.

Young, L. J. »Being Human: Love: Neuroscience Reveals All.« *Nature* 457, no. 148 (Februar 2009). www.nature.com/nature/journal/v457/n7226/full/457148a.html.

Zaidel, E. »Roger Sperry: An Appreciation.« In *The Dual Brain*. Edited by D. F. Benson and E. Zaidel. New York: Guilford, 1985.

Zakaluk, B. L. und M. Klassen. »Enhancing the Performance of a High School Student Labelled Learning Disabled.« *Journal of Reading* 36, no. 1 (1992).

Zdenek, M. *The Right Brain Experience*. Maidenhead, Berkshire, UK: McGraw-Hill, 1983.

Zimmerman, B. J. und D. H. Schunk. *Self-Regulated Learning and Academic Achievement: Theory, Research and Practice*. New York: Springer-Verby, 1989.

Über die Autorin

Seit 1985 arbeitet Dr. Caroline Leaf, Kommunikationspathologin und Audiologin, auf dem Gebiet der kognitiven Neurowissenschaften. Sie hat sich auf Schädel-Hirn-Traumata (SHT) und Lernbehinderungen spezialisiert, wobei sie sich insbesondere auf die Wissenschaft des Denkens konzentriert, die sich mit dem Denken und Lernen befasst. Sie entwickelte die Theorie der geodätischen Informationsverarbeitung und führte in den 1990er Jahren einige der ersten Forschungsarbeiten zur Neuroplastizität durch, die zeigten, wie der Verstand das Gehirn verändern kann. Ein Großteil ihrer Forschung in den letzten Jahren bestand darin, wissenschaftliche Prinzipien mit der Bibel zu verknüpfen und aufzuzeigen, wie die Wissenschaft zunehmend den Anschluss an die Bibel findet.

Sie wandte die Ergebnisse ihrer Forschung fast zwanzig Jahre lang in der klinischen Praxis an und hält nun weltweit Vorträge und Predigten zu diesen Themen. Sie ist erfolgreiche Autorin vieler Bücher, Artikel und Wissenschaftsbeiträge und moderiert jetzt ihre eigene Sendung bei TBN mit dem Titel *Switch On Your Brain*.

Leafs Leidenschaft ist es, Menschen dabei zu helfen, die Verbindung zwischen Wissenschaft und Bibel als greifbaren Weg zur Kontrolle der eigenen Gedanken und Emotionen zu sehen, damit sie erfahren, wie sie denken, lernen und ihren Lebenssinn finden können.

Caroline und ihr Ehemann Mac leben mit ihren vier Kindern in Dallas, Texas. Weitere Informationen sind auf ihrer Website unter **www.drleaf.com** zu finden.

Schalte dein Gehirn an – Arbeitsbuch

Jeder will glücklicher und gesünder sein. Aber was bringt echte Veränderung? Schalte dein Gehirn an: *Das Arbeitsbuch* verknüpft Wissenschaft mit der Bibel und hilft durch persönliche Fragen, die Auswirkungen des eigenen Denkens auf Gehirn, Körper und Lebensführung zu verstehen.

112 Seiten, Paperback, ISBN 978-3-95933-162-3
Auch als E-Book erhältlich.

Schalte dein Gehirn an jeden Tag

Forscher sind der Ansicht, dass Krankheiten heutzutage überwiegend das Ergebnis eines toxischen Gedankenlebens sind. Dr. Leaf zeigt, wie man durch korrekte Denkmuster zu besserer Gesundheit gelangt und mithilfe der richtigen Strategien die Vorteile eines entgifteten Gedankenlebens nutzt.

379 Seiten, gebunden, ISBN 978-3-95933-164-7
Auch als E-Book erhältlich.

www.gracetoday.de/leaf

Denke, lerne, sei erfolgreich

Eine Denkweise, die kompetenzstärkend wirkt, anstatt zu begrenzen, macht uns zufriedener, emotional stabiler und körperlich gesünder. Wissenschaftlich fundiert erläutert Dr. Leaf, wie drei wirkungsvolle Werkzeuge in Kombination das Gedächtnis verbessern, uns leistungsfähiger machen und zu einem erfüllteren Leben führen.

360 Seiten, Paperback, ISBN 978-3-95933-185-2
Auch als E-Book erhältlich.

Denke, lerne, sei erfolgreich - Arbeitsbuch

Eine kompetenzstärkende, nicht begrenzende Denkweise macht uns zufriedener, emotional stabiler und gesünder. In diesem Arbeitsbuch stellt Dr. Leaf Fragen dazu, wie drei wirkungsvolle Werkzeuge das Gedächtnis verbessern, uns leistungsfähiger machen und zu einem erfüllteren Leben führen.

112 Seiten, Paperback, ISBN 978-3-95933-187-6
Auch als E-Book erhältlich.

www.gracetoday.de/leaf

Beseitige dein mentales Chaos

Toxische Gedanken, Depressionen, Ängste ergeben ein mentales Durcheinander. Mit dem Neurozyklus bietet Dr. Caroline Leaf einen wissenschaftlich erprobten Fünf-Schritte-Plan. Beseitige dein mentales Chaos innerhalb von nur 63 Tagen und finde innere Ruhe und Zufriedenheit.

384 Seiten, Paperback, ISBN 978-3-95933-212-5
Auch als E-Book erhältlich.

101 Wege zu weniger Stress

Arbeit, Familie, persönliche Verpflichtungen – unser Leben ist vollgestopft mit Dingen, die unsere psychische Gesundheit strapazieren. Durch mentale Selbstfürsorge entwickeln wir Geistige Widerstandskraft, die uns das Leben gut meistern lässt.

144 Seiten, Taschenbuch, ISBN 978-3-95933-189-0
Auch als E-Book erhältlich.

www.gracetoday.de/leaf

Schnelle Hilfe

Unangenehme Gefühle wie Angst oder Überforderung kennen wir alle. Dieser praktische Leitfaden von Dr. Caroline Leaf bietet konkrete, evidenzbasierte Strategien, um Herausforderungen zu meistern, ein Abgleiten ins Chaos zu verhindern und mitten im Alltag Frieden und Kraft zu finden.

256 Seiten, Paperback, ISBN 978-3-95933-426-6
Auch als E-Book erhältlich.